本书获长春师范大学学术专著出版基金资助

广告态度及其影响因素研究

——以电视和网络视频为对象

顾远萍 ◎ 著

中国社会科学出版社

图书在版编目（CIP）数据

广告态度及其影响因素研究：以电视和网络视频为对象/顾远萍著.—北京：中国社会科学出版社，2018.4
ISBN 978-7-5203-1798-6

Ⅰ.①广… Ⅱ.①顾… Ⅲ.①影视广告—影响因素 Ⅳ.①F713.851

中国版本图书馆 CIP 数据核字（2017）第 325821 号

出 版 人	赵剑英
责任编辑	郭晓鸿
特约编辑	席建海
责任校对	朱妍洁
责任印制	戴　宽

出　版	中国社会科学出版社
社　址	北京鼓楼西大街甲 158 号
邮　编	100720
网　址	http://www.csspw.cn
发 行 部	010-84083685
门 市 部	010-84029450
经　销	新华书店及其他书店

印　刷	北京明恒达印务有限公司
装　订	廊坊市广阳区广增装订厂
版　次	2018 年 4 月第 1 版
印　次	2018 年 4 月第 1 次印刷

开　本	710×1000　1/16
印　张	17.5
插　页	2
字　数	227 千字
定　价	76.00 元

凡购买中国社会科学出版社图书，如有质量问题请与本社营销中心联系调换
电话：010-84083683
版权所有　侵权必究

序　言

　　我与远萍相识十年有余，我们既是师生，又是同乡，亦是同行。这十多年来，我一直关注并期待着她的成长和发展。早在2004年，我们有缘成为师生，也就是从那时起，远萍开启了自己硕士研究生的学习生活。毕业之后，远萍进入中央电视台广告经营管理中心从事品牌推广工作，这使她获得了进一步的锻炼和提高。2009年远萍回到家乡成为一名广告学专业教师，开始了自己的教学生涯。学然后知不足，教然后知困，怀着继续求学的热情，远萍再次回到母校攻读博士学位。力学如力耕，经过不懈的努力和探索，她终于完成了自己的首部学术专著，为博士生涯画上了句点。

　　众所周知，电视和网络视频是大视频格局中的两个重要媒体，其广告效果一直是广告主所高度关注的问题。本书从心理学角度探索了相同的受众对于电视广告和网络视频广告的认知和评价，为广告主更好地了解受众提供了参考。

　　具体而言，本书包括以下内容：第一，在文献梳理的基础上，对广告态度、广告价值、广告侵扰、广告信息性、广告娱乐性、广告冒犯、电视媒体可信性以及网络视频媒体交互性进行概念阐述，并确定其测量指标。第二，根据相关理论和已有研究成果提出假设关系，并初步构建电视广告态度及其影响因素和网络视频广告态度及其影响因素的假设模型。第三，实施预调研。运用预调研的数据进行探索性因子分析，并确立电视媒体可信性和网络视频媒体交互性的二阶因子结构。同时，对广告态度、广告价值、广告侵扰、信息性、娱乐性、冒犯、电视媒体可信性和网络视频媒体交互性进行信度检验，从而形成最终的调研问卷。第四，实施正式调研。运用 AMOS 17.0 对调研数据进行统计分析，并确立最终的电视组模型和网络视频组模型。第五，结合广告行业的发展情况探讨研究结果对广告实践的指导意义。

　　实证研究结果表明，受众对于电视广告和网络视频广告的评价既有相同之处也有不同之处。总体来看，其对广告价值的评价比较相似，而对广告侵扰和广告态度的评价则不甚相同。其中，一些有趣的发现包括：第一，无论是电视广告还是网络视频广告，在预测广告价值方面，信息性的作用都大于娱乐性。而预测广告态度时，电视广告娱乐性的作用超过了信息性，而网络视频广告的信息性则超过了娱乐性。第二，电视广告娱乐性对广告侵扰具有负向影响。第三，电视广告价值对广告侵扰具有正向影响。第四，电视媒体可信性对广告态度具有正向影响。第五，网络视频媒体交互性对广告侵扰具有正向影响。第六，两组的广告态度、广告价值、广告侵扰、信息性和娱乐性都呈现显著的正向关系。同时，电视媒体可信性和网络视频媒体交互性也呈现显著的正向关系。

　　基于上述研究结果，电视广告应该更加注重娱乐性的发挥。网络视频广告应该更加注重信息性。电视广告和网络视频广告都应该努力降低消费者的冒犯感知。电视应该持续发挥其可信性的媒体优势。网络视频广告应该提升交互性。同时，在多屏共存的传媒环境下，广告主仍然不能忽视电视广告。

　　本书不仅有助于我们理解电视媒体可信性和网络视频媒体交互性的含义，还确立了电视和网络视频广告态度及其影响因素的理论模型，有助于我们更好地认识电视广告和网络视频广告的心理效应。衷心希望本书的出版能够为广告研究和广告实践带来有益的启示。

丁俊杰
2017 年 2 月 27 日

目 录

第一章 绪论 ……………………………………………………………… 1
 第一节 研究背景 ………………………………………………………… 1
 第二节 相关研究及不足 ………………………………………………… 17
 第三节 研究框架 ………………………………………………………… 24

第二章 广告态度、广告价值和广告侵扰的含义与测量 …………… 28
 第一节 广告态度 ………………………………………………………… 28
 第二节 广告价值和广告侵扰 …………………………………………… 47
 第三节 本章小结 ………………………………………………………… 58

第三章 电视媒体可信性和网络视频媒体交互性 …………………… 60
 第一节 电视媒体可信性 ………………………………………………… 61
 第二节 网络视频媒体交互性 …………………………………………… 77
 第三节 本章小结 ………………………………………………………… 85

第四章 理论基础与假设模型 ………………………………………… 87
 第一节 关于广告因素的理论基础与假设模型 ………………………… 87

第二节　关于媒体因素的理论基础与假设模型 …………… 99
　　第三节　本章小结 …………………………………………… 103

第五章　预调研与测量指标的处理 ……………………………… 105
　　第一节　研究设计 …………………………………………… 105
　　第二节　数据分析 …………………………………………… 110
　　第三节　本章小结 …………………………………………… 130

第六章　正式调研与假设检验 …………………………………… 132
　　第一节　研究设计 …………………………………………… 132
　　第二节　数据的统计分析 …………………………………… 139
　　第三节　假设检验与研究结果 ……………………………… 204
　　第四节　本章小结 …………………………………………… 208

第七章　结论与展望 ……………………………………………… 210
　　第一节　对广告态度及其影响因素研究结果的讨论 ……… 210
　　第二节　广告态度及其影响因素研究的主要贡献 ………… 215
　　第三节　研究不足及未来展望 ……………………………… 240
　　第四节　本章小结 …………………………………………… 245

附　录 …………………………………………………………… 247

参考文献 ………………………………………………………… 261

后　记 …………………………………………………………… 272

第一章 绪论

电视和网络视频是大视频格局中的两个重要媒体，受到广告主的高度关注。最近几年，关于电视广告和网络视频广告孰优孰劣的讨论不绝于耳，相关问题的研究成果层出不穷。在此背景下，本书试图从受众心理的角度出发，探索相同的受众对两个不同媒体的广告的认知与评价，并联系广告产业实际情况对结果加以探讨，以期为广告主、广告媒体以及相关机构提供参考。

第一节 研究背景

一 网络视频已成为可与电视相提并论的视频媒体

20世纪90年代，电视步入黄金时期，其受众规模和广告营业额都超过了平面媒体，成为我国媒体行业的第一名。在视频领域，电视媒体更是拥有无可比拟的地位和影响力，其独领风骚的局面持续了几十年。然而，数字技术的发展改变了视频媒体的格局，如今，电视一枝独秀的局面已被打破，网络视频已经成为可与电视相提并论的视频媒体，并在某些方面对其形成了超越之势。

(一) 行业发展历程

20世纪90年代后期，网络视频业务在我国出现，但由于受到技术水平、网络基础条件以及网民数量等因素的制约，该项业务在当时并未得到广泛的应用和接受。2001年之后，随着视频技术的发展和宽带的普及，广电机构和电信企业均推出了"宽频网站"，如凤凰宽频、中国电信北京地区的"互联星空"等，进一步促进了网络视频业务的发展。2004年前后，基于P2P的流媒体技术投入使用，PPlive等播放软件开始流行，网络视频在收视体验和内容质量上有了较大的提升，这些变化为其日后的快速发展奠定了基础。[①]

2005年以后，在Youtube等国外视频网站的影响下，我国网络视频业迅速发展，广电、电信、门户网站、P2P技术公司等纷纷进入这一领域。土豆、优酷、酷6等视频分享网站相继诞生。门户网站，如新浪等推出了网络视频服务。PPS、PPTV等流媒体网站十分活跃。在广电体系中，中央电视台、上海广播电视台等电视媒体也加速了网络视频业务的开发。在这样的背景下，网络视频行业规模得到了迅速地扩张，到2007年，视频网站的数量和其所吸引的风险投资金额都达到了较高的水平。

在经历了两年的快速发展和市场培育后，2008年，我国网络视频行业进入了十分关键的一年。在这一年，网络视频成为中国最普及的网络应用之一，并逐渐改变着人们的网络生活形态。2008年北京奥运会召开，2009年网络电视台纷纷出现，诸多事件都促使网络视频步入了主流新媒体行

[①] 参见文春英、顾远萍《当代中国的大众传媒》，中国传媒大学出版社2013年版，第229页。

列,受到了更加广泛的关注。根据艾瑞的统计数据,2008 年,中国网络视频用户规模超过 2 亿人,市场规模达到 13.2 亿元,网络视频已经成为我国互联网经济的重要组成部分。[①] 与此同时,网络视频行业也在 2008 年前后经历了调整期的阵痛与曲折。在政策方面,国家对网络视频行业的主体准入和内容监管做出了相应规定,这对行业的规范发展起到了重要作用。2007 年 12 月 20 日,国家广电总局与原信产部联合发布《互联网视听节目服务管理规定》。同年 12 月 28 日,国家广电总局发布《关于加强互联网传播影视剧管理的通知》,随后发布《重申禁止制作和播映色情电影的通知》。2009 年 3 月 30 日,国家广电总局发布《关于加强互联网视听节目内容管理的通知》。[②] 上述政策的发布和实施以及宏观经济的不景气促使网络视频行业结束了 2005—2007 年的盲目扩张状态,逐步朝着规范化、合理化的方向发展。

经过 2008—2009 年的整顿之后,网络视频行业环境得到了优化,内容品质得到了提升,用户基础更加广泛,越来越多的广告主关注并接受网络视频,这使得它的媒体价值和营销价值得到了进一步的提升。2010 年,随着国家三网融合政策的部署和实施,网络视频迎来新的发展机遇:视频传输速率提高,接入渠道更加多样,这为网络视频产业的发展提供了更加广阔的市场空间。[③] 2011 年,网络视频行业继续保持高速增长的势头,行业前景被广泛看好,各种背景的企业纷纷加快了拓展步伐,市场竞争日益激烈。与此同时,版权市场得到进一步规范,正版、优质、差异化的内容成为竞争焦点,这使得版权价格大幅攀升,视频网站成本压力不断增大,一些资金不足的小企业难以为继,行业洗牌进一步加剧。在资本运作方面,

---

① 艾瑞咨询集团:《中国网络视频行业发展报告简版 2008—2009》,第 9 页。
② 杨明品、贺筱玲:《网络视频发展的政策选择》,《电视研究》2009 年第 7 期。
③ 中国互联网络信息中心:《2010 年中国网民网络视频应用研究报告》,2011 年 1 月,第 13 页。

2010—2011年，乐视网、酷6传媒、优酷网以及土豆网纷纷上市，视频行业融资金额不断增长，据CVSource统计，截至2011年，视频行业融资总额已超过10亿美元。① 随着资本运作的展开，视频行业的马太效应更加明显，强势企业前景光明，而那些实力不足的中小企业将面临更加严峻的生存压力。

2012年是网络视频行业剧烈变动的一年，无论是宏观环境和管理政策方面，还是企业战略和业务方面都经历了较大的变化。2012年在全球及中国经济复苏态势不如预期、部分广告主预算保守、政府限娱令以及视频企业上一年度为了购买版权而激烈争夺等大背景下，中国视频行业拉开了深度整合的序幕，视频企业通过合并、结盟、团购、互换等措施，降低版权成本、提高资源效率，提升企业盈利能力。同时，除了对传统PC端业务继续大力投入外，视频企业还在移动视频、UGC、社交、付费、高清视频等方面深耕细作，以期在日益激烈的竞争中获得更好的发展。②

2013年以后，网络视频从快速发展走向成熟稳定，在此过程中，该行业体现出如下特点：首先，其总体增速放缓，市场规模趋于稳定；其次，优酷、土豆、爱奇艺等几家独大的寡头竞争格局形成，视频网站的集团优势更加明显；再次，视频网站纷纷实施移动、多屏战略，并在自制内容上持续发力，以求形成规模化、差异化的竞争优势；最后，网络视频逐步扩大产业链，涉足终端、内容等多个领域，实现产业价值的进一步提升。总之，伴随网络视频的发展，它将日益成为国家管理和人民生活不可或缺的主流媒体，并在大视频格局中占据越来越重要的位置。

---

① 艾瑞咨询集团：《中国在线视频行业年度监测报告简版2011—2012》，第7页。
② 中国互联网络信息中心：《2012年中国网民网络视频应用研究报告》，2013年5月，第8页。

（二） 内容

内容是网络视频媒体吸引用户的关键因素。目前，网络视频媒体内容主要包括外购版权内容、网站自制内容以及UGC内容等。从近几年的发展来看，网络视频媒体的内容主要呈现出以下特点：

首先，从同质化竞争转向差异化定位。近年来，为实现内容的差异化，许多网站都提出了自制内容的战略，并在新闻、动漫、综艺娱乐、纪录片等方面不断探索。有的网站还聘请专业电视制作人负责视频业务，以提高内容的专业性和吸引力。[①] 此外，视频网站在购买热播剧时也逐渐形成了自己的特色，有的网站偏向美剧，有的偏向革命剧，有的则重点购买大剧，以便吸引不同的用户群体。[②]

其次，与电视的新闻优势不同，娱乐是网络视频用户收看最多的节目类型。2015年，就PC端视频播放时长来看，电视剧是占比最高的节目类别，其中9月占比达54.8%，为2015年前10个月中的最高值；综艺节目、电影的视频播放时长占比维持稳定，分别在16%左右和8.5%左右。[③] 同时，2015年艾瑞对比各类型视频覆盖人数发现，电视剧、综艺节目、电影分列前三位，分别为34952.9万人、26201.2万人、26285.7万人。其中电视剧覆盖人数领先较为明显，综艺节目和电影覆盖人数相当，并且电影小幅度超越综艺节目（如图1-1所示）。[④]

再次，传播内容呈现主流化的特点。网络视频媒体的社会责任感进一步提升，除了娱乐内容之外，视频网站越来越多地将国家、社会、全民所关注的大事纳入其报道范围，比如2008年奥运会、神七飞船、60周年国

[①] 中国互联网络信息中心：《2011年中国网民网络视频应用研究报告》，第5页。
[②] 中国互联网络信息中心：《中国互联网络发展状况统计报告》，2013年7月，第41页。
[③] 艾瑞咨询集团：《2016年中国在线视频企业创新营销研究报告》，第12页。
[④] 艾瑞咨询集团：《中国在线视频行业年度监测报告简版2015》，第13页。

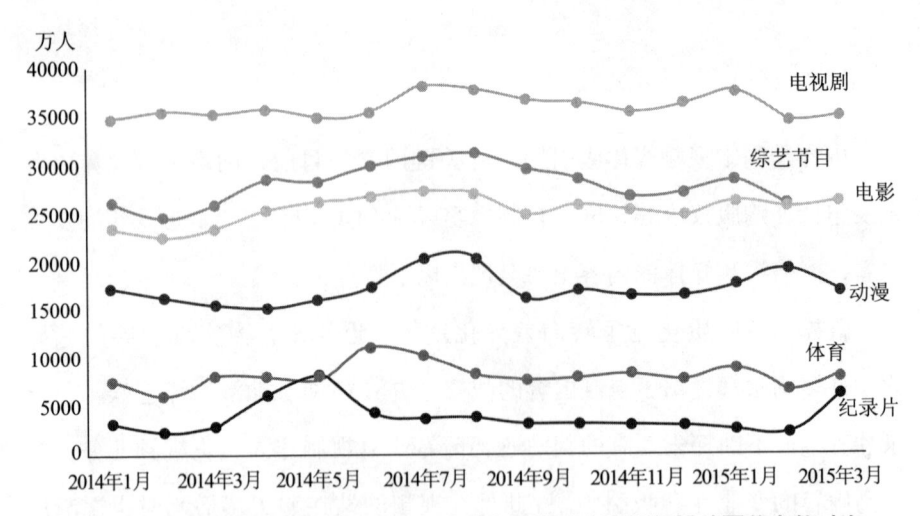

图1-1 2014年1月至2015年3月中国主要类型内容视频播放覆盖人数对比

庆、2010年上海世博会、广州亚运会、两会等，这有利于网络视频媒体提升社会影响力，树立主流媒体的品牌形象。

最后，国家加强了对网络视频内容的监管，视频内容逐渐趋于规范。2009年年初，广电总局发布《关于加强互联网视听节目内容管理的通知》。2012年国家新闻出版广电总局下发《关于进一步加强网络剧、微电影等网络视听节目管理的通知》。这些通知强化了对在线视频内容生产制作与播出的管理，有利于在线视频行业的健康发展。

（三）受众

截至2015年12月，中国网络视频用户规模达5.04亿人，较2014年年底增加7093万人，网络视频用户使用率为73.2%，较2014年年底增加了6.5个百分点。其中，手机视频用户规模为4.05亿人，与2014年年底相比增长了9228万人，增长率为29.5%。手机网络视频使用率为65.4%，相比2014年年底增长9.2个百分点。① 如图1-2所示。

---

① 中国互联网络信息中心：《中国互联网络发展状况统计报告》，2016年1月，第67、68页。

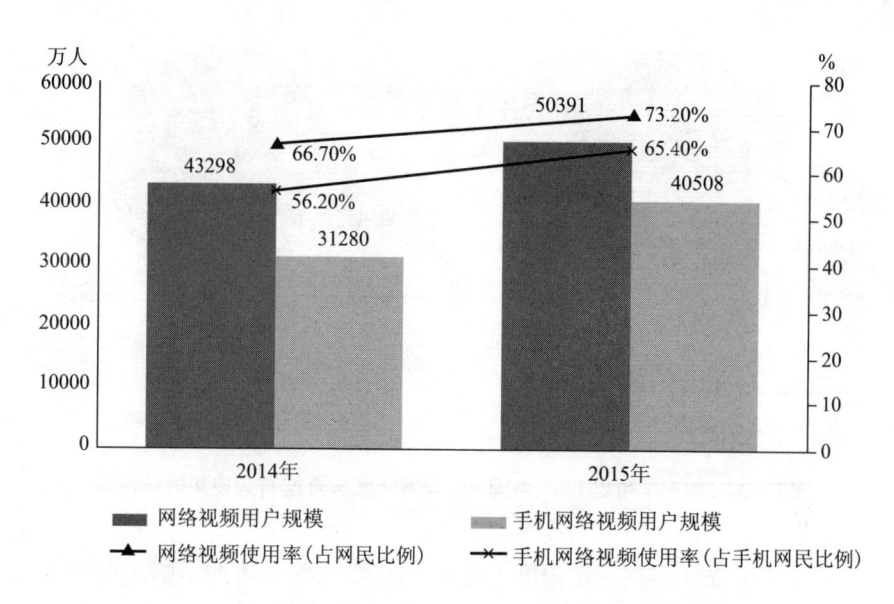

图1-2 2014—2015年网络视频/手机网络视频用户规模及使用率

在使用时间方面，中国互联网络信息中心调查显示，受众对网络视频的使用时间逐渐增加，到2012年第二季度，网络视频用户人均单日访问时间达35分28秒，成为互联网媒体上人均单日访问时间最长的应用。[①] 2015年6月，在线视频的有效使用时间在所有网络服务中的份额达33.1%，略低于2014年3月的34.6%，但仍然占据网民最主要的使用时间（如图1-3所示）。[②]

需要指出的是，电视仍然是目前覆盖最广、受众最多的视频媒体。CSM调查数据显示，2014年电视覆盖率达到98%以上[③]，城乡电视观众规模达到12.78亿人，人均每天收看电视时长约157分钟[④]，远远超过网络视频媒体。

[①] 中国互联网络信息中心：《中国互联网络发展状况统计报告》，2012年7月，第35页。
[②] 艾瑞咨询集团：《中国在线视频行业年度监测报告简版2015》，第9页。
[③] 慕玲：《多屏传播背景下的受众收视研究》，《现代传播》2015年第4期。
[④] 常昕、商光辉：《"广电+"与广电媒体发展形势刍议》，《电视研究》2015年第12期。

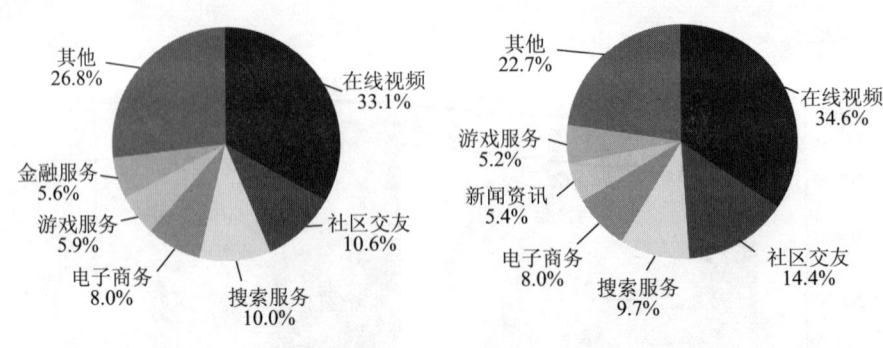

iUserTracker-2015年6月中国PC端网络
服务月度有效使用时间份额

iUserTracker-2014年6月中国PC端网络
服务月度有效使用时间份额

图1-3　2015年和2014年中国PC端网络服务月度有效使用时间份额

不过，电视确实在一定程度上受到了网络视频媒体的影响。电视观众不仅在结构上呈现老龄化、低学历的特点，在收视时长上也出现了下降趋势。CSM历年所有调查城市数据显示，2008—2013年，电视观众总量保持了稳步增长，观众收看电视的时间却在波折中呈现下降趋势，由2008年的175分钟下降到2013年的165分钟。① 2011年12月，阳狮锐奇新媒体整合中心"The Pool"第二泳道研究显示，互联网在线视频在我国已经普及，节假日看视频的时长已经超过了电视。② 此外，一项针对湖北地区忠实电视观众的调查也表明，忠实观众观看电视的平均时间呈现逐渐减少的趋势；未使用网络视频的受访者有44%表示将来会使用网络视频③，这必定会对电视媒体形成一定的冲击。

---

①　慕玲：《多屏传播背景下的受众收视研究》，《现代传播》2015年第4期。
②　《阳狮锐奇"The Pool"第二泳道调研成果发布》，2011年12月20日，腾讯科技（http://tech.qq.com/a/20111220/000454.html）。
③　张天莉、郑维东：《网络视频发展及其对电视媒体影响的不断深化》（上），《电视研究》2012年第11期。

（四）广告

伴随网络视频媒体的发展，广告预算逐渐向其转移。越来越多的广告主将网络视频作为其广告投放战略的一项重要选择。秒针 AdMonitor 系统 2012 年 1—7 月监测数据显示，所有广告活动中有近 60% 的活动购买了网络视频。同时，70% 的品牌广告主在网络活动中经常选用网络视频，更有 54% 的品牌广告主表示会在未来 2—3 年内大幅增加网络视频广告的投放。[1] 上述数据表明，部分电视广告已经流向了与其传播表现相似的网络视频媒体，网络视频媒体已经成为大视频环境下广告主的一个重要选择。

2014 年，中国在线视频市场规模为 245 亿元，同比增长 80.3%，高于 2013 年的 48%。2014 年，中国在线视频市场规模同比增长的 109.1 亿元中，广告收入、其他业务收入的贡献率（该业务市场规模同比增量/在线视频整体市场规模同比增量）分别为 49.3% 和 33.9%，广告仍然是在线视频市场的核心增长动力，而其他业务中的终端销售收入、游戏联运（包括移动游戏联运）收入也是部分在线视频企业营收增长的重要推动力。[2] 如图 1-4 所示。

2014 年，中国在线视频广告市场规模为 151.9 亿元，同比增长 54.9%，高于 2013 年的 47.2%，主要得益于巴西世界杯及热门综艺（《我是歌手》第 2 季、《爸爸去哪儿了》第 2 季、《中国好声音》第 3 季）等热门资源所贡献的广告收入。艾瑞分析认为，在线视频企业广告收入目前最主要由外购版权电视剧与综艺节目所贡献；而随着在线视频企业自制内容业务的深入发展与移动端商业化的进一步深入，未来这两块业务所贡献的广告收入也将成为在线视频广告市场发展的重要推动力。[3] 如图 1-5 所示。

---

[1] 秒针系统：《视频投放十大发现》，2012 年 Q4，豆丁网（http://www.docin.com/p-834426105.html）。

[2] 艾瑞咨询集团：《中国在线视频行业年度监测报告简版 2015》，第 6 页。

[3] 同上书，第 7 页。

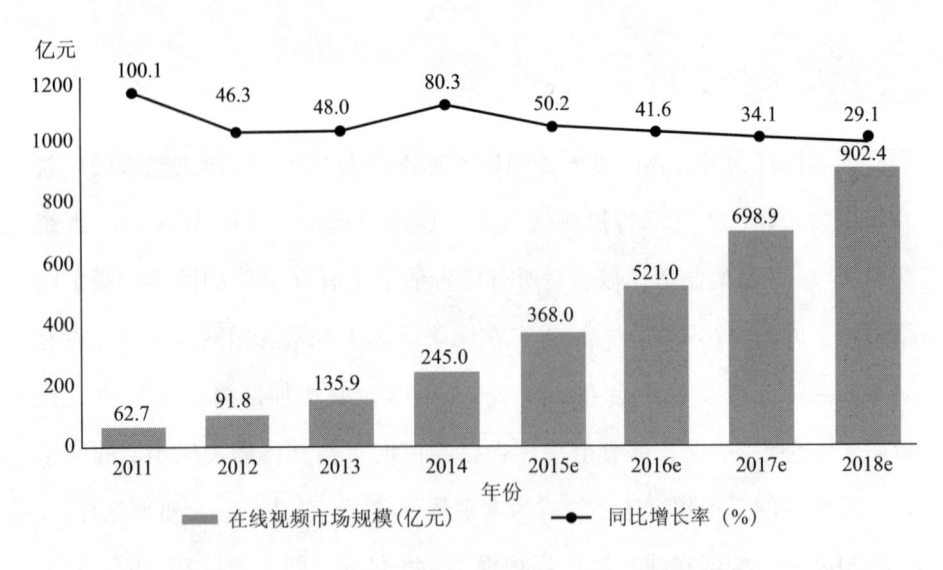

图1-4 2011—2018年中国在线视频行业市场规模

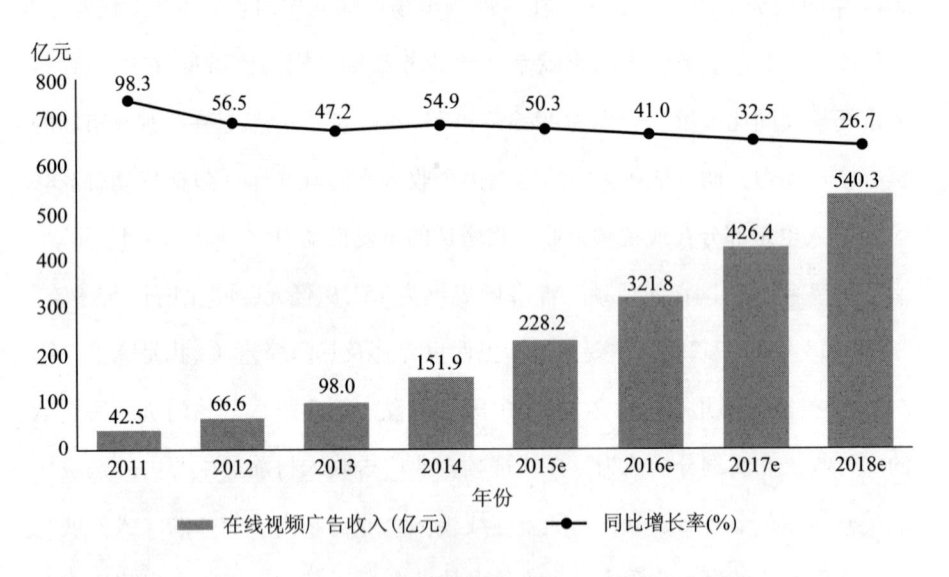

图1-5 2011—2018年中国在线视频行业广告市场规模

值得一提的是，在线视频移动端广告增长迅猛。2015年，中国在线视频移动端广告市场规模为98亿元，较2014年的33亿元增长195.1%[①]，

---

① 艾瑞咨询集团：《2016年中国在线视频企业创新营销研究报告》，第15页。

移动端广告收入的增长得益于用户流量的增长以及视频网站在移动端的悉心布局。可以预见,在未来几年,移动市场仍将保持较高的增长速度,同时,它将继续成为视频企业的必争之地。

在广告营收方面,新媒体的发展给电视带来了不小的冲击。图1-6对我国五大媒体的广告收入进行了对比,可见新媒体对传统媒体的冲击之强。[①] 此外,从2010—2014年,广播电视广告增长率由20.23%下降到5.59%,增幅下滑近15个百分点。2015年上半年,传统广告降幅达到5.9%,70%的一线、二线卫视广告收入下滑。地市台广告收入降幅甚至高达17%[②]。总之,未来几年,新媒体对电视广告的冲击仍将持续,网络视频正以熊罴之力,持续追赶电视。

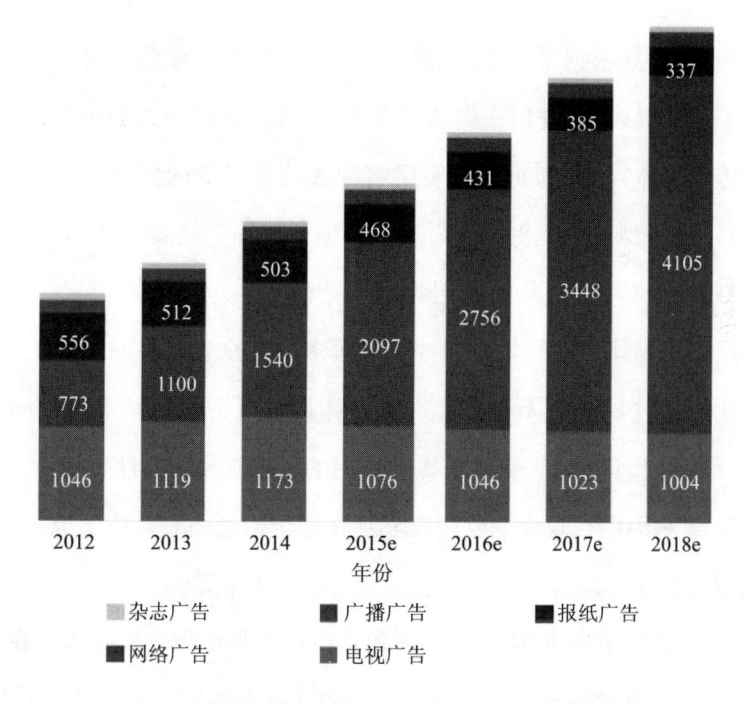

年份	杂志广告	广播广告	报纸广告	网络广告	电视广告
2012			556	773	1046
2013			512	1100	1119
2014			503	1540	1173
2015e			468	2097	1076
2016e			431	2756	1046
2017e			385	3448	1023
2018e			337	4105	1004

图1-6 2012—2018年中国五大媒体广告收入规模及预测

---

① 艾瑞咨询集团:《2016年中国在线视频企业创新营销研究报告》,第5页。
② 朱新梅:《关注传统媒体的"四个流失"现象》,《中国广播电视学刊》2016年第1期。

二 "跨屏"成为受众收视的重要特点

这里所说的"跨屏"是指同一受众既使用传统电视媒体也使用新型媒体的行为。随着新型媒体的发展,跨屏用户受到相关研究机构的高度关注。其中,央视索福瑞是较早涉足此领域的市场研究机构,它从不同角度对跨屏受众展开了探索,并取得了丰富的研究成果。

2009—2010 年,CSM 调查发现,受众已经形成了多元化的媒体使用模式,日常以电视与互联网的共同使用为基本特征的开放型受众在全国已经占到 28.5%,在城市超过 45%,在北京、上海、广州、深圳等一线城市则接近 60%。[①]

2010 年 CSM 根据受众接触媒体的类型和数量,将受众划分为疏离型(过去半年,未接触过任何一类基础媒体)、传统 I 型(过去半年内只接触过一种传统媒体)、传统 II 型(使用两种或两种以上的传统媒体,但不接触网络)、网络型(只上网而不看电视,但会使用广播或报纸/杂志)和开放型(以电视与网络的共同使用为基本特征)5 类。研究发现,104 个城市的受众的跨媒体接触行为较为普遍,大多数受众会接触两种以上类型的媒体,比例超过 80%。不仅如此,跨媒体接触行为受到城市级别的影响,城市综合发展水平越高,受众跨媒介使用的开放性和组合性越强。[②]

2012 年全国电视观众抽样调查显示,在全国电视观众中,电视和网络共享收视的群体规模为 46.04%(见表 1-1)。从年龄段来看,在 19—29 岁的群体中,有 73.68% 的观众将电脑和电视机一起作为收视媒体;在 18 岁及以下和 30—39 岁的群体中,这一比例也均在 50% 以上;而在 40 岁及以

[①] 张天莉、王京:《融合的受众及其媒介习惯的新特征》,《电视研究》2013 年第 4 期。
[②] 白穆玄:《电视观众跨媒体使用的多维度研究》,《广告主市场观察》2010 年第 11 期。

上群体中，则有更多人将电视机作为唯一的收视手段（如图1-7所示）。①

表 1-1　　　　　网络收视和电视收视的交叉群体规模　　　　　（%）

	经常使用电脑	偶尔使用电脑	从不使用电脑	合计
经常使用电视机	15.91	24.47	50.84	91.23
偶尔使用电视机	4.13	1.53	2.20	7.85
从不使用电视机	0.52	0.05	0.35	0.92
合　　计	20.56	26.05	53.39	100

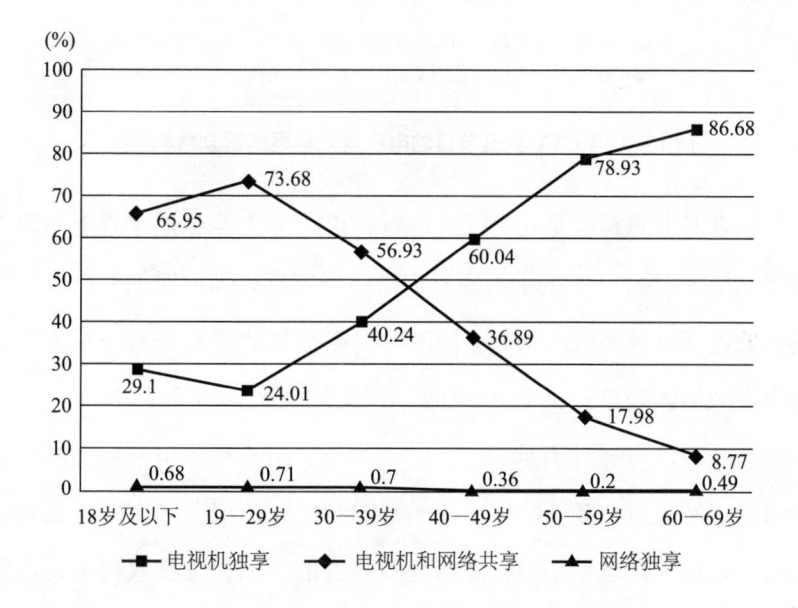

图 1-7　各年龄段观众将电视机和网络作为收视设备的情况

同时，在2012年伦敦奥运会期间，CSM还对网民在不同终端收看CCTV奥运节目的情况进行了调查，结果显示，电视和互联网两个终端的

---

① 赵霞、徐瑞青：《2012年全国电视观众网络收视调研报告》，《电视研究》2013年第2期。

用户高度重叠（如图 1-8 所示）。①

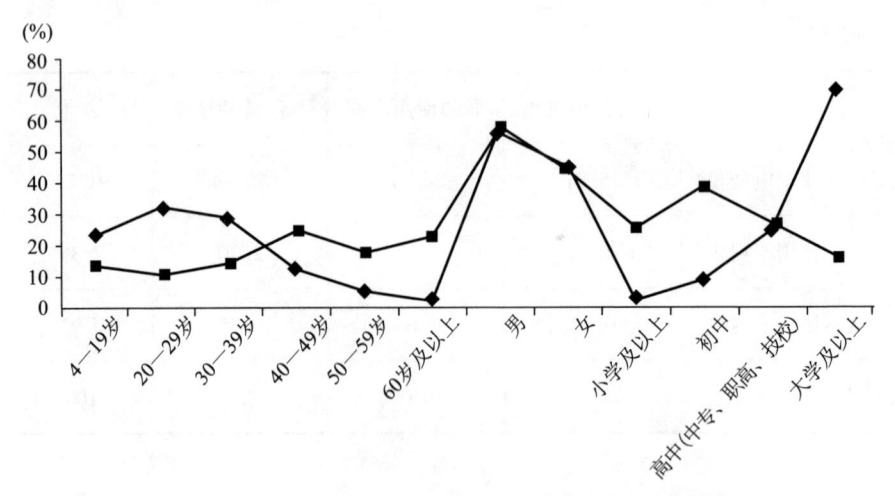

图 1-8　CCTV 奥运节目的电视观众与网络观众结构对比

尼尔森对上海跨屏受众进行了调研。2011 年上半年尼尔森上海跨屏研究报告显示，大约 70% 的上海家庭都是跨屏家庭，即同时拥有电视、带网络连接的电脑以及手机的家庭。同时收看电视并使用互联网的媒体习惯成为最引人关注的趋势：从 2010 年的 15.2% 提高到 2011 年的 18%。②

此外，2011 年尼尔森研究显示，在中国，最主要的电视观众同样花最多的时间上网收看视频。同样，最不常收看电视的消费者在网络视频上花费的时间也最少。也就是说，受到视频内容的驱动，电视收视主力消费者同样愿意花时间在网络视频上，那些对电视不热衷的消费者对于网络视频内容也不感兴趣（如图 1-9 所示）。③

---

① 张天莉、郑维东：《网络视频发展及其对电视媒体影响的不断深化》（上），《电视研究》2012 年第 11 期。
② 高杰：《2011 年上半年上海跨屏研究报告》，《中国广告》2011 年第 12 期。
③ 尼尔森：《中美跨屏媒介消费比较研究》，2011 年 10 月，百度文库（http://wenku.baidu.com/view/85696a8cd0d233d4b04e6907.html）。

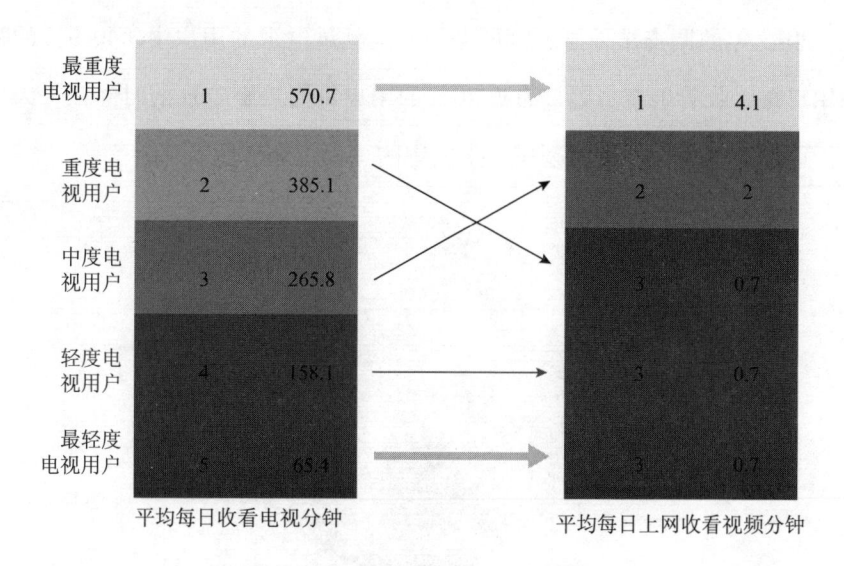

最重度电视用户	1	570.7		1	4.1
重度电视用户	2	385.1		2	2
中度电视用户	3	265.8		3	0.7
轻度电视用户	4	158.1		3	0.7
最轻度电视用户	5	68.4		3	0.7

平均每日收看电视分钟　　　　　　平均每日上网收看视频分钟

图1-9　用户收看电视与网络视频时间比较

中国互联网络信息中心对收看电视的网络视频用户电视收看频率进行了调查，2012年的调查结果显示，仅有22.2%的网络视频用户每天收看电视，高达61.6%用户每周收看电视还不到一天。[①]

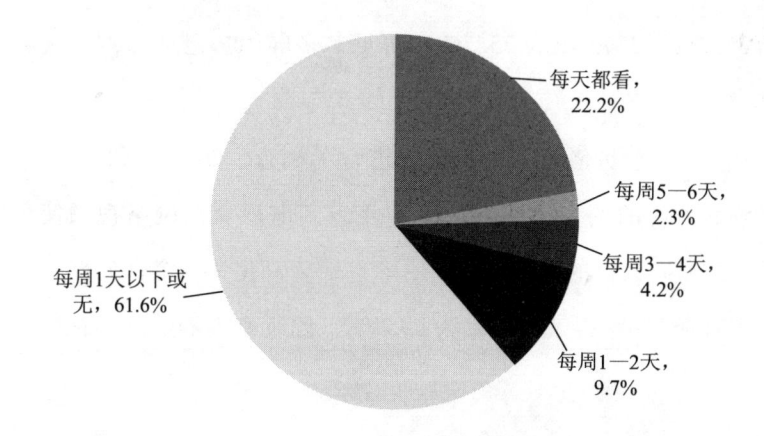

- 每天都看，22.2%
- 每周5—6天，2.3%
- 每周3—4天，4.2%
- 每周1—2天，9.7%
- 每周1天以下或无，61.6%

图1-10　2012年收看电视的网络视频用户电视收看频率

---

① 中国互联网络信息中心：《2012年中国网民网络视频应用研究报告》，2013年5月，第32页。

2013年的调查结果显示,过去7天接触过电视的用户中,40.9%的视频用户每天收看电视,另外有近40%的用户每周接触电视的时间在1天以上。可见,电视仍然是视频用户生活中的重要媒体。①

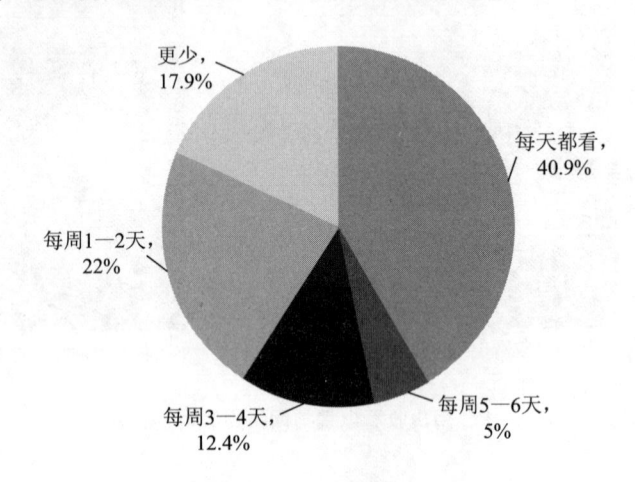

图1-11　2013年收看电视的网络视频用户电视收看频率

DDCI互联网数据中心《2013—2014中国移动互联网蓝皮书》显示,使用三屏(PC、智能手机、平板电脑)及以上的网络视频用户2012年上半年为35.2%,2013年为75.7%,可见,多屏用户已成为网络视频用户的主体。②

此外,一些研究者也对跨屏受众进行了调查。2010年和2011年石永军等在湖北地区的调查中发现,2010年忠实电视观众网络视频使用率为23.8%,比所有人群的网络视频使用率21.3%高出2.5个百分点。2011年忠实电视观众③网络视频使用率为29.7%,比所有人群的网络视频使用率

---

① CNNIC:《2013年中国网民网络视频应用研究报告》,2014年6月,第29页。
② 参见张海潮、郑维东《中国视频媒体生态考察报告》,中国民主法制出版社2014年版,第4页。
③ 忠实电视观众指的是与电视台发生过互动关系,即通过热线电话、短信、来信来访等方式与电视台联系过的电视观众。

高出 5.4 个百分点。① 2011 年黄京华主持参与一项针对"90 后"大学生网络化生活形态的研究，该研究覆盖了 8 个一线和二线城市的 33 所高校在内的 1600 名大学生，调查发现，受众网络视频的接触行为和他们电视观看行为具有伴生性，受众网络视频和电视接触的频繁程度存在共消长的关系。②

可见，网络视频媒体已经成为受众观看视频的另一重要选择。从媒体特征来看，网络视频既具有互联网媒体的特性，如交互性，又在内容和形式上和传统电视有着天然的联系。而与传统电视媒体相比，网络视频媒体不仅集中提升、放大了电视媒体视觉化、娱乐化的特点③，而且在用户自主性、传播方式、内容资源等方面都具有显著优势。两种媒体的竞合发展带来了跨屏现象，而对于跨屏受众的了解将关系着未来竞争的成败，因此，它将继续成为广告主和媒体关注的焦点。

第二节　相关研究及不足

由上可知，网络视频已经成为可与电视相提并论的视频媒体，跨屏已经成为当今视频消费的重要特征。在这样的背景下，有关两种媒体的广告效果问题逐渐引发了业界和学界的关注，并成为广告领域的焦点话题。

---

① 石永军、王卓、石永东、周莉：《忠实电视观众网络视频使用调查——以湖北地区为例》，《南方电视学刊》2012 年第 3 期。
② 黄京华：《网络视频与电视：受众的分流和共享》，《中国广播电视学刊》2012 年第 4 期。
③ 张天莉、郑维东：《网络视频发展及其对电视媒体影响的不断深化》（上），《电视研究》2012 年第 11 期。

一 相关研究

广告业对于电视和网络视频媒体的广告效果一直十分关注，其探索大致有三个角度：

首先，站在广告主的立场上运用量化指标对不同媒体、不同屏幕的广告效果进行研究。到达率、到达频次、广告预算等量化指标一直是广告主十分关心的数据。伴随其跨屏投放需求的增长，相关机构纷纷对此展开了探索。2011年12月，阳狮锐奇"The Pool"第二泳道①通过对比视频广告与电视广告的营销效果发现，视频广告可更精准触达15—45岁受众，广告观众集中度更高。部分品牌的电视成本是视频成本的5—13倍。将电视广告与视频前贴片形式相结合，可以有效帮助广告主节省广告成本，扩大触达人口，增加触达频次。②

2012年11月，华通明略和秒针系统研究发现，当有足够预算的情况下，进行电视、互联网视频、户外电视楼宇LCD三屏混合投放，不仅能提升广告到达率，增加频次到达率，还能帮助广告主节省费用（如图1-12所示）。而当广告预算在中低水平时，如果用055的混合策略，即 NO TV 策略，1+到达率将升到70%，3+到达率增加到37%。而同样预算100%放在电视上，3+到达率只能达到20%，1+到达率只能达到45%（如图1-13所示）③。

---

① 第二泳道调研时间为2011年10—11月，采用40个城市的5031个样本进行在线调查。由阳狮锐奇携手益普索（Ipsos）和精硕科技（AdMaster），邀请优酷、土豆、爱奇艺、搜狐视频、PPS、PPTV、迅雷看看、凤凰宽频、中国网络电视台、我乐网、乐视等11家视频频道和视频网站，利洁时、玛氏、箭牌、雷克萨斯、露露、汇源、碧生源、红牛、善存9家广告主旗下13个品牌进行了联合调研。

② 《阳狮锐奇"The Pool"第二泳道调研成果发布》，2011年12月20日，腾讯科技（http://tech.qq.com/a/20111220/000454.html）。

③ 《大视频时代，跨屏整合营销提高媒介投放ROI》，《广告大观》（综合版）2013年第1期。

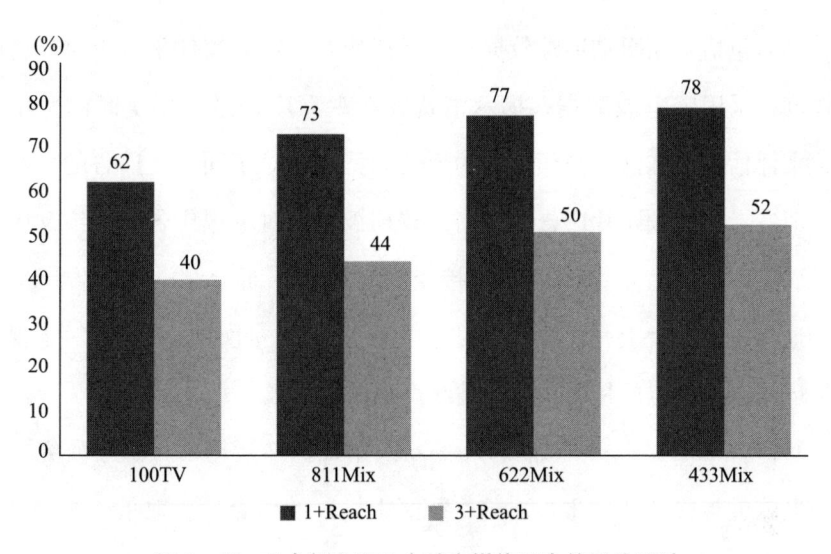

图 1-12 7 个行业和 6 个城市媒体组合的平均到达

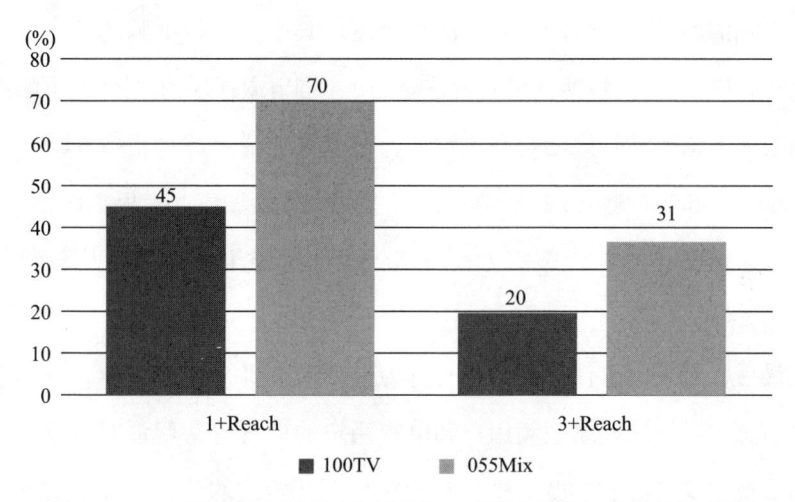

图 1-13 中低预算水平下 7 个行业和 6 个城市媒体组合的平均到达

其次，站在受众的立场，运用神经学指标对不同媒体的广告效果加以比较。2013 年 4 月，阳狮锐奇"The Pool"第三泳道①运用神经学研究方

---

① 阳狮锐奇联合布雷恩英咨询和精硕科技，选取北京和武汉作为一、二线城市的代表，招募 18—45 岁收看网络视频与电视的收视人群进行调查，参与此次调研的视频网站包括：优酷、土豆、爱奇艺、搜狐视频、乐视网、PPS、PPTV；参与的广告主包括：欧莱雅、可口可乐、利洁时、通用磨坊、蒙牛、玛氏、箭牌、美赞臣、上海家化等。

法,具体包括采用眼动追踪数据,揭示消费者在不同媒体平台上对广告的关注度;采用脑电波数据,揭示消费者在观看广告过程中实时的情绪变化,来评估电视和网络视频广告的价值和特点。对于同一支广告的研究发现,消费者对视频贴片广告的情绪比较积极,而对电视广告的情绪反应较为负面,即消费者情绪上更愿意接受视频广告,而会对电视广告产生反感。这与电视平台上冗长的广告时间段不无关系。此外,消费者对于视频中插广告也有一定的接受程度,情绪反应比较积极。①

2014年3月,阳狮锐奇"The Pool"第四泳道运用了神经学研究方法评估电脑屏与移动屏(平板电脑、智能手机)的综合广告效果。通过比较同一支广告在PC视频、平板电脑、智能手机的播放效果发现,消费者对三个终端的前贴片广告均有较高的接受度。其中,平板电脑的综合广告效果最佳,PC端能更快抓住消费者注意力,智能手机则在情绪体验上略胜一筹。第四泳道还结合眼动与脑电数据,形成视觉情绪综合指数 VES[DK](Visual Emotional Score),精确量化了 PC 视频前贴片、平板电脑前贴片、智能手机前贴片的广告影响力,为广告主的跨屏策略提供了比较科学的参考。②

最后,对不同媒体广告的观看行为进行调查研究。2011年,中国互联网络信息中心对比网络视频用户和电视用户的广告等待习惯时发现,用户对网络视频广告的容忍度更高。对于在视频开始前的广告,52%的网络视频用户选择耐心等待广告放完,比例超过一半,其次 21.6% 的用户根据广告时长决定;仅有 12.1% 的用户在广告时间选择先做其他事情,11.6% 的用户会在广告播放时间先访问其他网页。

---

① 《阳狮锐奇"The Pool"第三泳道调研计划落幕》,2013年4月5日,梅花网(http://www.meihua.info/today/post/post_3dfdec4f-514f-4336-b942-0269cc2a36e6.aspx)。
② 《阳狮锐奇"The Pool"第四泳道调研计划落幕》,2014年3月27日,新华科技(http://news.xinhuanet.com/tech/2014-03/27/c_126322549.html)。

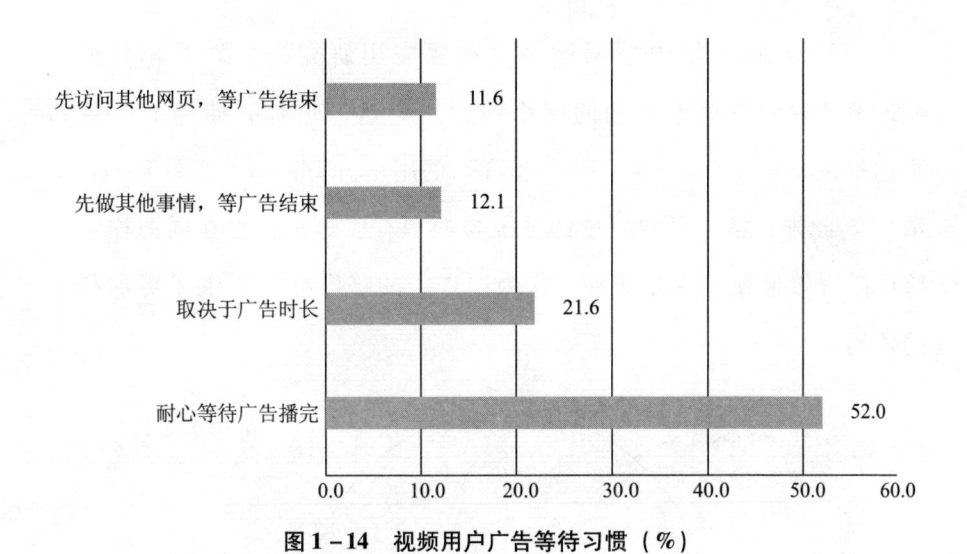

```
先访问其他网页，等广告结束    11.6
先做其他事情，等广告结束     12.1
取决于广告时长           21.6
耐心等待广告播完          52.0
```

图1-14 视频用户广告等待习惯（%）

相比之下，电视观众中有一半用户在电视广告播放期间选择先看看其他频道，21.9%会去做其他事情，仅有两成用户习惯于等待广告放完。目前，限广令的推出取消了电视剧中的插播广告，因而广告时段更加集中，这将进一步削弱电视广告的传播效果。[①]

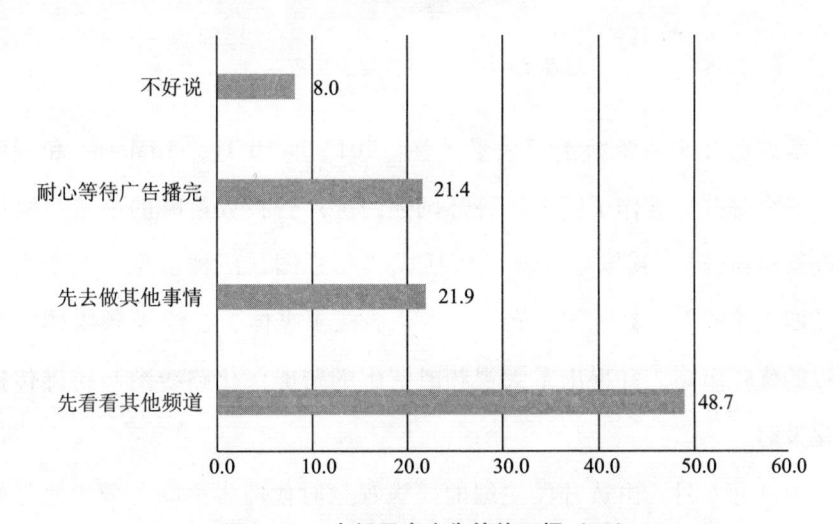

```
不好说              8.0
耐心等待广告播完       21.4
先去做其他事情        21.9
先看看其他频道        48.7
```

图1-15 电视用户广告等待习惯（%）

---

① 中国互联网络信息中心：《2011年中国网民网络视频应用研究报告》，2012年，第20页。

CNNIC《2013年中国网民网络视频应用研究报告》显示，对于通过电视收看热播电视剧的网络视频用户这一群体，插播的广告的到达率在25%以下。"连广告一起看"的用户占24.2%（如图1-16所示）①。此外，精硕科技、秒针系统与歌华有线等机构也在同源样本的跨屏广告效果领域展开探索，这为广告主的跨屏投放提供了更加科学的依据。

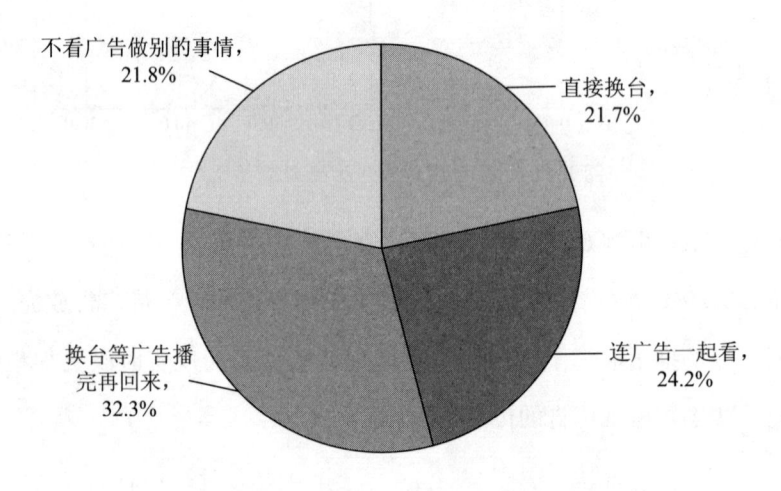

图1-16 对待广告的反应

- 不看广告做别的事情，21.8%
- 直接换台，21.7%
- 连广告一起看，24.2%
- 换台等广告播完再回来，32.3%

学界也对该话题给予了大量关注。2013年10月，AdMaster和国家广告研究院共同著作了国内第一部阐述跨屏广告投放策略的书籍《跨屏传播策略研究》，其核心内容可概括成"一张图、两种模型、三个案例以及四大策略"。该书分别介绍了移动端视频媒体、在线视频媒体以及电视的优化策略，并提出了大视频时代下的跨屏优化路线图与跨屏传播优化策略。

2014年6月，由黄升民主编的《大视频时代广告策略与效果测量研究》一书出版，该书对视频广告的特点、广告主对于多屏的态度和应对、

---

① 中国互联网络信息中心：《2013年中国网民网络视频应用研究报告》，2014年，第32页。

多屏广告的测量等问题进行了探索，并提出了大视频时代的多屏融合策略，为广告主提供了颇有价值的参考。

二 现有研究的不足

从上述讨论中可以看出，现有研究确实为我们更好地理解电视和网络视频媒体的广告效果提供了丰富的成果，但是，它们都在某种程度上存在一定的局限：首先，到达率、到达频次等量化指标只能解决广告的触达问题，却不能解释广告到达受众后对其产生的心理效应，而广告对受众的心理影响是广告效果评估的一个重要方面，应该为广告主所重视。

其次，相关机构对不同屏幕的广告到达率、到达频次以及广告费用进行研究时有一个前提条件，即在不同屏幕上投放一次广告的效果是相同的，而事实上，由于不同屏幕的物理条件和收视情景不同，同一广告在不同屏幕上投放时所产生的效果很可能不同。

再次，包括眼动和情绪在内的神经学指标只能记录受众对于广告的瞬时生理反应，却不能捕获其长期稳定的认知和态度，具有一定的局限性。

最后，用户对广告的反应，如等待、回避等属于用户行为层面的问题，较为肤浅，而行为背后的深层次原因尚有待探究。

基于现有成果的局限性，本书将从用户心理的角度出发，分别探索电视和网络视频广告的心理效应，并将两者加以对比，以期为大视频时代的广告投放和媒体发展提供参考。

第三节 研究框架

一 关于题目的说明

第一,本书的电视是指传统电视媒体,不包括互联网电视。网络视频是指通过互联网,借助浏览器、客户端播放软件等工具,在线观看视频节目的互联网应用。[①]

第二,本书所指广告包括两个方面:一是电视节目前、中、后的插播广告。二是用户进入视频网站(如优酷、土豆、爱奇艺、腾讯视频、新浪视频、搜狐视频、乐视等)观看节目时,在节目前、中、后插播的广告。网络视频发展之初,两者在内容和传播方式上较为相似。伴随互联网思维的发展,网络视频广告逐渐呈现出独有的特点:从内容上看,它不仅含有传统电视广告,更有体现互联网特色的网游广告、网站自制节目预告片、网站自制产品广告等。从传播方式上看,视频网站虽然采取了与传统电视相似的单向、强制方式,但也在广告的精准化、交互性以及赋予用户权利等方面展开了积极的探索。本书将以这两类异同并存的广告为研究对象,分别探索其传播效果,并对结果进行对比和分析,以期为广告主的跨屏投放提供参考。

第三,从接收设备来看,电视的终端设备是电视机。网络视频的终端

---

① 中国互联网络信息中心:《2012年中国网民网络视频应用研究报告》,2013年5月,第9页。

设备包括台式机、笔记本、智能手机、平板电脑四种。同时，无论在电视还是网络视频媒体中，笔者都将其插播广告视为整体，不对具体广告进行单独研究。

二 研究目标和研究方法

（一）研究目标

本书的主要目标是从心理角度，探索受众对于电视广告和网络视频广告的认知和评价。本书采用组内设计，即使用同源样本，研究相同受众对于两种广告的评价。本书所指广告认知和评价包括广告态度及其影响因素。具体而言，本书的目标分为以下四点：

第一，探索受众的电视广告态度及其影响因素。电视广告态度的影响因素包括广告价值、广告侵扰、广告信息性、广告娱乐性、广告冒犯以及电视媒体可信性（如图1-17所示），模型构建过程详见本书第四章。

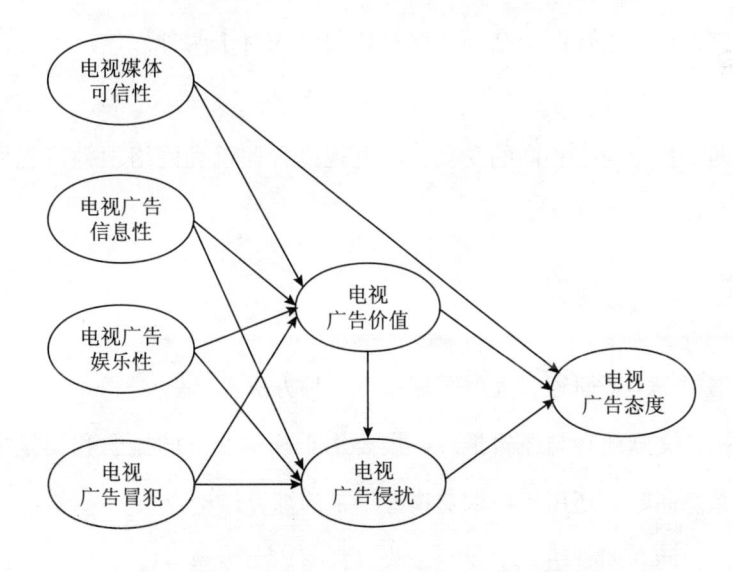

图1-17 电视广告态度及其影响因素理论模型

第二，探索受众的网络视频广告态度及其影响因素。网络视频广告态度的影响因素包括广告价值、广告侵扰、广告信息性、广告娱乐性、广告冒犯以及网络视频媒体交互性（如图 1-18 所示），模型构建过程详见本书第四章。

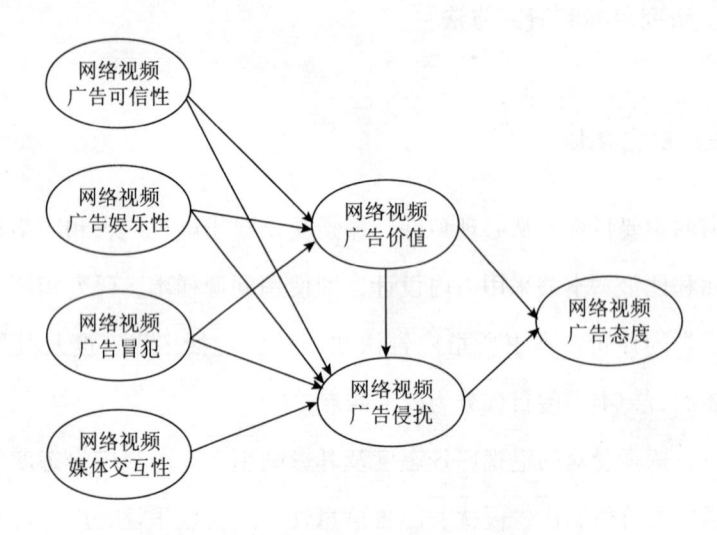

图 1-18 网络视频广告态度及其影响因素理论模型

第三，对比上述两个结果，探索相同受众对于两种媒体广告的评价有何异同。

第四，探索对于相同的受众，其电视广告评价和网络视频广告评价之间是否存在一定关系。

(二) 研究方法

本书属于实证研究，大致采用以下三种方法：

第一，文献梳理与逻辑推理。主要用于确定变量的概念和变量之间的假设关系。同时，还用于后期对模型结果的综合讨论。

第二，问卷调查法。主要用于收集数据。

第三，结构方程模型。主要用于数据的统计分析。

三 研究内容

本书的核心内容大致如下：

首先，在文献梳理的基础上，对核心概念，包括广告态度、广告价值、广告侵扰、广告信息性、广告娱乐性、广告冒犯、电视媒体可信性以及网络视频媒体交互性进行概念阐述，并确定其测量指标（详见本书第二、第三章）。

其次，根据相关理论、已有研究成果以及经验法则提出假设关系，并初步构建体现变量关系的理论模型（详见本书第四章）。

再次，实施问卷调研，运用AMOS17.0对数据结果进行统计分析，并确立最终的模型（详见本书第五章和第六章）。

最后，根据最终的模型结果，结合相应的理论和广告产业的实际发展情况进行综合讨论（详见本书第七章）。

第二章 广告态度、广告价值和广告侵扰的含义与测量

在本书所构建的理论模型中，潜变量[①]包括广告态度、广告价值、广告侵扰、广告信息性、广告娱乐性、广告冒犯、电视媒体可信性以及网络视频媒体交互性。本章将在文献梳理的基础上对上述变量逐一进行阐释，并为其确立测量指标。

第一节 广告态度

态度一词最早是指身体姿势或身体位置，意为一个人的物理准备状态。后来，态度演变为专指心理状态的术语，特指对一个特定客体的心理反应。根据弗里德曼的观点，态度是一种带有认知成分、情感成分和行为倾向的持久的系统。

态度的特点包括对象性、习得性、稳定性、方向性以及强弱。对象性是指任何一种态度都是针对某一特定对象的，这一对象可以是人，也可以是一

---

① 在结构方程模型中，潜变量是无法直接观察，只能以间接的方式测量的变量。

个物体或事件。对于本书而言，态度的对象是电视节目中的插播广告和视频网站中的插播广告。态度的习得性指态度是通过后天学习形成的，并非先天就有的。稳定性是指态度一旦形成，就会比较稳定，若想改变它将是一件很不容易的事。正是因为态度的习得性和稳定性，才使得大规模的问卷调研方法具有一定的合理性。态度的方向性是指态度有正面的、积极的、肯定的，也有负面的、消极的、否定的，还有中性的。态度的强弱是指态度的强烈程度，对于同一个事物，不同的人会有不同程度的态度。[1] 本书将使用七级李克特量表从"非常不同意"到"非常同意"来测量广告态度，这不仅能体现出态度的方向，还能体现其强弱，具有一定的合理性。

广告态度是消费者对于广告的态度，它是学术领域的重要概念。20世纪80年代以后，欧美学者围绕广告态度的含义、组成、测量方法、影响因素、效果、调节变量等展开了大量的调研并取得了丰厚的理论成果（如图2-1所示），这些成果不仅有助于人们更好地理解广告态度，也为广告产业的良性发展提供了理论指导。

从国内情况看，改革开放以后，伴随广告产业的高速发展，其经济效应和社会效应不断扩大，消费者对于广告的态度逐渐成为企业和广告管理者关心的话题。20世纪80年代末期以后，来自管理学、心理学、市场营销学、传播学或广告学领域的部分研究者对其开展了研究。然而，目前尚无文献对其含义、组成、测量等最为基本的问题做出过全面梳理，人们对广告态度的理解仍然较为片面和肤浅。因此，本节将在参考国外成果的基础上，重点对广告态度的含义及组成、测量方法以及重要性等问题进行梳理和评价，以便为本书的后续研究奠定基础。

---

[1] 参见黄合水编著《广告心理学》，厦门大学出版社2010年版，第160、161页。

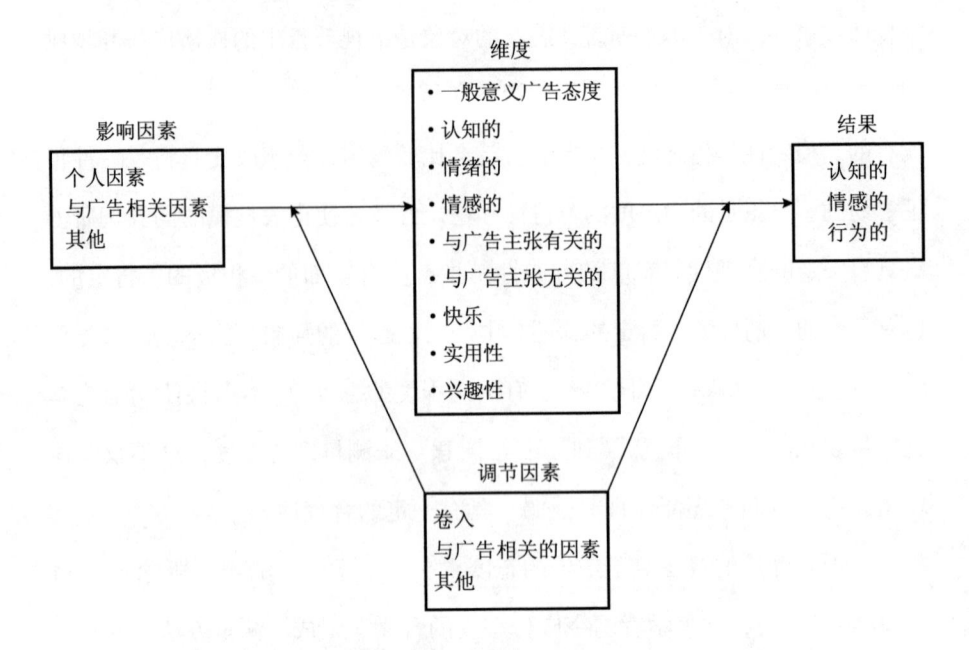

```
影响因素                    维度                         结果
┌─────────┐        ┌──────────────────┐          ┌─────────┐
│ 个人因素  │        │ • 一般意义广告态度 │          │ 认知的   │
│与广告相关 │───────▶│ • 认知的          │─────────▶│ 情感的   │
│因素      │        │ • 情绪的          │          │ 行为的   │
│ 其他     │        │ • 情感的          │          └─────────┘
└─────────┘        │ • 与广告主张有关的 │
                   │ • 与广告主张无关的 │
                   │ • 快乐            │
                   │ • 实用性          │
                   │ • 兴趣性          │
                   └──────────────────┘
                            ▲
                      ┌──────────┐
                      │ 调节因素  │
                      │ 卷入      │
                      │与广告相关 │
                      │ 的因素    │
                      │ 其他     │
                      └──────────┘
```

图 2-1 关于广告态度研究的成果[①]

注：该图针对的是具体广告，不是一般意义上的广告。

一 含义及组成

含义及组成是广告态度研究首先要面对的问题。对此，研究者从不同角度展开探索并形成了不同的结论。总体来看，我们可以从以下几个方面加以理解。

（一）"具体广告态度"（attitude toward ad，Aad）和"一般意义的广告态度"（attitude toward advertising in general，AG）

"具体广告态度"和"一般意义的广告态度"并不相同。其中"具体广告态度"是"消费者对于特定场合中的特定广告刺激，以喜爱或者厌

[①] Darrel D. Muehling, Michelle McCann, "Attitude toward the Ad: A Review", *Journal of Current Issues & Research in Advertising*, 1993, 15 (2), pp. 25-58.

恶的方式反应的心理倾向，它是由广告唤起的各种积极和消极的情感反应"[1]。"一般意义的广告态度"是"人们对于一般意义上的广告以一贯的喜爱或厌恶的方式反应的习得倾向"[2]。由此可见，两者的差异大致体现在三个方面：（1）适用场合不同。前者针对特定场合而后者无特定场合；（2）研究对象不同。前者针对特定的广告，后者泛指一般意义上的广告；（3）反应方式不同，前者是受众的即时反应而后者是受众的一贯反应。

实际上，"具体广告态度"和"一般意义的广告态度"既相互区别又相互联系，后者可能是影响前者的重要因素。例如，作为最早系统研究一般意义广告态度的学者，Bauer 和 Greyser 在 1968 年就发现消费者对一般意义的广告态度与随后对具体广告的评价之间存在一定关系。[3] 1989 年 MacKenzie 和 Lutz 也指出消费者对具体广告的反应会受到先前对一般意义广告知识的调节。[4] 1995 年 Mehta 和 Purvis 还发现一般意义的广告态度是具体广告态度的一个重要决定因素，对于具体广告态度具有不容忽视的影响。[5]

（二）"制度态度"（attitudes toward the institution of advertising）和"工具态度"（attitudes toward the instruments of advertising）

1980 年 Sandage 和 Leckenby 提出，广告态度由"制度态度"和"工具

---

[1] Mackenzie S. B., Lutz R. J., "An Empirical Examination of the Structural Antecedents of Attitudes Toward the Ad in an Advertising Pretesting Context", *Journal of Marketing*, 1989, 53 (2), pp. 48-65.

[2] Chungchuan Yang, "Taiwanese Students' Attitudes towards and Beliefs about Advertising", *Journal of Marketing Communications*, 2000, 6 (3), pp. 171-183.

[3] Mackenzie S. B., Lutz R. J., "An Empirical Examination of the Structural Antecedents of Attitudes Toward the Ad in an Advertising Pretesting Context", *Journal of Marketing*, 1989, 53 (2), pp. 48-65.

[4] Kelty Logan, "And Now a Word From Our Sponsor: Do Consumers Perceive Advertising on Traditional Television and Online Streaming Video Differently?", *Journal of Marketing Communications*, 2012, 19 (4), pp. 1-19.

[5] Chungchuan Yang, "Taiwanese Students' Attitudes towards and Beliefs about Advertising", *Journal of Marketing Communications*, 2000, 6 (3), pp. 171-183.

态度"共同组成。① "制度态度"是人们对于广告制度方面的态度。其中,广告的制度方面可理解为广告对于社会和经济的影响,它的视角比较宏观,主要针对广告的目的和效果。"工具态度"是人们对于广告工具方面的态度。其中,广告的工具方面指的是营销者使用的方法和技术,包括功能诉求、潜意识操纵技术(如性暗示)等②,它主要针对广告的执行层面。

为了更好地理解"制度态度"和"工具态度",研究者使用八对语义差异项目对其进行测量(见表2-1),这些项目的代表性在 Sandage & Leckenby 以及 Darrel D. Muehling 的研究中都得到了验证。③ 需要注意的是,Sandage&Leckenby 以及 Darrel D. Muehling 所指的"制度态度"和"工具态度"都是针对一般意义上的广告而言。

表 2-1　　代表制度态度和工具态度的八对语义差异项目

	制度态度	工具态度
广告是	微弱的(weak)/强大的(strong)	肮脏的(dirty)/清白的(clean)
	无价值的(worthless)/有价值的(valuable)	不诚实的(dishonest)/诚实的(honest)
	没必要的(unnecessary)/有必要的(necessary)	不真诚的(insincere)/真诚的(sincere)
	坏的(bad)/好的(good)	危险的(dangerous)/安全的(safe)

---

① Darrel D. Muehling, "An Investigation of Factors Underlying Attitude-Toward-Advertising-in-General", *Journal of Advertising*, 1987, 16 (1), pp. 32 – 40.

② Dan P., Paliwoda S., "An Empirical Examination of Public Attitudes towards Advertising in a Transitional Economy", *International Journal of Advertising*, 2007, 26 (2), pp. 247 – 276.

③ Muehling D. D., "An Investigation of Factors underlying Attitude-toward-Advertising-in-general", *Journal of Advertising*, 1987, 16 (1), pp. 32 – 40.

研究发现，消费者的"制度态度"和"工具态度"并不一致。总体来看，"制度态度"比"工具态度"更加积极。1968年Bauer和Greyser、1980年Sandage和Leckenby都发现，人们对广告的批评并不针对广告制度而是针对广告主所使用的策略。① 1968年Bauer和Greyser、1971年Wells、Leavitt和McConville、1985年Aaker和Bruzzone发现，消费者能够意识到广告产业对于经济发展的积极作用，然而一些广告的内容和策略确实冒犯或激怒了他们。② 2007年Dan Petrovici和Stanley Paliwoda在罗马尼亚的研究同样发现，人们对于广告的制度态度比工具态度更加积极。然而这样的观点并不绝对准确，1993年Durvasula等人在俄罗斯的研究就得出过相反的结论。③

（三）"个人的"和"一般的"广告态度（personalized attitudes and generalized attitudes）

广告态度有"个人的"和"一般的"之分。"个人的"广告态度是人们对于广告带给自己的影响的态度。"一般的"广告态度是人们对于广告带给他人的影响的态度。1968年Bauer和Greyser、1980年Sandage和Leckenby以及1982年Reid和Soley都对广告态度做过类似的区分。

此外，"个人的"和"一般的"广告态度可能存在明显的差异。例如，1982年Reid和Soley发现，被调查者认为广告侮辱自己的智商甚于侮辱他人的智商；广告劝说他人多于劝说自己；广告对于别人比对自己更加具有

---

① Ducoffe R. H., "Advertising Value and Advertising on the Web", *Journal of Advertising Research*, 1996, 36 (5), pp. 21–35.

② HairongLi, Steven M. Edwards, Joo-Hyun Lee, "Measuring the Intrusiveness of Advertisements: Scale Development and Validation", *Journal of Advertising*, 2002, 31 (2), pp. 37–47.

③ Dan Petrovici, Stanley Paliwoda, "An Empirical Examination of Public Attitudes towards Advertising in a Transitional Economy", *International Journal of Advertising*, 2007. 26 (2), pp. 247–276.

误导性；广告降低产品价格并带来更好的产品，不过他人将比自己更加受益。①

（四）广告态度的"情感维度"和"认知维度"

一直以来，人们对这一问题的认识始终存在分歧：有人认为广告态度包含情感和认知两个维度；有人认为广告态度仅包含单一的情感维度，不包括认知和行为。第一种观点的典型代表是 Shimp。1981 年 Shimp 提出，广告态度可能由情感和认知两个维度组成。其中，情感维度（如爱、快乐、怀旧、痛苦）是无意识的、不经过加工的；认知维度是消费者对广告执行要素（如幽默）的有意识反应，两者的加工机制不同，因此对消费者的影响也不同。② 1993 年 Muehling 和 McCann 也指出，广告态度具有多维度本质，其中，认知维度是人们深思熟虑的、努力的、集中处理信息的结果；情感维度是无须努力的、低卷入的、次要的信息加工过程。③

第二种观点的典型代表是 Lutz，他认为广告态度是人们对广告刺激喜爱或厌恶的倾向，是纯粹的情感反应。持相似观点的研究者还有 1975 年 Fishbein 和 Azjen④、1983 年 Lutz, Mackenzie 和 Belch、1983 年 Gardner 以及 1991 年 Phelps 和 Thorson⑤ 等。一般来说，持单一维度观点的学者往往

---

① Shavitt S., Lowrey P., Haefner J., "Public Attitudes Toward Advertising: More Favorable Than You Might Think", *Journal of Advertising Research*, 1998, 38 (4), pp. 7 – 22.

② Darrel D. Muehling, Michelle McCann, "Attitudes toward the Ad: A Review", *Journal of Current Issues & Research in Advertising*, 1993, 15 (2), pp. 25 – 58.

③ Ducoffe R. H., "How Consumers Assess the Value of Advertising", *Journal of Current Issues & Research in Advertising*, 1995, 17 (1), pp. 1 – 18.

④ Mackenzie S. B., Lutz R. J., "An Empirical Examination of the Structural Antecedents of Attitude Toward the Ad in an Advertising Pretesting Context", *Journal of Marketing*, 1989, 53 (2), pp. 48 – 65.

⑤ Darrel D. Muehling, Michelle McCann, "Attitudes toward the Ad: A Review", *Journal of Current Issues & Research in Advertising*, 1993, 15 (2), pp. 25 – 58.

第二章 广告态度、广告价值和广告侵扰的含义与测量

将认知作为广告态度的影响因素加以理解。例如，1983—1989年 Scott B. MacKenzie 和 Richard J. Lutz 提出并修正了"广告态度影响因素的结构模型"（如图2-2所示），在模型中他们提出，广告可信度、广告认知、对广告主的态度、一般意义的广告态度和情绪都是影响具体广告态度的初级决定因素。[①]

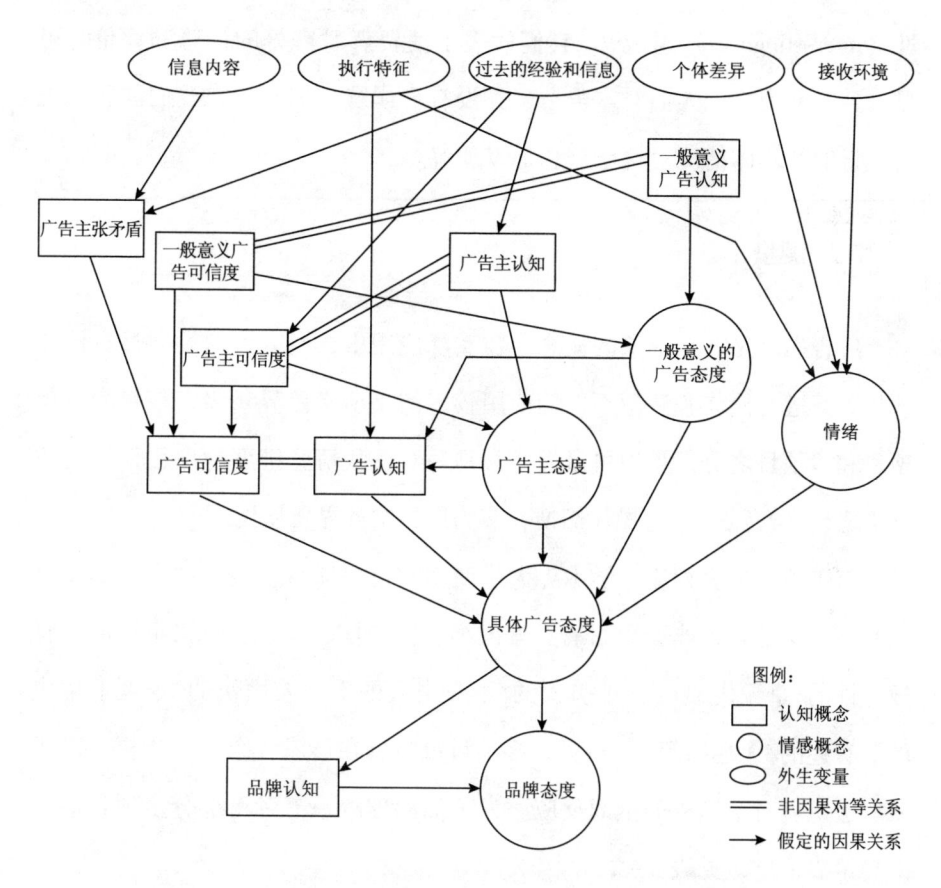

图2-2　Scott B. MacKenzie 和 Richard J. Lutz 修正的广告态度影响因素结构模型

---

① Mackenzie S. B., Lutz R. J., "An Empirical Examination of the Structural Antecedents of Attitude Toward the Ad in an Advertising Pretesting Context", *Journal of Marketing*, 1989, 53 (2), pp. 48–65.

此外，关于广告态度的含义及组成还存在其他观点。例如，1990年Miniar、Bhatla和Rose认为广告态度分为与断言有关的部分（claim-related components）和与断言无关的部分（nonclaim-related components），两者分别代表受众对广告文案中断言与非断言的评价。1991年Olney，Holbrook和Batra提出广告态度可能由快乐（hedonic）、实用性（utilitarian）和兴趣性（interestingness）组成[1]，它们代表了消费者对广告的情感和评价。可见，到目前为止，人们对广告态度并没有形成统一的观点，我们需要根据研究目的和具体情况对这个概念加以理解。

二 测量

广告态度是一个抽象的概念。在实际应用中，研究者需要通过具体的项目对其进行操作和测量。他们使用较多的是语义差异量表，该量表有单项目和多项目之分，单项目量表通常是一对反映情感维度的项目，如"非常厌恶/非常喜欢"，它操作简便，多为广告实务界所使用。

与单项目量表相比，学术界大量使用的是多项目量表，项目数从2个到8个甚至更多，典型项目有：好的/坏的、讨人喜欢的/令人不快的、有教育性的/毫无内涵的、吸引人的/不吸引人的、令人愉快的/令人不愉快的、有趣的/无趣的等。[2] 可见，多项目量表旨在形成一个综合指标，以便获取被试者对于广告的全面反应。为了加深理解，笔者将部分多项目语义差异量表汇总，见表2-2。[3]

---

[1] Darrel D. Muehling, Michelle McCann, "Attitude toward the Ad: A Review", *Journal of Current Issues & Research in Advertising*, 1993, 15 (2), pp. 25-58.

[2] Ibid..

[3] 除了注明出处的内容之外，此表其他内容来自李琼、吴作民《广告态度与品牌态度作用机制研究综述》，《广告大观》（理论版）2008年第5期。

表2-2　　　　　　　部分测量广告态度的语义差异

学者	量表类型	测量指标
MacKenzie,Lutz,Belch(1986)	两条目语义差异量表	喜爱的/厌恶的;有趣的/枯燥的
Mitchell(1986), MacKenzie 和 Lutz(1989), Homer(1990), Chattopadhyay 和 Nedungadi(1992)	三条目语义差别量表	好的/坏的;令人愉快的/令人不舒服的;喜欢的/厌恶的
Darrel D. Muehling(1987)[1] Kelty Logan(2012)[2]		好的/坏的;积极的/消极的;讨人喜欢的/令人不快的
Perrien,Dussart 和 Paul(1985) Duane Varan 等(2013)[3]	四条目语义差异量表测量广告喜爱度(Advertising like ability)	令人愉快的/不愉快的;清楚的/模糊的;有趣的/枯燥的;结构良好的/结构不好的
Michael T. Elliott 等(1998)[4]		有趣的/无趣的;令人愉快的/令人不愉快的;有教育性的/无信息量、无内涵的;可信的/不可信的
Campell 和 Keller(2003)	四条目语义差异量表	好/坏;质量差/质量高;不能打动人/能打动人的;令人不舒服的/令人愉快的
SweeHoonAng 等(2006)		不能打动人的/非常打动人的;无趣的/非常有趣的;不喜欢/喜欢;好/坏
黄劲松等(2006)		好/坏;有/无吸引力;喜欢/不喜欢;能很好地/很难刺激购买

---

[1] Darrel D. Muehling, "An Investigation of Factors Underlying Attitude-toward-Advertising-in-General", *Journal of Advertising*, 1987, 16(1), pp. 32–40.

[2] Kelty Logan, "And Now a Word From Our Sponsor: Do Consumers Perceive Advertising on Traditional Television and Online Streaming Video Differently?", *Journal of Marketing Communications*, 2012, 19(4), pp. 1–19.

[3] Varan D., Murphy J., Hofacker C. F., et al., "What Works Best When Combining Television Sets, PCs, Tablets, or Mobile Phones? How Synergies Across Devices Result From Cross-Device Effects and Cross-Format Synergies", *Journal of Advertising Research*, 2013, 53(2), pp. 212–220.

[4] Michael T. Elliott, Paul Surgi Speck, "Consumer Perceptions of Advertising Clutter and Its Impact across Various Media", *Journal of Advertising Research*, 1998, pp. 29–41.

续 表

学 者	量表类型	测 量 指 标
Madden、Allen 和 Twible (1988)①	五条目语义差异量表	好的/坏的;有益的/有害的;愚蠢的/聪明的;令人喜爱的/令人反感的;令人愉快的/令人不愉快的
Holmes 和 Crocker(1987), Torres 和 Sierra 和 Heiser (2007)	六条目语义差别量表	不能打动人的/打动人的;不可信的/可信的;印象不深刻的/印象深刻的;无吸引力的/有吸引力的;不吸引眼球的/吸引眼球的;总体不喜欢/总体喜欢
Machleit 和 Wilson(1988)	八条目语义差别量表	喜欢的/厌恶的;好/坏;不欣赏的/欣赏的;酷爱的/不喜欢的;非常不喜欢/非常喜欢;令人愤怒的/不令人愤怒的;制作得很好/制作很差;侮辱的/非侮辱的

此外，形容词评分、李克特量表等方法也经常为研究者所使用。例如，1986 年 Burke 和 Edell 让被试者对 34 个描述广告的形容词打分，1 分表示这个形容词根本不适合被测的广告，5 分表示非常适合。与此相似，1985 年 Madden, Debevec 和 Twible 让被试者对侮辱人的、生气的、快乐的、高兴的、恼怒的、乐意的、反感的、有趣的 8 个形容词进行评分，以此获取他们的广告态度。同时，Madden, Debevec 和 Twible 还使用五点李克特量表让被试者从非常同意到非常不同意进行打分，被测项目包括优秀的、吸引人的、低级庸俗的、趣味高雅的和令人厌恶的。②

可见，在广告态度的测量方面，人们使用的方法并不统一。不过总体

---

① Darrel D. Muehling, Michelle McCann, "Attitude toward the Ad: A Review", *Journal of Current Issues & Research in Advertising*, 1993, 15(2), pp. 25–58.

② Ibid. .

来看，这些方法通常是一种间接式的测量，是实地调查或实验室实验中被试者的自我陈述。

综上所述，广告态度是一个十分复杂而抽象的概念，在具体的操作上，本书将选择"好处/坏处"，"积极的/消极的"，"讨人喜欢的/令人不快的"三对词语来测量它，其原因有四：第一，这三个指标既包含情感因素也包含认知因素，概括性较强。第二，这三个指标言简意赅，易于被不同文化水平的人所理解。第三，这三个指标在前人的研究中被多次使用过，如1987年Darrel D. Muehling和2012年Kelty Logan都使用了这三个指标。第四，三个测量指标不会使问卷过长，同时，还满足了结构方程模型对于指标数量的基本要求，具有较好的合理性和可行性（详见附录第四部分问卷：Y1—Y3）。

三 广告态度在广告效果研究中的位置及其重要性

（一）广告态度处于广告效果层级中的加工层级

广告效果是一个十分抽象的概念，人们通常通过构造层级模型对其进行研究。其中，Rossiter和Percy构造的六级效果模型是流传最广的一个层级效果模型。该模型包括暴露、加工、沟通、购买、销售与市场以及利润。其中，加工效果的测量与广告有关，具体包括广告态度、广告再认、广告回忆、广告可信度等。沟通效果的测量与品牌有关，具体包括品牌回忆、品牌再认、品牌态度、品牌购买倾向等。总之，广告态度处于广告效果层级中的加工层级，其测量属于加工效果测量[①]，它可能对其他层级产生重要的影响，因此，广告态度在广告效果研究中占有重要的地位。

[①] 参见黄合水主编《品牌与广告的实证研究》，北京大学出版社2006年版，第62、66页。

(二) 广告态度与品牌态度和购买意向的关系

广告态度是广告与盈利之间的中间效果。1999 年 Vakratsas 和 Ambler 指出，中间效果是指广告在影响消费者行为之前对其记忆、认知或情感的影响，是人们接触广告之后发生在头脑中的变化[①]，对于消费者具有不可忽视的影响。

尽管广告态度与企业盈利之间的关系有时候可能难以确定，但它对其他中介变量，如品牌态度、购买意向的影响却得到了验证。其中比较有代表性的成果是 1982 年 MacKenzie 和 Lutz 提出的四种广告态度中介模型（如图 2-3 所示）。[②]

第一种是情感迁移假设（Affect Transfer Hypothesis，ATH），该模型最早是 Mitchell 和 Olson 在 1981 年提出的。他们发现广告态度会影响品牌态度，进而影响购买意愿。1983 年 Moore 和 Hutchinson、1984 年 Park 和 Young 对该假设开展了进一步的验证和发展，最终形成了情感迁移假设。

第二种是双中介假设（The Dual Mediation Hypothesis），该模型认为广告态度通过两条路径影响品牌态度，一条是广告态度直接影响品牌态度，另一条是广告态度通过品牌认知间接地影响品牌态度。

第三种假设是交互中介假设（The Reciprocal Mediation Hypothesis），该假设认为广告态度与品牌态度会相互影响。这一假设的理论依据是 Heider 在 1958 年提出的平衡理论（Balance Theory），该理论认为消费者的认知活动总是在试图维持平衡，而前因与后果只有保持对等，认知平衡关系才会达成。也就是说，广告态度与品牌态度会交互影响，直到在消费者心中达成均衡为止，即同时喜欢或讨厌广告与品牌。

---

① 参见黄合水主编《品牌与广告的实证研究》，北京大学出版社 2006 年版，第 60、61 页。
② 李欣：《高科技品牌广告效果影响因素实证分析研究》，博士学位论文，山东大学，2009 年。

第四种假设是独立影响假设（The Independent Influence Hypothesis），这一假设认为广告态度和品牌态度是相互独立的，两者会单独对个体的购买意愿产生直接的影响。在后来的研究中，这一假设也得到了一定的支持。

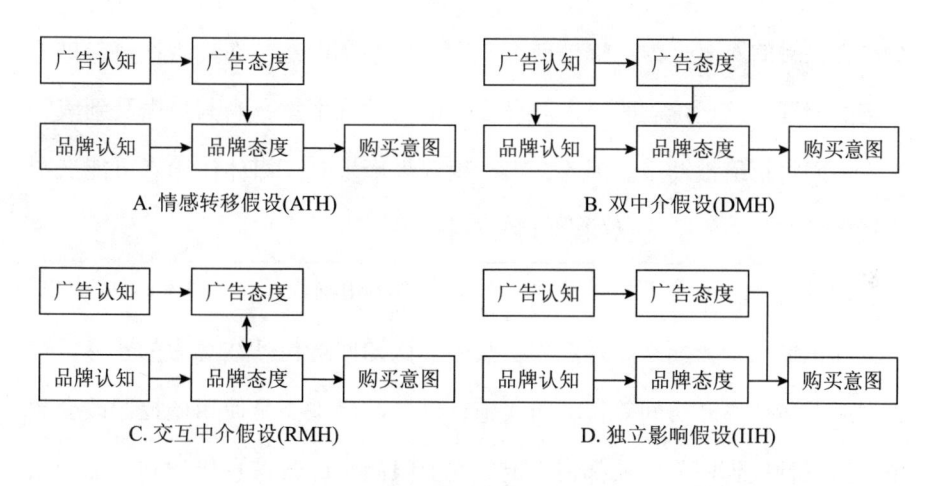

A. 情感转移假设(ATH)

B. 双中介假设(DMH)

C. 交互中介假设(RMH)

D. 独立影响假设(IIH)

图 2-3　四种广告态度中介模型

此外，一些研究还发现了广告态度与销售业绩之间的关系。2000年，梅塔（Mehta）对1914名18岁以上杂志常规读者的分析发现，印刷广告的绩效会受到消费者对一般意义广告态度的影响，一般意义广告态度较好的受试者能够回忆起较多的广告，并产生较大的购买兴趣。佩特罗修斯、泰特斯和赫奇（Petroshius, Titus & Hatch）研究发现，医生对广告的注意、处方行为（即将广告产品写进处方的行为），以及对病人要求的回应都会受到其对药品广告态度的影响。[①] 2009年Peter Hammer等人还发现，广告喜爱度与商品销量之间存在一定关系。[②] 总之，广告态度不仅会影响广告效果的其他中介变量，还可能影响到产品的市场表现，因此，它应该为实

---

① 参见黄合水编著《广告心理学》，厦门大学出版社2010年版，第72页。
② Hammer P., Riebe E., Kennedy R., et al., "How Clutter Affects Advertising Effectiveness", *Journal of Advertising Research*, 2009, 49 (2), pp. 159–164.

务界和学术界所重视。

(三) 广告态度与广告回避

1997 年，Speck 和 Elliott 将广告回避定义为媒体使用者采取的能够减少广告接触的所有行为。抗拒理论（Reactance Theory）对广告回避提供了一定的解释，该理论表明，人们喜欢自由地评价事物，当其自由受到威胁时，他们将拒绝被劝服。因此，当抗拒效果产生时，媒体使用者可能试图通过回避广告来维护自己的自由和控制权。①

1997 年 Speck 和 Elliott 发现在电子媒体和印刷媒体上，人们会从认知、行为和机械三个方面来回避广告。其中，认知回避包括注意力的转移，行为回避是诸如离开房间等行动的实施，机械回避主要是使用遥控器改变频道。这三种广告回避方式都在一定程度上限制了广告信息传达到目标受众的能力，影响了广告传播的效果。② 2006 年 Grover 和 Fine 发现，87% 的 DVR 用户经常主动跳过广告。③ 2008 年 9 月 Vizu 调查显示，对于大约 80% 的被调查者来说，电视遥控器和网络弹出广告阻滞器是最常用的广告回避工具。对于 30.5% 的被调查者来说，网络弹出广告阻滞器是最重要、最有效的，相比之下，17% 的被调查者认为电视遥控器是最重要的。④

一些研究表明，消极的广告态度可能导致广告回避。1973 年 Greyser 阐明，公众不喜欢广告导致了对广告的无视。1994 年 Mittal 指出，消极广

---

① Michael T. Elliott, Paul Surgi Speck, "Consumer Perceptions of Advertising Clutterand Its impact across Various Media", *Journal of Advertising Research*, 1998, pp. 29–41.
② Li H., Edwards S. M., Lee J. H., "Measuring the Intrusiveness of Advertisements: Scale Development and Validation", *Journal of advertising*, 2002, 31 (2), pp. 37–47.
③ Teixeira T., Wedel M., Pieters R., "Emotion-Induced Engagement in Internet Video Advertisements", *Journal of Marketing Research*, 2012, 49 (2), pp. 144–159.
④ Vizu 2008 Research Report, "Why Consumers Hate Advertising & What They Are Doing About It", 2008, p. 2.

告态度与广告回避之间存在重要关系。1989 年 MacKenzie 和 Lutz，2004 年 Shavitt，Vargas 和 Lowrey 研究发现，广告回避行为使人们无法很好地注意广告，因此广告回避行为与广告效果下降有关。[1] 2008 年 Vizu 研究显示，56% 的被试宁愿消除所有广告而不愿听之任之；有太多广告和广告太令人恼火是导致广告回避的两个主要原因，54% 的消费者同时选择了这两项。[2] 可见，消极的广告态度可能带来广告回避，并降低广告效果，对于广告主来说，了解受众的广告态度并积极提高就显得十分重要。

四 消费者对广告的态度

为了进一步加深理解、丰富认识，笔者将部分广告态度的调研成果梳理如下。

（一）国外方面

到目前为止，国外对广告态度展开过大量的调研，但其调查结果并不一致。国别、时间、媒体、受众特征、研究方法等诸多因素都可能对调查结果产生影响。

首先，不同国家的消费者可能对广告持有不同的态度。例如，1996 年 Yoon，Muehling 和 Cho 发现，对于电视媒体来说，韩国消费者的广告态度比美国更加消极。[3] 1994 年 Mooij De Marieke 还发现，在英国、法国和德国，广告被看作日常生活的积极成分，而匈牙利和波兰却有相当比例的人

---

[1] Kelty Logan, "And Now a Word From Our Sponsor: Do Consumers Perceive Advertising on Traditional Television and Online Streaming Video Differently?", *Journal of Marketing Communications*, 2012, 19 (4), pp. 1–19.

[2] Vizu 2008 Research Report, "Why Consumers Hate Advertising & What They Are Doing About It", 2008, p. 2.

[3] Ewing M. T., "The Good News About Television: Attitudes Aren't Getting Worse. Tracking Public Attitudes toward TV Advertising", *Journal of Advertising Research*, 2013, 53 (1), pp. 83–89.

认为应与广告保持一定的距离。此外，法国人认为广告具有娱乐效果，而在英国有此认识的人就比较少。① 1971年，皮尔斯（Pierce）对美国的外国留学生进行研究，结果发现，母国经济发展比较落后的学生对美国广告的态度比较积极，而那些来自发达国家的留学生则对美国广告表达了较低的认可。②

其次，对于同一国家来说，消费者在不同时间段对广告的态度可能并不一致。例如，第二次世界大战结束初期，关于美国消费者电视广告态度的调查显示，尽管一些人认为广告可能提高产品价格，但总体来说美国消费者已普遍接受了广告的价值。③ 然而到了20世纪60—90年代，许多研究者，包括1981年Zanot④、1985年Aaker和Bruzzone、1992年Alwitt和Prabhaker、1994年Calfee和Ringold、1994年Mittal都发现，美国消费者对于广告的感情变得越来越消极，认为广告刺激他们购买既不需要也负担不起的产品的消费者比例从1964年的54%上升到了1989年的80%。⑤

最后，消费者对不同媒体持有不同的广告态度。例如，2008年Vizu调查显示，23%的被调查者最喜欢电视广告。19%的被调查者最喜欢杂志广告。也就是说，在关于何种媒体广告最受人喜欢的调查中，电视广告排名第一，杂志广告排名第二。⑥

此外，调查对象的人口统计学特征、数据统计方法等诸多因素都可能

---

① 吴垠、吴超荣：《中国居民广告态度的解构与地域性的比较研究》，豆丁（http：//www.docin.com/p-791228207.html）。
② 参见黄合水编著《广告心理学》，厦门大学出版社2010年版，第73页。
③ Michael T. Ewing, "The Good News About Television: Attitudes Aren't Getting WorseTracking Public Attitudes toward TV Advertising", *Journal of Advertising Research*, 2013, 53 (1), pp. 83 – 89.
④ 陈友庆：《对消费者广告态度的调查与思考》，《江苏教育学院学报》2000年第4期。
⑤ Ewing M. T., "The Good News About Television: Attitudes Aren't Getting Worse. Tracking Public Attitudes toward TV Advertising", *Journal of Advertising Research*, 2013, 53 (1), pp. 83 – 89.
⑥ Vizu 2008 Research Report, "Why Consumers Hate Advertising & What They Are Doing About It", 2008, p. 2.

对广告态度的调研结果产生一定的影响。因此，在广告产业实践中，我们需要根据具体情况加以理解和运用。

（二）国内方面

随着广告产业的发展，中国消费者的广告态度也逐渐受到重视。在相关调研中，有些得出了积极结果。例如，20世纪80年代，对上海、广州和北京消费者的调查表明，大多数消费者都认为，电视广告可以提供商品信息，促进经济发展。电视广告提供生活信息和知识，对消费者有利。电视广告有利于更新观念，推动社会进步。一半左右的人认为电视广告可以给予观众艺术享受，还可以丰富电视节目。可见，当时，消费者对广告的作用还是比较肯定的。[①] 1990年Pollay等人对中国三大城市123位消费者的调查发现，中国消费者比西方消费者对广告持有"更积极的态度"，并且认为"外国产品广告更有吸引力"[②]。1996年，陈培爱等人对北京、武汉和厦门三个城市的调查表明，绝大多数的受访者认为电视广告至少"有点必要"和"有点重要"，将近一半的人认为电视广告"好处多"；认为电视广告"没必要"和"不重要""坏处多"的均占极少数；"不喜欢"电视广告的人仅占22.7%，"喜欢"电视广告的人占49.7%，认为"无所谓"的占27.6%。1999年，北方经济咨询有限公司研究发现，66.7%的受众认为广告是当今社会"必不可少"的一部分，21.5%的人认为广告"可有可无"，5.6%的人认为"最好没有"，另有6.2%的人认为"说不清楚"[③]。2000年陈友庆对302名消费者的调查表明，消费者对广告的总体态度略好。[④] 2001年李锐和王卫红研究发现，当代大学生对电视广告的态度

---

① 参见黄合水编著《广告心理学》，厦门大学出版社2010年版，第79页。
② 张红霞、王晨、李季：《青少年对广告的态度及影响因素》，《心理学报》2004年第5期。
③ 参见黄合水编著《广告心理学》，厦门大学出版社2010年版，第74、76页。
④ 陈友庆：《对消费者广告态度的调查与思考》，《江苏教育学院学报》2000年第4期。

总体上是认同的。① 2002 年 Zhou 和 Zhang 对中国城镇居民广告态度的研究显示，大多数的中国城镇居民对广告持有积极的态度并喜欢广告。②

同时，一些调研得到了消极的结果。例如，1995 年 Zhao 和 Shen 的研究表明，大多数居民"对电视广告反感"和"对广告有抱怨"。2003 年，张红霞等人对北京城 8 区 11 所中学的 730 个有效样本的研究发现，北京青少年对广告的总体态度比较消极。③ 2008 年，陈国平、王瑛浔调查发现，我国城市青少年对广告的总体态度比较消极。④ 2011 年，艾瑞关于中国在线视频用户能够接受的视频内嵌广告位置分布调查显示，用户对于片头、片中和片尾插播广告的接收比例都较低。其中片头接受比例为 17.6%，而片尾和片中接受比例分别是 23.2% 和 1.9%。⑤

此外，还有一些调研得到了趋于中立的研究结果。例如，1987 年，中央电视台对全国观众的抽样调查表明，认为电视广告"不可少"的占 20%，"最好没有"的占 25%，"可以有"占 55%。1988 年春夏两季，中日合作调查了北京地区 1004 名观众对电视广告的态度，结果是"自始至终都赞成"的占 17.9%，"开始反对，现在认为有必要"的占 18.3%，"无所谓"的占 41.9%，"开始赞成，现在有些反感"的占 16.5%，"自始至终反对"的占 4.7%。⑥ 1987 年上海市抽样调查组对 1285 名 12—75 岁本市居民的调查发现，对广告持否定态度的人所占比例很小，而态度暧昧（如"可以接受""不大感兴趣""无所谓"）的人占大多数，相似的结果

---

① 李锐、王卫红：《当代大学生的广告态度研究》，《苏州城市建设环境保护学院学报》2001 年第 2 期。
② 张红霞、王晨、李季：《青少年对广告的态度及影响因素》，《心理学报》2004 年第 5 期。
③ 同上。
④ 陈国平、王瑛浔：《城市青少年的广告态度与消费心理分析》，《青年研究》2008 年第 4 期。
⑤ 艾瑞咨询集团：《中国在线视频用户行为研究报告简版 2011—2012》，第 15 页。
⑥ 参见黄合水编著《广告心理学》，厦门大学出版社 2010 年版，第 75 页。

同样出现在广州市的调查中。①

可见，中国消费者的广告态度同样受到调研时间、地区、样本特征、媒体等诸多因素的影响。因此，在调研过程中，我们需要统筹各种因素，对其进行全面把握。

第二节　广告价值和广告侵扰

影响广告态度的因素非常复杂，笔者大致将其归为两类：一类是客观因素，如人口统计学特征、个人知识经验、广告本身、社会环境、广告产业发展状况等，它们是客观存在的，对广告态度具有重要的影响；另一类是主观因素，它们是在多种客观因素基础上形成的，是消费者对于广告的信念和评价，对于广告态度同样具有重要影响。

主观影响因素分为"个人效用"和"社会效应"② 两个层面，前者针对广告带给个人的影响；后者针对广告带给社会的影响。根据研究目标，本书仅从"个人效用"角度出发，将消费者对广告的信念和评价概括为"感知的广告价值"和"感知的广告侵扰"。其中，"感知的广告价值"是消费者对广告内容的评价。"感知的广告侵扰"是消费者对广告出现方式的评价，两者从不同角度反映了受众对广告的评价，是较为全面的影响因素。

---

① 陈友庆：《对消费者广告态度的调查与思考》，《江苏教育学院学报》2000 年第 4 期。
② 1993 年 Pollay 和 Mittal 提出"七因子信念模型"，七因子分别代表广告的"个人效用"和"社会效应"，其中"个人效用"包括产品信息、社会形象信息和娱乐性；"社会效应"包括"对经济发展有利、助长物质主义、堕落价值和一无是处"。借鉴 Pollay 和 Mittal 的理念，在本书中，"个人效用"可理解为广告带给个人的影响。"社会效应"可理解为广告带给社会的影响。

一 广告价值

(一) 广告价值、信息性、娱乐性和冒犯的含义

1995—1996 年，Robert H. Ducoffe 提出了广告价值（advertising value）的概念。Robert H. Ducoffe 在阐释广告价值的含义时，在一定程度上借鉴了经济学家对于商品价值的观点。他指出，为了清晰地理解广告价值，我们需要了解消费者从广告中获得的主要利益和付出的成本。消费者是否从广告中获得了他们想要的东西有助于解释消费者对广告如何反应以及为何做出这样的反应。[①]

同时，他还从"交换"的角度理解广告价值。交换（exchange）是市场营销的核心概念，指从他人处取得所需之物，而以自己的某种东西作为回报的行为。[②] Ducoffe 指出，广告信息实际上是广告主与消费者之间的传播交换。对于广告主来说，有助于产品销售的广告是有价值的。而对于消费者来说，满足或超越期望的广告才能令人满意。[③] 因此，从消费者角度看，广告价值就是广告对于消费者的价值或效用（the relative worth or utility），它是消费者的主观评价[④]，反映了广告对于消费者的重要性。

Ducoffe 通过实证研究发现，广告价值主要受到广告的信息性（informativeness）、娱乐性（entertainment）和恼怒（irritation）的影响。其中，信

---

① Robert H. Ducoffe, "How Consumers Assess the Value of Advertising", *Journal of Current Issue and Research in Advertising*, 1995, 17 (1), pp. 1 – 18.
② 参见吴健安主编《市场营销学》，高等教育出版社 2011 年版，第 6 页。
③ Robert H. Ducoffe, "Advertising Value and Advertising on the Web", *Journal of Advertising Research*, 1996, 36 (5), pp. 21 – 35.
④ Robert H. Ducoffe, "How Consumers Assess the Value of Advertising", *Journal of Current Issue and Research in Advertising*, 1995, 17 (1), pp. 1 – 18.

息性和娱乐性对于广告价值有正向影响，而恼怒有负向影响。①

Ducoffe 指出，广告能够为消费者提供产品信息并指导其购买行为。②因此，信息性可理解为消费者感知到的广告为其提供产品信息的作用。在信息性、娱乐性和恼怒三个影响因素中，广告的信息作用较早地受到了关注和认可。1959 年盖洛普调查显示，提供信息是大部分被调查者喜欢广告的原因。③ 1989 年 Rotzoll，Haefner 和 Sandage 指出，广告的信息作用是支持者和批评者一致认同的广告具有的主要合法作用。此外，经济学家中的芝加哥学派对广告的信息作用也有相似的积极观点，他们认为广告信息推动了有效的和积极的消费，进而刺激了更加有活力的市场竞争。同时，消费者也认为提供信息是他们能认同广告的主要原因。④

从我国的实际情况来看，广告信息性主要体现在告知消费者新产品问世、介绍产品的功效和利益、介绍生活常识、流行趋势等。广告的信息作用能为消费者的购买行为提供指导，同时，也为其生活带来了便利。

广告的娱乐性可以理解为消费者感知到的广告所具有的促进娱乐的作用。广告的娱乐性可以使观看广告的过程变得更加轻松和愉快。如果广告能够触动消费者的情感，如害怕、喜爱、高兴、思恋和兴奋，那么这些广告就会被消费者视为一种娱乐。⑤ 使用与满足理论表明，大众传媒的娱乐

---

① Robert H. Ducoffe, "How Consumers Assess the Value of Advertising", *Journal of Current Issue and Research in Advertising*, 1995, 17 (1), pp. 1 – 18. Robert H. Ducoffe, "Advertising Value and Advertising on the Web", *Journal of Advertising Research*, 1996, 36 (5), pp. 21 – 35.

② Robert H. Ducoffe, "Advertising Value and Advertising on the Web", *Journal of Advertising Research*, 1996, 36 (5), pp. 21 – 35.

③ Shavitt S., Lowrey P., Haefner J., "Public Attitudes Toward Advertising: More Favorable Than You Might Think", *Journal of Advertising Research*, 1998, 38 (4), pp. 7 – 22.

④ Robert H. Ducoffe, "How Consumers Assess the Value of Advertising", *Journal of Current Issue and Research in Advertising*, 1995, 17 (1), pp. 1 – 18.

⑤ 张红霞、李佳嘉、郭贤达：《中国城区青少年对广告价值的评价：前因和后果》，《心理学报》2008 年第 2 期。

价值在于它能够满足受众逃避现实、消遣、审美享受或情感释放的需求。[①]由于广告是媒体内容的重要部分，因此它也具有类似的娱乐作用。

从我国的广告来看，那些运用幽默、夸张等情感诉求方式来激发消费者感官体验和心理情感的广告都具有一定的娱乐效果；同时，在广告中使用外形靓丽的广告人物、观众喜爱的明星、时尚美好的场景、动听的音乐、可爱的卡通形象等，也都有助于提升娱乐效果。一般来说，恰当的娱乐性表达不仅令人赏心悦目，还能提升广告的劝服效果，使观众更加乐于接受。

恼怒体现了消费者对广告的负面情绪。Ducoffe 指出，如果广告烦扰、冒犯、侮辱或过度操控消费者，消费者就可能感到恼怒。[②] 恼怒对于广告效果有负面影响。1968 年 Bauer 和 Greyser 在对美国消费者的调研中发现，人们批评广告的主要原因与广告引起的烦恼或恼怒有关。1985 年 Aaker 和 Bruzzone 研究发现，恼怒导致了整体广告效果的下降。Ducoffe 也发现，恼怒可能损害消费者对广告的评价，降低其对广告价值的感知。[③]

Ducoffe 所提到的恼怒既包括广告内容引发的消极反应，也包括其出现方式引发的消极反应。在本书中，由于广告侵扰已经代表了后者，因此，本书在研究广告价值的影响因素时，仅考虑广告的内容方面，并将广告内容引发的消极反应称为感知的"冒犯"。它能够综合代表因广告内容虚假、夸大、言辞不得体、画面不雅、表意不清楚、亵渎宗教、图腾等引发的消极的、不舒服的感觉。而且，其语气程度比恼怒缓和，更符合我国受众的心理特点。

---

① Robert H. Ducoffe, "How Consumers Assess the Value of Advertising", *Journal of Current Issues & Research in Advertising*, 1995, 17 (1), pp. 1 – 18.
② Ibid..
③ Ibid..

第二章 广告态度、广告价值和广告侵扰的含义与测量

（二）测量

1996年Ducoffe制定了广告价值量表（见表2-3）。该量表提出了测量广告价值、信息性、娱乐性和恼怒的具体项目，它不仅可用于传统的电视广告，还可以用于互联网横幅广告等多种媒体类型[①]，为后人的研究奠定了基础。本书直接使用了Ducoffe的量表；同时，由于本书将Ducoffe的"恼怒"改成了"冒犯"，因此，在冒犯的测量项目上将"令人恼火的"修改为"令人不舒服的"，以便更好地符合冒犯的含义（详见附录第四部分问卷：Y4—6，X1—14）。

表2-3　　　　　　　　　Ducoffe广告价值测量[②]

广告价值	1. 有价值的
	2. 有用的
	3. 重要的
信息性	4. 是获得产品信息的不错来源
	5. 提供了相关的产品信息
	6. 提供了及时的信息
	7. 是获得最新产品信息的良好渠道
	8. 是获得产品信息的便利渠道
	9. 提供了全面的产品信息

[①] Kelty Logan, "And Now a Word From Our Sponsor: Do Consumers Perceive Advertising on Traditional Television and Online Streaming Video Differently?", *Journal of Marketing Communications*, 2012, 19 (4), pp. 1–19.

[②] Ibid..

续 表

娱乐性	10. 是有意思的
	11. 是让人享受的
	12. 是令人愉快的
	13. 是令人兴奋的
恼 怒	14. 侮辱人们智商
	15. 令人恼火的
	16. 具有欺骗性
	17. 误导人

二 广告侵扰

2002 年 Li, Edwards 和 Lee 指出，当广告妨碍了用户的持续认知过程时，用户对广告的心理反应就是广告侵扰。[①] 可见，广告本身并不具有侵扰性，只有当它妨碍受众的媒体目标时才会形成侵扰。而且，侵扰描述的是广告唤起消极情感的机理，并不是消极情感本身。[②] 同年，Li, Edwards 和 Lee 还提出了广告侵扰量表（见表 2-4），该量表针对广告的出现而不针对特定广告内容引发的消极情感。通过此表，人们可以对不同媒体的广告侵扰进行测量和对比。[③]

[①] Kelty Logan, "And Now a Word From Our Sponsor: Do Consumers Perceive Advertising on Traditional Television and Online Streaming Video Differently?", *Journal of Marketing Communications*, 2012, 19 (4), pp. 1 – 19.

[②] Hairong Li, StevenM. Edwards, Joo-Hyun Lee, "Measuring the Intrusiveness of Advertisements: Scale Development and Validation", *Journal of Advertising*, 2002, 31 (2), pp. 37 – 47.

[③] Kelty Logan, "And Now a Word From Our Sponsor: Do Consumers Perceive Advertising on Traditional Television and Online Streaming Video Differently?", *Journal of Marketing Communications*, 2012, 19 (4), pp. 1 – 19.

第二章 广告态度、广告价值和广告侵扰的含义与测量

在测量方面，如果按照 Li，Edwards 和 Lee 的量表直接翻译的话，有些项目的含义比较重复，因此，本书对其量表做出适当的调整：第三条和第七条含义比较接近，仅保留一条即可。第四条和第五条含义比较接近，仅保留一条即可。第六条"侵略性的"语义较重，可能不太适合我国受众的心理，即便受众不喜欢强制插播的广告，也不至于感到被侵略，因此，本书仍然将其理解为广告给受众带来的打扰感，其含义同第五条（详见附录第四部分问卷：Y7—10）。

表 2-4　　　　　　　　　　广告侵扰测量[1]

广告是	1. 分散注意力的（Distracting）
	2. 烦扰的（Disturbing）
	3. 强迫收看的（Forced）
	4. 干涉的（Interfering）
	5. 打扰的（Intrusive）
	6. 侵略性的（Invasive）
	7. 强迫人的（Obtrusive）

在不同媒体上，人们对广告侵扰的认识并不相同。2008 年 Vizu 调查显示，48%的被试者认为最具有侵扰性或最令人恼火的广告是互联网广告，而27%的被试者认为是电视广告。[2] 同时，在线视频用户以前倾的方式观看屏幕，因此与传统广播电视观众相比，他们对于广告的出现更加敏

---

[1] Kelty Logan，"And Now a Word From Our Sponsor：Do Consumers Perceive Advertising on Traditional Televisionand Online Streaming Video Differently?"，*Journal of Marketing Communications*，2012，19（4），pp. 1-19.

[2] Vizu 2008 Research Report，"Why Consumers Hate Advertising & What They Are Doing About It"，2008，p. 2.

感,较少数量的广告就会使他们感觉到目标任务受到破坏,并认为广告是高混乱的。不过,如果在线视频用户的动机是娱乐而非获取信息的话,他们对于任务破坏的敏感性会相对较低。①

广告侵扰与广告混乱密切相关,两者含义虽然不同,但关系非常密切,而且,对广告混乱的理解将有助于我们更好地了解受众对于广告的评价。

随着广告业的发展,媒体中的广告数量不断增长,广告混乱逐渐成为人们关注的问题。1994年Zanot研究发现,最近几十年公众的广告态度变得消极起来,其原因之一就是广告数量的不断增长。1994年Cooper指出,整体广告的数量水平已经非常高。1995年Bovee和Arens研究显示,每天有超过500条广告暴露在美国人面前。1995年《电视广告监测报告》和《1994/1995杂志指南》调查显示,广播电视网黄金时间中有24%的促销内容,消费类杂志包含50%的广告,许多报纸有64%的广告。1996年,消费者报告六十周年话题将"广告混乱"列入6个需要提上国家议程的问题之一。② 2007年White和Dawson研究发现,多种媒体的广告混乱水平创下了历史新高,在世界许多国家已经达到了令人生畏的程度。③

在这样的背景下,一些研究者开始对广告混乱问题进行了探索。1997年Speck和Elliott将消费者感知到的广告混乱(perceived ad clutter)定义为人们对于一个媒体上广告数量过多的信念,也就是说,如果广告不符合

---

① Steven Bellman, Shiree Treleaven-Hassard, Jennifer A. Robinson, Amy Rask, Duane Varan, "Get the Balance Right Commercial Loading in Online Video Programs", *Journal of Advertising*, 2012, 41 (2), pp. 5 – 24.

② Elliott M. T., Speck P. S., "Consumer Perceptions of Advertising Clutter and Its Impact across Various Media", *Journal of Advertising Research*, 1998, 38 (1), pp. 29 – 41.

③ Peter Hammer, Erica Riebe, Rachel Kennedy, "How Clutter AffectsAdvertising Effectiveness", *Journal of Advertising Research*, 2009, 49 (2), pp. 159 – 163.

受众的需要，而是构成了传播噪声的话，人们就会认为广告是过量的。由此可见，感知到的广告混乱代表的是消费者对广告数量的评价，而不是客观的广告数量。① 正如2008年Ha和McCann所指出的那样，人们感知的广告混乱不仅取决于广告的实际数量和频率，还取决于广告的相关性、广告包含的信息量和消费者能否控制广告的暴露。② 例如，1991年的一项研究发现，80%的人认为电视有太多广告。而1994年的一项研究表明，只有8%的人认为黄页上有太多广告。也就是说，人们对完全是广告的媒体（如黄页）感知的广告混乱程度较低，而对广告量不到25%的电视媒体却感知到高度的广告混乱。③ 此外，研究发现，印刷媒介是一种自定步调（self-paced）的媒介，消费者可以通过转移注意力来回避广告。因此对于印刷媒介来说，只有当广告量超过50%时才会产生消极影响。而电视是一种强制性传播媒介，电视广告打断了节目的观看，因此广告量达到三分之一就会被认为是高混乱的。④

广告混乱与广告侵扰密切相关。1998年Michael T. Elliott和PaulSurgi Speck指出，那些中断想要的信息被接收的广告被人们视为混乱。其中最明显的例子就是电视节目中插播的广告，尽管有的人利用广告时间去做其他事情，但多数人仍然认为这样的广告是在制造混乱。尤其当受众对节目

---

① Elliott M. T., Speck P. S., "Consumer Perceptions of Advertising Clutter and Its Impact across Various Media", *Journal of Advertising Research*, 1998, 38 (1), pp. 29 –41.

② Steven Bellman, Shiree Treleaven-Hassard, Jennifer A. Robinson, Amy Rask, Duane Varan, "Get the Balance Right Commercial Loading in Online Video Programs", *Journal of Advertising*, 2012, 41 (2), pp. 5 –24.

③ Elliott M. T., Speck P. S., "Consumer Perceptions of Advertising Clutter and Its Impact across Various Media", *Journal of Advertising Research*. 1998, 38 (1), pp. 29 –41.

④ Steven Bellman, Shiree Treleaven-Hassard, Jennifer A. Robinson, Amy Rask, Duane Varan, "Get the Balance Right Commercial Loading in Online Video Programs", *Journal of Advertising*, 2012, 41 (2), pp. 5 –24.

的卷入度高时，广告更加被视为混乱。① 2012 年，Kelty Logan 指出，使用与满足理论表明，所有媒体的使用都是有目的的，而从本质上说，广告打断人们对媒体内容的使用，妨碍人们完成媒体目标。因此，人们感知到的广告混乱越大，感知到的目标阻碍就越大。也就是说，在一个媒体中，感知的广告混乱将带来感知的广告侵扰。②

此外，广告混乱会对广告态度形成一定影响。1998 年，Michael T. Elliott 等人的研究表明，感知的广告混乱将对一个媒体中的广告态度形成消极影响。在与广告激怒相关的因素中，广播电视中插播的广告是主要因素。当被试者感知到有更多广告或认为有太多广告时，他们对于广告的态度将更加消极，也就是说，与广告有关的传播问题给人们带来了阻挠，受众感受到的阻挠越多，越有可能对广告产生消极态度。③

2009 年 Peter Hammer 等人回顾了关于广告混乱的研究。他们发现，虽然在混乱给回避和记忆带来的影响方面，人们的研究结果并不一致，但这些研究却一致认为广告混乱给广告喜好度带来了消极影响（见表 2 – 5）。然而，当 Peter Hammer 等人使用四个新数据组对广播和电视媒体的广告混乱进行研究时却发现，在高、低混乱环境下，人们对广告的回避是相似的，所以当广告混乱水平提高时，受众确实看到了更多的广告。而且平均来说，在高混乱组被回忆起来的广告略微更受人喜爱。总之他们认为，广告混乱的影响并不大，尤其当与执行中的创造性因素相比时。④

---

① Elliott M. T., Speck P. S., "Consumer Perceptions of Advertising Clutter and Its Impact across Various Media", *Journal of Advertising Research*, 1998, 38 (1), pp. 29 – 41.

② Kelty Logan, "And Now a Word From Our Sponsor: Do Consumers Perceive Advertising on Traditional Television and Online Streaming Video Differently?", *Journal of Marketing Communications*, 2012, 19 (4), pp. 1 – 19.

③ Elliott M. T., Speck P. S., "Consumer Perceptions of Advertising Clutter and Its Impact across Various Media", *Journal of Advertising Research*, 1998, 38 (1), pp. 29 – 41.

④ Hammer P., Riebe E., Kennedy R., "How Clutter Affects Advertising Effectiveness", *Journal of Advertising Research*, 2009, 49 (2), pp. 159 – 163.

表 2−5　　　　主要的以实证为基础的"广告混乱"研究

	观看/回避	记　忆	正确的品牌记忆	喜爱度
Webb 和 Ray (1979)	较少的"充分注意"	较低比例的广告回忆	正确品牌回忆水平较低	较低的积极认知反应
Pillai(1990)	小的、前后不一致的影响	较低的关注和回忆		
Brown 和 Rothschild(1993)		在无提示回忆、有提示回忆和广告认知上没有区别		
Rock 和 Beal (2007)	在自发回忆和非自发回忆上效果不显著,尤其是对于新产品和新活动			
Radio Advertising Bureau(1994)	较低的提示回忆和自发回忆			
Cobb(1985)	较低的广告回忆水平			
Mord 和 Gllson (1985)		在品牌辨识上没有区别	更少的趣味性、温暖感和信息量,更令人愤怒和困惑	
Zhao(1997)		记住品牌的可能性较小	更不被人喜欢	
Ha(1996)			比较消极的广告态度	

总之，从过往的许多项研究成果来看，广告混乱可能不仅会降低具体广告的效果和特定媒介的广告效果[1]，而且会减少人们对广告的观看、提高受众回避广告的可能性、削弱广告记忆、妨碍受众正确辨别品牌的能力，并对其情感反应产生消极影响。[2]

第三节　本章小结

在梳理国内外文献的基础上，本章对广告态度、广告价值、广告侵扰、广告的信息性、娱乐性以及冒犯进行了概念的阐释；同时，还在参考前人研究的基础上为它们确定了初始测量指标，以备后续的调研所用。

第一，本章从"具体广告态度"和"一般意义的广告态度""制度态度"和"工具态度""个人的"和"一般的"广告态度以及广告态度的"情感维度"和"认知维度"这几个方面解释了广告态度的含义。同时，还梳理了前人对于广告态度的测量量表。在此基础上，本书选择使用"好处/坏处""积极的/消极的""讨人喜欢的/令人不快的"三条较为通用、概括性较强且易于理解的项目来测量广告态度，这些项目既包含情感因素也包含认知因素，1987 年 Darrel D. Muehling 和 2012 年 Kelty Logan 也在研究中使用过这一量表。

第二，本章在参考 Robert H. Ducoffe 的基础上，对广告价值、信息性、

---

[1] Michael T. Elliott, Paul Surgi Speck, "Consumer Perceptions of Advertising Clutterand Its impact across Various Media", *Journal of Advertising Research*, 1998, pp. 29–41.

[2] Peter Hammer, Erica Riebe, Rachel Kennedy, "How Clutter Affects Advertising Effectiveness", *Journal of Advertising Research*, 2009（6）, pp. 159–163.

第二章 广告态度、广告价值和广告侵扰的含义与测量

娱乐性和冒犯进行了概念的解释和操作；同时，还依据我国的实际情况和本研究的目的对上述概念和测量指标进行了适当的修改，从而形成了更加符合本书要求的初始调研问卷。

第三，本章在参考 Li，Edwards 等人的基础上，对广告侵扰进行了概念的阐释；同时，还对 Li，Edwards 等人所用的测量量表进行了适度的筛选，从而形成了本书关于广告侵扰的初始调研量表。

第三章 电视媒体可信性和网络视频媒体交互性

媒体不仅仅是一个单纯的信息通道,它还可能对广告的效果和受众的心理产生一定的影响。对此,麦克卢汉的媒介理论提供了一定的解释。

1964年,加拿大传播学者麦克卢汉(Marshall McLuhan)在其所出版的《理解媒介》中提出了惊世骇俗的论断——"媒介即信息"。他认为,媒介作为大多数现代公众了解过去、现在和未来的主要信息来源,在很大程度上构建了人类对现实社会的认知和定义,也告知着人类社会生活的标准和规范,借助于媒介所进行的间接认知方式已经成为人们最主要的认知方式。在这一过程中,媒介时时刻刻形塑着人们的认知、偏好、信息处理方式和思考方式。同时,由于不同媒介的介质属性不同,对人类感官的介入程度不同,因此,人们基于不同媒介所产生的对事物的认知和体验也有所不同,他还指出,媒介特性对个人认知的影响甚至起着决定作用。[1]

尽管麦克卢汉并未对其预言进行过科学严谨的论证,但媒体因素对受众认知的影响却受到了后世的普遍认可。总之,媒介不是一个中立的广告携带者,它还能够引起受众的心理反应,并影响其对于广告的认识和评

---

[1] 喻国明、李彪、丁汉青、王菲、胥琳佳:《媒介即信息:一项基于MMN的实证研究》,《国际新闻界》2010年第11期。

价。① 因此，本书试图将媒体因素纳入模型，探索其对广告效果的影响。

媒体因素含义广泛，由于本书始终围绕传统电视和网络视频这两种异同并存、相互竞合的视频媒体展开，因此，在对比两者的基础上，本书将媒体因素归纳为"电视媒体可信性"和"网络视频媒体交互性"，它们较好地反映了电视和网络视频媒体各自的特点与优势，顺应了两者竞争发展的大形势。

需要指出的是，与模型中的其他变量一样，本书的媒体因素也是从受众角度出发，研究受众对于媒体的认识和评价的。因此，"电视媒体可信性"和"网络视频媒体交互性"实际上是"感知的电视媒体可信性"和"感知的网络视频媒体交互性"。

第一节 电视媒体可信性

一 国外的研究

（一）含义

可信性（credibility）是信息接收者对于信息传播者或传播机构可信程度的感知与判断，它在心理学、传播学、信息学、管理学、健康科学和市场营销学等领域得到了广泛的关注和研究。一般而言，可信性有信源可信性和媒体可信性之分。尽管人们对两者的评价会相互影响，但它

---

① 林幽兰：《媒介情境对广告效果的影响之研究综述》，硕士学位论文，厦门大学，2009年。

们的侧重点并不相同，因此，在学术研究中将两者区分开来是有实际意义的。①

信源可信性关注的是信息传播者，包括新闻广播员、领导者、政治候选人、新闻记者、新闻组织等对信息处理产生的影响，具有专业性和可信度两个属性。②较早关注信源可信性问题的是实验心理学家Carl Hovland。第二次世界大战时期，为了提高军队士气，赢得战争的胜利，美国政府对战时宣传给予了极大关注。在此背景下，Hovland团队对信源的可信性问题展开了研究，他们探索了信源的不同特征对于接收者的影响，其成果不仅为可信性研究奠定了基础③，还对传播学的建立做出了重要贡献。

媒体可信性侧重于新闻媒体或新闻报道被消费者信任的程度。它常被用于媒体之间的比较，其比较对象可以是不同的媒体类型，也可以是同一类型下的不同媒体。

媒体可信性受到关注是社会环境变化和市场选择的结果。在美国大众报纸产生初期，媒体被看作消遣工具，人们并不太关注它的可信性。20世纪以后，随着消费者文化水平的提高和对高级文化的崇尚，以信息为取向的媒体逐渐取代以故事为取向的媒体，科学的、客观的、精确的媒体逐渐占据更大的市场④，这才使媒体的可信性问题进入了人们的视野。

对于媒体可信性的研究大致缘起于20世纪60年代。1964年Westley和Severin实施了首个关于媒体渠道可信性的全面分析，结果发现，对于受

---

① Mehrabi D., Ali M. S. S., Hassan M. A., "Components of News Media Credibility Among Professional Administrative Staff in Malaysia", *China Media Research*, 2013, 9 (1), pp. 34 – 40.

② Wenjing Xie, Yunze Zhao, "Is Seeing Believing? Comparing Media Credibility of Traditional and Online Media in China", *China Media Research*, 2014, 10 (3), pp. 64 – 73.

③ Davood Mehrabi, Muhamad Sham Shahkat Ali, Musa Abu Hassan, "Components of News Media Credibility Among Professional Administrative Staff in Malaysia", *China Media Research*, 2013, 9 (1), pp. 34 – 40.

④ 刘海龙：《透视媒体公信力之四——解析"公信力"神话》，《新闻与写作》2008年第10期。

众来说，电视新闻比印刷新闻更可信。此后，很多学者投入这一领域，其研究焦点主要集中于印刷媒体和广播媒体的比较。自互联网发展为主流新闻媒体之后，互联网和传统媒体在可信性方面的比较问题受到了大量关注，其研究成果层出不穷，这使得媒体可信性这一传统话题焕发了新的生机与活力。[1]

需要注意的是，媒体可信性有相对可信性和绝对可信性之分。相对可信性研究不同媒体对同一事件出现相互矛盾的报道时，人们信任哪个媒体。绝对可信性则分别研究人们对于不同媒体的信任程度。[2] 两者并无优劣之分，研究者主要是根据研究目的做出合适的选择。

此外，媒体可信性的研究视角有两种：一种侧重于媒体的客观属性，包括媒体的传播符号是视觉的还是文本的，媒体是否具有互动性，媒体从业人员情况等。另一种侧重于受众对客观属性的主观认知[3]，它将重心从媒介转移到受众，得到了研究者的一致认可。

(二) 测量

感知的媒体可信性既受到媒体因素，如媒体类型、媒体品牌的影响；又受到个人因素，如人口统计学特征、媒体接触习惯、政治立场的影响；同时，还会受到外在环境，如政治制度、宗教环境、媒体环境的影响，因此，不同研究者使用了不同的测量量表（见表3-1）。一般而言，多维度量表比单一维度量表更受欢迎。其中，准确、公平、完整、信任、及时等

---

[1] Wenjing Xie, Yunze Zhao, "Is Seeing Believing? Comparing Media Credibility of Traditional and Online Media in China", *China Media Research*, 2014, 10 (3), pp. 64-73.

[2] Wolfgang Schweiger, "Media Credibility—Experience or Image? A Survey on the Credibility of the World Wide Web in Germany in Comparison to Other Media", *European Journal of Communication*, 2000, 15 (1), pp. 37-59.

[3] Hongzhong Zhang, Shuhua Zhou, Bin Shen, "Public Trust: a Comprehensive Investigation on Perceived Media Credibility in China", *Asian Journal of Communication*, 2014, 24 (2), pp. 158-172.

测量维度为多项研究所使用，具有一定的普适性。而自由、政治偏见、利益驱动、保护隐私等测量维度具有一定的特殊性，需要根据具体情况加以使用。

表3-1　　　　　　　　　　部分媒体可信性测量

研　究　者	测　量　题　项	备　　注
Lee(1978)①	专业性、隐私、可信度、活力、真实性、偏见、及时性、有效性等	研究对象是报纸和电视新闻的可信性。使用语义差异量表
Gaziano 和 McGrath (1986)②	公平、偏见、完整、准确、关注人民利益、尊重隐私、关心社会、事实与意见分离、信任、关心公众利益、真实的、训练有素的新闻记者	研究对象是报纸和电视新闻的可信性
Thomas J. Johnson 和 Barbara K. Kaye (1996)③	可信度、准确性、偏见、深度、完整	在线调查，被调查者是对政治感兴趣的互联网用户
Spiro Kiousis(1998)④	媒体的真实性如何，媒体被钱驱动的程度，媒体是否侵犯人们隐私，媒体对于社会的关注是什么，媒体是否能够被信任	研究对象是电视、报纸和在线新闻。使用四点李克特量表。调查地点是美国得克萨斯大学奥斯汀分校

---

① Davood Mehrabi, Muhamad Sham Shahkat Ali, Musa Abu Hassan, "Components of News Media Credibility Among Professional Administrative Staff in Malaysia", *China Media Research*, 2013, 9(1), pp. 34-40.

② Ibid..

③ Thomas J. Johnson, Barbara K. Kaye, "Cruising is Believing?: Comparing Internet and Traditional Sources on Media Credibility Measures", *Journalism & Mass Communication Quarterly*, 1998, 75(2), pp. 325-340.

④ Spiro Kiousis, "Public Trust or Mistrust? Perceptions of Media Credibility in the Information Age", *Mass Communication & Society*, 2001, 4(4), pp. 381-403.

续表

研究者	测量题项	备注
Wolfgang Schweiger (1998)①	矛盾的—清楚的,不严肃的—严肃的,没有彻底调查过的—彻底调查过的,粗略的—详细的,非关键的—关键的,不可信的—可信的,不公平的—公正的,不平衡的—平衡的,没有能力的—有能力的,业余的—专业的,谨慎的—无经验的	研究对象是网站、报纸和电视。使用语义差异量表。调查地点是德国慕尼黑
Kiouis(2001)②	真实的、关心盈利、侵犯人们的隐私、关心社会的健康发展、不被信任	研究对象是在线新闻的可信性
Erik P. Bucy(2003)③	公平的、精确的、可信的、信息量大的、深度的	研究对象是电视新闻和网络新闻的可信性。使用七点量表
Davood Mehrabi 等 (2009)④	清楚、有偏见、讲述事情原委、准确性、可信度、责任、公平和及时	研究对象是报纸、杂志、广播、电视和互联网。使用五点李克特量表。调查地点是马来西亚博特拉大学

---

① Wolfgang Schweiger, "Media Credibility—Experience or Image? A Survey on the Credibility of the World Wide Web in Germany in Comparison to Other Media", *European Journal of Communication*, 2000, 15(1), pp. 37-59.

② Mehrabi D., Ali M. S. S., Hassan M. A., "Components of News Media Credibility Among Professional Administrative Staff in Malaysia", *China Media Research*, 2013, 9(1), pp. 34-40.

③ Bucy E. P., "Media Credibility Reconsidered: Synergy between On-Air and Online News", *Journalism & Mass Communication Quarterly*, 2003, 80(2), pp. 247-264.

④ Mehrabi D., Ali M. S. S., Hassan M. A., "Components of News Media Credibility Among Professional Administrative Staff in Malaysia", *China Media Research*, 2013, 9(1), pp. 34-40.

续　表

研　究　者	测　量　题　项	备　注
Guy J. Golan 和 Sherry Baker(2010)[1]	政治偏见、拥护美国、专业、道德、自由、保护民主、澄清是非、使用可靠的信息来源、可信的	使用五点李克特量表。调查地点是美国杨百翰大学
Naila N. Hamdy (2011)[2]	公平的、深入的、准确的、可靠的	研究对象是电视、广播、报纸和互联网媒体的可信性。使用五点量表。调查地点是埃及

二　我国的研究

在我国，Credibility 通常被翻译为媒体公信力，它指的是媒介所具有的赢得公众信赖的职业品质与能力。[3] 它是公众在媒体使用过程中逐渐形成的认识和判断，与公众需求的满足程度密切相关。[4]

改革开放以后，伴随我国媒体的市场化发展，一些大众媒体出现了虚假、煽情、低俗等不良现象，在此情况下，媒体的公信力问题逐渐引发了社会关注。20 世纪 80 年代中后期以来，我国的个别调查中涉及媒体的公信力问题，但并未形成系统的研究成果。直到 2003 年非典前期，由于媒体的缺位造成了社会的恐慌，媒介公信力问题才上升为我国学界的焦点话题。[5]

---

[1] Guy J. Golan, Sherry Baker, "Perceptions of Media Trust and Credibility Among Mormon College Students", *Journal of Media and Religion*, 2012, 11(1), pp. 31 – 43.

[2] Hamdy N. N., "Prediction of Media Credibility in Egypt's Post-Revolution Transitional Phase", *Global Media Journal*, 2013, pp. 1 – 42.

[3] 喻国明：《大众媒介公信力理论初探》（上），《新闻与写作》2005 年第 1 期。

[4] 雷跃捷、刘年辉：《提升电视媒体公信力的三部曲》，《新闻与写作》2008 年第 10 期。

[5] 喻国明：《大众媒介公信力理论初探》（上），《新闻与写作》2005 年第 1 期。

2004年年底,靳一通过实证研究将媒体公信力划分为"社会关怀""新闻技巧""媒介操守"和"新闻专业素质"四个维度,并确立了18项目测量量表(见表3–2)[①],为后人的研究奠定了基础。

表3–2　　　　　　　　　　靳一的18项目测量

维　度	测　量　题　项
社会关怀	关心处于困境的弱势群体,比如农民、下岗职工、残疾人等
	敢于针砭时弊,批评性新闻比例高、批评力度大
	媒体以平等的姿态面对读者观众,而不是高高在上、傲慢自大
	新闻报道实实在在,不唱高调、不打官腔
新闻技巧	真实报道,新闻报道不含虚假、猜测和虚构的成分
	新闻报道准确无误
	对新闻事件完整报道,不回避新闻事件中的任何重要事实
	对有争议的新闻事件,平衡报道各方的情况,不偏袒任何一方
	客观呈现新闻事件原貌,不加入报道者的偏见
	尽可能报道一切民众想知道的新闻事件
	站在社会大众的立场上,关注最广大民众的利益
媒介操守	广告比例适当
	不发布虚假广告
	不刊播广告新闻、有偿新闻、软广告
	新闻格调高尚,不随意炒作粗俗不雅的新闻
新闻专业素质	新闻报道迅速及时,有时效性
	能够对复杂的新闻事件提供有深度的分析和解释
	能够经常有独家新闻

---

① 喻国明、张洪忠、靳一:《媒介公信力:判断维度量表之研究——基于中国首次传媒公信力全国性调查的建模》,《新闻记者》2007年第6期。

张洪忠对比了国内外的研究后指出,美国的研究属于专业取向,而我国是专业取向和权力取向并存,这主要是政治体系的差异造成的。在美国的横向政治结构里,媒介是独立于政府的众多社会部门中的一个,因此,人们对于媒介的信任更多的是来自它的专业表现,即客观、公正、准确、可靠、正确等,这些要求与美国学者的研究结果基本一致。①

我国大陆传统媒介从属于政府,是政府职能部门的延伸。因此,媒介的公信力在一定程度上反映的是公众对政府的信任。同时,我国正处于社会转型期,在市场压力和新传播技术的驱动下,媒体的市场化功能逐步加强,公众对于媒介专业素质的要求不断提高。在这样的背景下,若想准确判断我国传统媒介公信力的维度,就应该持全面的观点,将权力取向和专业取向一并纳入测量维度(如图3-1所示)。②

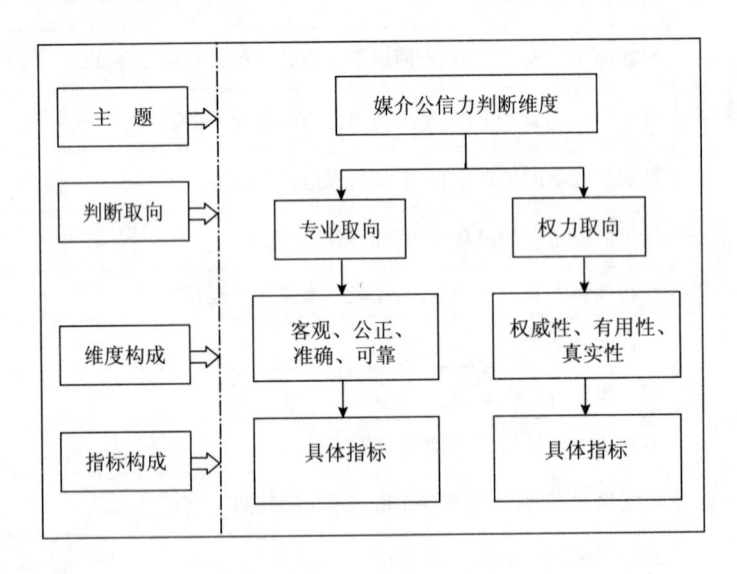

图3-1 我国媒介公信力的判断维度

---

① 喻国明、张洪忠、靳一:《媒介公信力:判断维度量表之研究——基于中国首次传媒公信力全国性调查的建模》,《新闻记者》2007年第6期。
② 同上。

2007年，喻国明从权力取向和专业取向两方面设立了我国媒体公信力测量量表。在专业取向方面，他采用了靳一的四维度结构；在权力取向方面，他依照张洪忠提出的权威性和有用性设立测量指标，这些测量指标符合我国的媒体环境，是较为全面的媒体公信力量表（见表3-3）。[①]

表3-3　　　　　　　　　我国媒体公信力测量

维　度	测　量　题　项
新闻专业素质	真实报道,新闻报道不含虚假、猜测和虚构的成分
	新闻报道准确无误
	完整报道新闻事件,不回避新闻事件中的任何重要事实
	对有争议的新闻事件,平衡报道争议各方的情况,不偏袒任何一方
	客观呈现新闻事件原貌,不加入报道者的偏见
	全面报道,不刻意漏报、瞒报重要的新闻事件
社会关怀	站在社会大众的立场上,关注最广大民众的利益
	关心处于困境的弱势群体,比如农民、下岗职工、残疾人等
	敢于针砭时弊,批评性新闻比例高、批评力度大
	媒体以平等的姿态面对读者观众,而不是高高在上、傲慢自大
	新闻报道实实在在,不唱高调、不打官腔
媒介操守	广告比例适当
	不发布虚假广告
	不刊播广告新闻、有偿新闻、软广告
	新闻格调高尚,不随意炒作粗俗不雅的新闻

[①] 喻国明、张洪忠、靳一：《媒介公信力：判断维度量表之研究——基于中国首次传媒公信力全国性调查的建模》，《新闻记者》2007年第6期。

续 表

维 度	测 量 题 项
新闻技巧	新闻报道迅速及时,有时效性
	能够对复杂的新闻事件提供有深度的分析和解释
	能够经常有独家新闻
有用性	是值得民众依靠的一个投诉渠道
	媒体的批评性报道十分有效,能够有力地促使问题得到解决
	提供了许多生活中有用的信息
权威性	代表党和政府的声音,具有权威性
	媒体的报道有助于国家、社会的发展

2007年喻国明、靳一对北京地区的电视公信力和网络公信力进行调查,结果发现,电视在多项指标上的表现都领先网络,而且,其综合得分高于网络。网络公信力的指标分数起伏较大,一些指标的分数低于电视,一些则高于电视。其中,那些得分低于电视的网络公信力指标有15项,分别是真实报道、准确报道、完整报道、平衡不偏袒、客观无偏见、民众立场、关注弱势群体、杜绝虚假广告、杜绝有偿新闻、格调高尚、深度、独家、投诉渠道、有效解决问题以及有助社会发展[①]。

---

① 喻国明、靳一:《给北京主要媒介公信力打多少分》,《新闻与写作》2007年第6期。

2007年，黄合水等人以北京、上海、广州、沈阳、长沙、成都、西安、青岛、温州、湘潭、江阴、海城等12个城市的2600名观众为调查对象，以省级和全国性电视媒体共15家作为媒体对象，研究了不同电视媒体附加在广告上的作用指标，即媒体广告效应系数。研究发现，公信力是直接驱动媒体广告效应系数的重要因素，其影响仅次于广告印象（如图3-2所示）。①

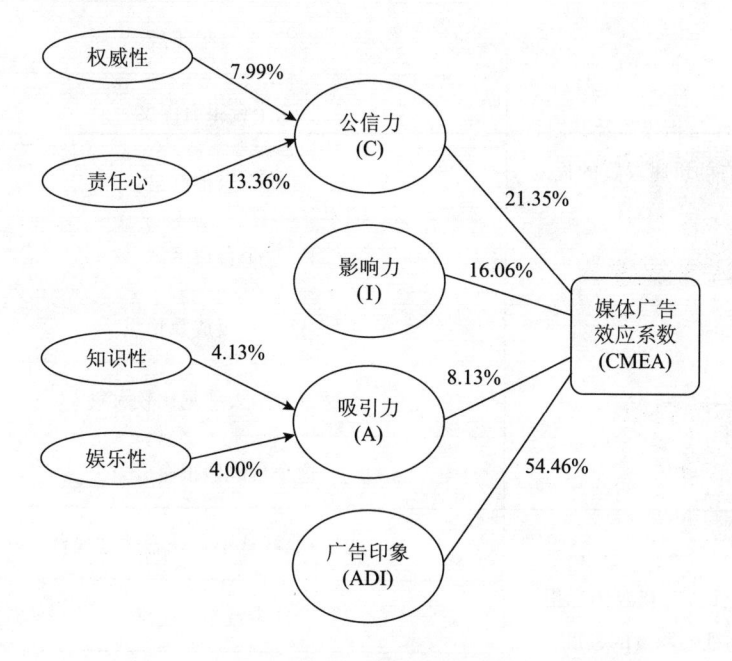

图3-2 媒体广告效应系数的驱动结构（2007）

根据黄合水等人的研究，电视媒体公信力受到权威性和责任心的驱动。而对于权威性和责任心来说，其因子载荷高于0.5的测量项目（见表3-4）。

---

① 黄合水、周文、曹晓东、丘永梅、冯赛洁：《2007电视媒体广告效应系数研究报告》，2007年8月14日，搜狐新闻（http://news.sohu.com/20070814/n251575476.shtml）。

表 3-4　　　　　　　媒体广告效应系数研究中的因子描述语

因子名称及内涵	描　述　语
"权威性",指媒体及其内容所具有的毋庸置疑的程度	这个台经常关注人、社会与自然的和谐问题
	这个台会在第一时间报道重要事件
	这个台很专业
	这个台很正规
	这个台很有深度
	这个台很严肃
	这个台很客观
	这个台很成熟稳重
	这个台给人感觉比较大气
	这个台说话很有分量
"责任心",指媒体承担起社会职责的程度	这是一家我从小就在看的电视台
	这个台贴近生活
	这个台提供的信息很准确

三　本书关于电视媒体可信性的定义及测量

本书之所以引入可信性这一变量,是因为可信性是电视区别于网络视频的一大特点和优势。一方面,电视媒体肩负着传递党和政府声音的神圣职责。另一方面,电视媒体在重大事件报道上享有一定的政策扶持。而且,电视媒体发展历程长,其从业人员、设备、资金、规模等都较网络视频更具优势,因此,与网络视频媒体相比,电视媒体更具有可信性。

2012年全国电视观众抽样调查显示,当重大事件发生时,13.8%的观众认为电视媒体权威可信,比网络高出8个百分点(见表3-5)。[1] 2013年电视新闻资讯类节目占电视节目总制作量的25.51%,是制作量最大的节目类型。电视新闻节目人均日收视比上年增加2.21分钟,达到24.7分钟,是收视增加最多的节目类型。而对于网络视频来说,电影、电视剧和综艺是其内容第一阵营。[2] 总之,观众调查和新闻制播能力都体现了电视媒体的权威性和可信性,这是国家扶持的结果,也是市场检验的结果。

表3-5　　　　通过电视、互联网深入了解重大事件的原因

原因	电视(%)	互联网(%)
方便快捷	33.99	49.57
报道全面	23.71	22.58
习惯了,没有特别原因	17.70	5.06
权威可信	13.80	5.35
内容翔实	5.07	7.96
有深度	1.70	2.29
有多种意见	0.86	3.38
有特色	1.59	1.38
中立客观	1.30	1.53
可保存,多次查看	0.28	0.91

---

[1] 张天莉、王京:《融合的受众及其媒介习惯的新特征》,《电视研究》2013年第4期。
[2] 参见张海潮、郑维东《大视频时代:中国视频媒体生态考察报告:2014—2015》,中国民主法制出版社2014年版,第7、11页。

本书的电视媒体可信性是指绝对可信性，它是受众对电视媒体可信程度的感知，是受众在与电视媒体接触过程中形成的主观评价。需要注意的是，本书使用的是"可信性"而不是"公信力"，这是因为公信力侧重于公众的集体判断，而本书是用实证方法探索被访者个人的观点和评价，在这一情景下，可信性比公信力更合适。

在测量方面，本书的初始量表（见表3-6）主要是在参考国内外成果的基础上，根据我国的具体情况和本研究的实际特点修改而成。其修改依据大致有三个方面：第一，我国电视媒体具有事业和产业双重属性，观众对电视媒体的信任评价既来自其专业表现，也来自电视背后的政府威信，因此，本书将从专业取向和权力取向两方面设立初始量表。专业取向包括新闻专业素质、社会关怀、媒介操守和新闻技巧。权力取向包括有用性和权威性。[1] 在维度的选择和测量的题项上，主要参考喻国明和靳一。同时，也参考了国外和国内的其他研究。

第二，由于本书主要是基于传统电视和网络视频媒体的对比，电视媒体可信性这一变量也是在两者的对比中产生的，因此，在可信性的测量方面，本书将比较电视和网络视频媒体的特点，选择电视优于网络视频媒体的指标进行测量。

第三，在电视媒体模型中，除电视媒体可信性之外的其他变量已经对广告因素做了比较全面的描述，因此，电视媒体可信性的测量将不再包括广告。

---

[1] 喻国明、张洪忠、靳一：《媒介公信力：判断维度量表之研究——基于中国首次传媒公信力全国性调查的建模》，《新闻记者》2007年第6期。

表 3-6　　　　　　　　　电视媒体可信性初始测量

取　向	维　度	测量题项	参考文献
专业取向（侧重于电视媒体在新闻报道方面体现出来的专业素养）	新闻专业素质	电视媒体在新闻报道方面是真实的	2007 年喻国明[1]；1978 年 Lee[2]；1998 年 Spiro Kiousis[3]；2001 年 Kiouis[4]
		电视媒体在新闻报道方面是准确的	2007 年喻国明；2007 年黄合水[5]；1986 年 Gaziano 和 McGrath[6]；1996 年 Thomas J. Johnson 和 Barbara K. Kaye[7]；2003 年 Erik P. Bucy[8] 2009 年 Davood Mehrabi 等[9]；2011 年 Naila N. Hamdy[10]
		电视媒体能够完整地报道新闻事件	2007 年喻国明；1986 年 Gaziano 和 McGrath[11]；1996 年 Thomas J. Johnson 和 Barbara K. Kaye[12]；2009 年 Davood Mehrabi 等[13]

---

[1]　喻国明、张洪忠、靳一：《媒介公信力：判断维度量表之研究——基于中国首次传媒公信力全国性调查的建模》，《新闻记者》2007 年第 6 期。在本表中，其他参考喻国明的部分也出自该文章。

[2]　Davood Mehrabi, Muhamad Sham Shahkat Ali, Musa Abu Hassan, "Components of News Media Credibility Among Professional Administrative Staff in Malaysia", *China Media Research*, 2013 9(1), pp. 34-40.

[3]　Spiro Kiousis, "Public Trust or Mistrust? Perceptions of Media Credibility in the Information Age", *Mass Communication& Society*, 2001, 4(4), pp. 381-403.

[4]　Davood Mehrabi, Muhamad Sham Shahkat Ali, Musa Abu Hassan, "Components of News Media Credibility Among Professional Administrative Staff in Malaysia", *China Media Research*, 2013, 9(1), pp. 34-40.

[5]　黄合水、周文、曹晓东、丘永梅、冯赛洁：《2007 电视媒体广告效应系数研究报告》，2007 年 8 月 14 日，搜狐新闻（http://news.sohu.com/20070814/n251575476.shtml）。本表其他参考黄合水的部分也出自该处（http://news.sohu.com/20070814/n251575476.shtml）。

[6]　Davood Mehrabi, Muhamad Sham Shahkat Ali, Musa Abu Hassan, "Components of News Media Credibility Among Professional Administrative Staff in Malaysia", *China Media Research*, 2013, 9(1), pp. 34-40.

[7]　Johnson T. J., Kaye B. K., "Cruising Is Believing? : Comparing Internet and Traditional Sources on Media Credibility Measures", *Journalism & Mass Communication Quarterly*, 1998, 75(2), pp. 325-340.

[8]　Bucy E. P., "Media Credibility Reconsidered: Synergy between On-Air and Online News", *Journalism & Mass Communication Quarterly*, 2003, 80(2), pp. 247-264.

[9]　Davood Mehrabi, Muhamad Sham Shahkat Ali, Musa Abu Hassan, "Components of News Media Credibility Among Professional Administrative Staff in Malaysia", *China Media Research*, 2013, 9(1), pp. 34-40.

[10]　Hamdy N. N., "Prediction of Media Credibility in Egypt's Post-Revolution Transitional Phase", *Global Media Journal*, 2013, pp. 1-42.

[11]　Davood Mehrabi, Muhamad Sham Shahkat Ali, Musa Abu Hassan, "Components of News Media Credibility Among Professional Administrative Staff in Malaysia", *China Media Research*, 2013, 9(1), pp. 34-40.

[12]　Johnson T. J., Kaye B. K., "Cruising Is Believing? : Comparing Internet and Traditional Sources on Media Credibility Measures", *Journalism & Mass Communication Quarterly*, 1998, 75(2), pp. 325-340.

[13]　Davood Mehrabi, Muhamad Sham Shahkat Ali, Musa Abu Hassan, "Components of News Media Credibility Among Professional Administrative Staff in Malaysia", *China Media Research*, 2013 9(1), pp. 34-40.

续 表

取 向	维 度	测量题项	参考文献
专业取向(侧重于电视媒体在新闻报道方面体现出来的专业素养)	新闻专业素质	电视新闻报道是客观的	2007年喻国明;2007年黄合水;1986年Gaziano和McGrath[1];1998年Wolfgang Schweiger[2]
	社会关怀	电视媒体关注广大人民的利益	2007年喻国明;1986年Gaziano和McGrath[3]
		电视媒体关心弱势群体,如农民、下岗职工、残疾人等	2007年喻国明
	媒介操守	电视节目有品位	
	新闻技巧	电视新闻有深度	2007年喻国明;2007年黄合水
		电视新闻是及时的	
		电视能够报道独家新闻	2007年喻国明
权力取向(党和政府赋予电视媒体的威力)	有用性	是值得民众依靠的一个投诉渠道	2007年喻国明
		媒体的批评性报道十分有效,能够有力地促使问题得到解决	
		能够提供对生活有用的信息	
	权威性	代表党和政府的声音,具有权威性	
		电视媒体的报道有助于社会发展	

[1] Davood Mehrabi, Muhamad Sham Shahkat Ali, Musa Abu Hassan, "Components of News Media Credibility Among Professional Administrative Staff in Malaysia", *China Media Research*, 2013, 9(1), pp. 34–40.

[2] Wolfgang Schweiger, "Media Credibility—Experience or Image? A Survey on the Credibility of the World Wide Web in Germany in Comparison to Other Media", *European Journal of Communication*, 2000, 15(1), pp. 37–59.

[3] Davood Mehrabi, Muhamad Sham Shahkat Ali, Musa Abu Hassan, "Components of News Media Credibility Among Professional Administrative Staff in Malaysia", *China Media Research*, 2013, 9(1), pp. 34–40.

第二节 网络视频媒体交互性

一 含义

与传统电视媒体相比,交互性体现了网络视频媒体的特点和优势。1996年Morris和Ogan,1997年Rafaeli和Sudweeks都指出,网络媒体的交互性远远超过传统媒体,并成为其独特于传统媒体的主要因素之一。[1]

对于交互性的研究始于20世纪80年代。最早提出这一概念的是Rafaeli。1988年Rafaeli指出,交互性是一种可以递归的交换传播。这一界定将交互性作为一个传播学概念引入了学术界。[2]

20世纪90年代,伴随互联网的普及和商业化,交互性研究受到极大关注,其含义也不断丰富和完善。1992年Steuer指出,交互性是在实时的媒介环境中,使用者对其形式和内容修改控制的程度。这个定义凸显了使用者对媒介的修改和控制能力,突出了使用者的主观能动性。1996年Deighton继续延伸了交互性的含义,他说:"交互性包含传播的两个特征——与个人沟通的能力和收集并且记住个人的反馈的能力。"1996年Hoffman和Novak认为,超媒体电脑上的交互性,就好像基于互联网的各

---

[1] 陈跃刚、吴艳:《基于网络交互性的广告理论》,《江苏商论》2006年第8期。
[2] 任健、丁婉星:《国外交互性广告传播效果及其评价:2003—2013年》,《重庆社会科学》2013年第12期。

个网站，可能通过机器这种媒介来交互，也可能通过人际的媒介来交互。①

总之，研究者对交互性并没有形成统一的定义。来自传播、教育技术、人机交互以及营销领域的学者根据各自的研究目的对其进行了界定。正如2002年McMillan和Hwang总结的那样，有多少研究者，就有多少关于交互性的定义。②

需要注意的是，交互性有实际交互性和感知交互性之分。1988年Rafaeli，1988年Williams等，2000年和2002年McMillan，2002年Liu和Shrum都做过类似划分。③ 2008年Song和Zinkhan指出，实际交互性也称为基于特征的交互性，它可以通过观察交互性特征的类型和数量来测定。2002年Liu和Shrum以及2005年Wu都指出感知交互性是一种主观体验到的交互性，它可以通过直接询问受众感受和体验来测定。2011年Hilde等人进一步指出，实际交互性和感知交互性之间往往并不一致，一味地增强交互功能并不能保证更强的交互性感知。④ 可见，实际交互性和感知交互性具有不同的含义，在研究中，我们需要区别对待之。

本书将网络视频媒体的交互性理解为用户访问视频网站过程中所经历的心理状态⑤，它强调的是用户的感知，而不是实际的交互功能。需要指出的是，虽然感知的交互性不同于视频网站的实际交互功能，但两者存在密切的关系，实际上，为了提高感知的交互性，各大视频网站都在交互功能上付出了大量努力。

---

① 任健、丁婉星：《国外交互性广告传播效果及其评价：2003—2013年》，《重庆社会科学》2013年第12期。

② Guohua Wu, "Conceptualizing and Measuring the Perceived Interactivity of Websites", *Journal of Current Issues & Research in Advertising*, 2006, 28 (1), pp. 87 – 104.

③ Ibid..

④ 任健、丁婉星：《国外交互性广告传播效果及其评价：2003—2013年》，《重庆社会科学》2013年第12期。

⑤ Guohua Wu, "Conceptualizing and Measuring the Perceived Interactivity of Websites", *Journal of Current Issues and Research in Advertising*, 2006, 28 (1), pp. 87 – 104.

当前，多数视频网站都具备了"主动选择"，如选择观看进度和终端，"主动参与"，如发评论和弹幕，以及"主动分享"等基本交互功能，较好地实现了用户与网站的互动。同时，一些网站还提供了更为精心的交互设计。例如，优酷便于下载。优米网具备笔记功能。迅雷看看、芒果 TV 等提供跟随下拉条移动的小窗口视频，方便用户观看和评论。搜狐视频、爱奇艺等可以在播放条上显示小图片，便于用户选择想看的内容，提升了观赏体验。总之，交互功能的提高为感知的交互性奠定了基础，两者的联系不可忽视。

二 维度

对于感知的交互性，不同研究者提出了不同的研究维度（见表3－7和表3－8）。参考这些维度并结合视频网站的发展特点，本书将感知的网络视频媒体交互性分为感知控制、感知的响应能力、感知的个性化以及参与四个维度。

表3－7　　　　　　　　　从认知角度理解交互性[1]

研　究　者	交互性的关键要素
Steuer(1992)[2]	互动速度、范围和地图(mapping)。互动速度是指响应时间。范围是指用户拥有的能够由用户改变的选项数量。地图是指人们行为与行为之间的联系方式。前两者反映的是用户感知的网站响应能力。地图反映的是用户对自己行为的控制感知

---

[1] 除注明出处的研究成果之外，表格中其他研究成果均来自 SallyJ. McMillan, Jang-Sun Hwang, "Measures of perceived interactivity: An Exploration of the Role of Direction of Communication, User Control, and Time in Shaping Perceptions of Interactivity", *Journal of Advertising*, 2002, 31 (3), pp. 29－42。

[2] Guohua Wu. "Perceived Interactivity and Attitude toward WebSite", *Proceedings of the conference-American Academy of Advertising*, 1999(3), pp. 254－262。

续　表

研　究　者	交互性的关键要素
Newhagen, Cordes, Levy(1996)	对互动的感知
Day(1998)	用户卷入
Kiousis(1999)	人际交流的模拟
McMillan(2000)	双向交流的感知、控制、行动、位置感、时间敏感性
Schumann, Artis, Rivera(2001)	消费者对于互动的选择
Wu(1999)	导航和响应能力
Wu(2000)①, Wu(2006)②	感知控制、响应性和个性化

表3-8　　　　从过程、特征和认知角度理解交互性③

研　究　者	交互性的关键要素
Heeter(1989)	复杂、努力、响应、监控、参与、人际交流
Zack(1993)	交流、非语言暗示、自发性、不可预知、评论过程等
Hanssen, Jankowski, Etienne(1996)	平等、响应、功能环境
Lieb(1998)	用户控制、人际交流
Coyle 和 Thorson(2001)	地图、速度和用户控制
McMillan(2002)	独白、反馈、响应对话、共同的话语

---

① 任健、丁婉星：《国外交互性广告传播效果及其评价：2003—2013年》，《重庆社会科学》2013年第12期。

② Guohua Wu, "Conceptualizing and Measuring the Perceived Interactivity of Websites", *Journal of Current Issues & Research in Advertising*, 2006, 28(1), pp. 87-104.

③ Sally J. McMillan, Jang-SunHwang, "Measures of Perceived Interactivity: An Exploration of the Role of Direction of Communication, User Control, and Time in Shaping Perceptions of Interactivity", *Journal of Advertising*, 2002, 31(3), pp. 29-42.

感知的行为控制是指用户感知的执行某行为的容易或困难，它反映了用户过去的经历和预期的障碍，也反映了用户在网站上执行精神活动或身体活动的信心。感知控制比实际的控制功能更重要，因为前者可能对用户的意愿和行为产生更大的影响。[1] 在视频网站上，感知的控制往往与内容有关，能否找到想要的内容以及能否掌控内容的播放进度都会对用户的控制感知产生较大的影响，因此，优化导航设计、提高网站外观的吸引力、提高带宽、加强内容建设都将有助于提高用户的控制感知。

感知的响应能力反映用户对于网站响应其输入的感知。[2] 它包括响应的及时、主动和热情等。其中，及时性是最为基本的属性，它对用户的反映具有较大的影响。1998 年 Ramsay，2000 年 Hoxmeier 和 DiCesare，2002 年 Nah 的研究表明，响应时间越长，用户反应越消极。而且，当延迟超出预期或不显示状态信息时，消极影响最为强烈。[3] 因此，视频网站不仅要努力缩短响应时间，还要显示进度或标注提示语（如"加载中，请稍后"），以此安抚用户的情绪，提升用户的体验。

感知的个性化是用户对其交流对象的回应是否合适和相关的感知[4]，其对应的是视频网站的定制能力。2006 年 Venkatesh 和 Ramesh 发现，定制能力是网站设计的重要特征。它可以节省用户时间并能够帮助他们找到最

---

[1] Guohua Wu, "Conceptualizing and Measuring the Perceived Interactivity of Websites", *Journal of Current Issues & Research in Advertising*, 2006, 28 (1), pp. 87 – 104.

[2] Ibid..

[3] Galletta D. F., Henry R. M., Mccoy S., et al., "When the Wait Isn't So Bad: The Interacting Effects of Website Delay, Familiarity, and Breadth", *Information Systems Research*, 2006, 17 (1), pp. 20 – 37.

[4] Guohua Wu, "Conceptualizing and Measuring the Perceived Interactivity of Websites", *Journal of Current Issues & Research in Advertising*, 2006, 28 (1), pp. 87 – 104.

感兴趣的信息。① 在视频网站中,播放记忆、观看记录、个人中心以及各式各样的内容推荐都是用户定制的体现。此外,大数据为用户定制提供了技术条件。视频网站应该在大数据的基础上进一步挖掘用户需求,真正将每一位用户看作一个独特的个体,为其量身定制个性化的视频服务,只有这样才能提升他们对网站个性化的感知。

参与也是交互性的重要方面,本书的参与是用户的一种感知,是用户对于能否发表评论、弹幕、转发、分享、上传、下载等的一种评价,对于视频网站来说,提高反应速度,简化参与方式,缩短参与流程,降低用户参与的时间成本和精力成本都将有助于用户更好地参与到网站的互动之中。

围绕上述四个维度,本书在借鉴已有量表,并结合视频网站的发展特点的基础上开发了本书的测量量表。其中,感知控制主要包括对导航的控制、对想看内容的选择以及对观看进度的控制。其测量项目参考了Joon-hyung Jee 和 Wei-Na Lee 以及 Guohua Wu 等的研究。

感知响应能力的测量项目主要参考了2011年侯德林对视频服务响应性的测量项目。感知个性化的测量项目主要参考了2011年侯德林对视频服务关怀性的测量。需要说明的是,侯德林关于关怀性的测量指标与本书所指的个性化含义相符,因此,本书采用之。②

用户参与的测量项目是在有限的使用经验基础上编写而成的。其具体题项包括发表评论、评价节目、转发分享以及上传和下载(见表3-9)。

---

① Jianfeng Wang, Sylvain Senecal, "Measuring Perceived Website Usability", *Journal of Internet Commerce*, 2007, 6 (4), pp. 97–112.
② 侯德林、蔡淑琴、夏火松、张星:《视频服务满意度与使用意愿实证研究》,《工业工程与管理》2011年第3期。

表 3–9　　　　　　　　　　本书关于交互性的测量

维度			
感知控制	在视频网站上,我能通过栏目分类找到想要的内容	在浏览网站时,我能够控制导航	2002 年 Joonhyung Jee 和 Wei-Na Lee①;2006 年 Guohua Wu②
		在网站上容易找到我的道路	2002 年 SallyJ. McMillan 和 Jang-SunHwang③
		当我浏览网站时,我总是清楚我在哪	1999 年 GuohuaWu④
		当我浏览网站时,我总是知道我要去哪	
		当我浏览网站时,我总是能去往我想去的地方	
		当我浏览网站时,视觉布局像路标	
	在视频网站上,我能够选择想看的内容	我能控制我想看的内容	2002 年 Joonhyung Jee 和 Wei-Na Lee⑤
		对于想看的内容我有一定控制权	2006 年 Guohua Wu⑥

---

① Joonhyung Jee, Wei-Na Lee, "Antecedents and Consequences of Perceived Interactivity", *Journal of Interactive Advertising*, 2002, 3(1), pp. 34–45.

② Guohua Wu, "Conceptualizing and Measuring the Perceived Interactivity of Websites", *Journal of Current Issues and Research in Advertising*, 2006, 28(1), pp. 87–104.

③ SallyJ. McMillan, Jang-SunHwang, "Measures of Perceived Interactivity: An Exploration of the Role of Direction of Communication, User Control, and Time in Shaping Perceptions of Interactivity", *Journal of Advertising*, 2002, 31(3), pp. 29–42.

④ GuohuaWu, "Perceived Interactivity and Attitude toward WebSite", *Proceedings of the conference-American Academy of Advertising*. 1999(3), pp. 254–262.

⑤ Joonhyung Jee, Wei-Na Lee, "Antecedents and Consequences of Perceived Interactivity", *Journal of Interactive Advertising*, 2002, 3(1), pp. 34–45.

⑥ Guohua Wu, "Conceptualizing and Measuring the Perceived Interactivity of Websites", *Journal of Current Issues and Research in Advertising*, 2006, 28(1), pp. 87–104.

续 表

维度	测量题项	参考题项	参考题项来源
感知控制	在视频网站上,我能够控制播放的进度;在视频网站上,我一次想看几集看几集	我能控制访问网站的节奏	2002 年 Joonhyung Jee 和 Wei-Na Lee[1]
		我完全可以控制访问网站的节奏	2006 年 Guohua Wu[2]
感知的响应能力	视频网站能对我的点击或输入迅速做出反应	该网站对用户的要求提供即时响应	2011 年侯德林[3]
	视频网站总是乐意响应我的点击或输入	该网站总是乐意帮助用户	
	视频网站不管多忙都能响应我的点击或输入	网站不管多忙都能响应用户的要求	
感知的个性化	视频网站能处理我的特定需求,如调整清晰度、画幅比例、开关灯等	该网站能处理用户的特定需求	
	视频网站将我的利益放在心上	该网站将用户的利益放在心上	
	视频网站能为我提供个性化的内容;视频网站为我提供观看记录;视频网站能为我提供"播放记忆"功能	该网站向用户提供个性化的服务	2011 年侯德林
	视频网站给予我个别的关注	该网站给予用户个别的关注	

---

[1] Joonhyung Jee, Wei-Na Lee, "Antecedents and Consequences of Perceived Interactivity", *Journal of Interactive Advertising*, 2002, 3(1), pp. 34–45.

[2] Guohua Wu, "Conceptualizing and Measuring the Perceived Interactivity of Websites", *Journal of Current Issues and Research in Advertising*, 2006, 28(1), pp. 87–104.

[3] 侯德林、蔡淑琴、夏火松、张星:《视频服务满意度与使用意愿实证研究》,《工业工程与管理》2011 年第 3 期。本表中,其他参考了侯德林等人的部分都出自该文章。

续 表

维度	测量题项	参考题项	参考题项来源
用户参与	在视频网站上看节目,我可以发表评论	根据交互性的定义和维度,并结合视频网站的特点编写而成	
	在视频网站上看节目,我可以发"弹幕"		
	在视频网站上,我可以为节目点"赞"或"不赞"		
	在视频网站上,我可以"转发"或"分享"视频		
	在视频网站上,我可以上传视频		
	在视频网站上,我可以下载视频		

第三节 本章小结

本章主要完成了两件工作:

第一,梳理了国外对于可信性、信源可信性以及媒体可信性的解释,并提出了本书的电视媒体可信性的含义,即电视媒体可信性是受众对电视媒体可信程度的感知,是受众在与电视媒体接触过程中形成的主观评价。此外,本章梳理了国外对于媒体可信性的测量指标,还回顾了我国对于媒体公信力的研究成果,结果发现,社会制度和传媒环境对媒体可信性具有较大的影响,不同的国家对于这一概念的测量具有一定的差异,在我国的社会环境中,电视媒体可信性应该从专业取向和权力取向两方面去测量,只有这样，才能比较全面地反映我国电视媒体可信性的真正内涵。

  第二，本章在梳理交互性的现有定义的基础上提出，网络视频媒体的交互性可以被理解为用户在访问视频网站的过程中所经历的心理状态①，它强调的是用户的感知，而不是实际的交互功能。此外，本章还结合我国视频网站的发展现状，提出了网络视频媒体交互性的四个维度，即感知控制、感知响应能力、感知个性化和用户参与，这为今后的探索性因子分析奠定了基础。

---

① Guohua Wu, "Conceptualizing and Measuring the Perceived Interactivity of Websites", *Journal of Current Issues and Research in Advertising*, 2006, 28 (1), pp. 87 – 104.

第四章 理论基础与假设模型

在确立了潜变量的含义和测量指标以后,本章的主要工作是在相关理论、前人研究或经验法则的基础上确立各个潜变量之间的假设关系并初步形成研究的理论模型。

第一节 关于广告因素的理论基础与假设模型

一 广告价值、广告侵扰与广告态度关系的理论基础与假设模型

(一) 理论基础

广告价值与广告态度、广告侵扰与广告态度之间的假设关系主要是依据高认知卷入模式中的认知反应模式构建起来的。该模式为广告认知影响广告态度提供了理论依据。20世纪70—80年代,由于认知心理学的迅速发展及其对其他领域的冲击,研究者们非常重视信息加工或认知卷入对广告说服的影响,有些研究者甚至直接将认知心理学理论引入广告说服领域。与此同时,非认知因素则被忽视。因此,这一阶段的理论模式被称为

高认知卷入模式①,其代表性模式之一就是认知反应模式。

认知反应模式最早是由认知心理学家格林瓦尔德(Greenwald)于1968年提出来的。后来,佩蒂和卡西奥波(Petty & Cacioppo)对该模式进行了发展和完善。认知反应模式的基本思想是:广告接触导致认知反应,认知反应影响态度改变(如图4-1所示)。具体而言,受众在与广告的接触过程中,会根据已有的知识和态度积极主动地对广告信息进行加工,并形成广告认知,这些认知会影响态度的改变。而且,受众的认知反应分为支持意见和反对意见。支持意见的数量与态度改变有积极关系,反对意见的数量与态度改变存在消极关系。②

广告接触 → 认知反应 → 态度改变

图4-1 认知反应模式

感知的广告价值和感知的广告侵扰都属于消费者对广告的认知反应。其中,广告价值针对广告内容,反映了消费者对广告的正面评价。广告侵扰针对广告的执行方式,反映了消费者对广告的负面评价。根据认知反应模式,它们都会对消费者的态度改变产生一定影响。

(二)假设模型

2012年,Kelty Logan 以广告态度为因变量,广告价值和广告侵扰为自变量进行回归分析,结果表明,无论对于电视还是网络视频,广告价值和广告侵扰都能显著预测广告态度。其中,广告价值对于广告态度具有正向

---

① 参见黄合水编著《广告心理学》,厦门大学出版社2010年版,第162、168页。
② 同上书,第168、169页。

影响。广告侵扰具有负向影响。[1]

其他研究也证实了上述关系。1995 年 Ducoffe 在阐述广告价值的重要性时提到，如果消费者发现广告更加有价值，那么，他们就有可能对广告形成更好的态度。因此，广告价值可以看作影响广告态度的认知因素。[2] 1996 年 Robert H. Ducoffe 对于互联网广告的研究表明，广告价值和广告态度不仅具有正相关关系，而且广告价值还对广告态度具有显著影响。[3]

1968 年 Baucer 和 Greyser 发现侵扰是人们讨厌广告的主要原因之一。尽管广告主希望捕获消费者稀缺的注意力资源，但消费者却对侵扰式的广告战术形成了消极态度，这些消极态度将影响品牌认知和品牌态度，有时还会导致广告回避。[4] 1996 年 Ha 指出，尽管侵扰式广告可能提升记忆，但它们也可能带来消极的广告态度。[5] 2001 年 Rettie 发现，干扰对于广告态度具有消极影响。[6] 2002 年，Li, Hairong；Edwards, Steven M 和 Joo-Hyun, Lee 发现，广告侵扰可能影响受众对信息的处理。如果消费者认为广告是侵扰的并感到了恼怒，那么他们就不可能对广告产生积极的态度，

---

[1] Kelty Logan, "And Now a Word From Our Sponsor: Do Consumers Perceive Advertising on Traditional Television and Online Streaming Video Differently?", *Journal of Marketing Communications*, 2012, 19 (4), pp. 1 – 19.

[2] Ducoffe R. H., "How Consumers Assess the Value of Advertising", *Journal of Current Issues & Research in Advertising*, 1995, 17 (1), pp. 1 – 18.

[3] Ducoffe R. H., "Advertising Value and Advertising on the Web", *Journal of Advertising Research*, 1996, 36 (5), pp. 21 – 35.

[4] Hairong Li, Steven M. Edwards, Joo-Hyun Lee, "Measuring the Intrusiveness of Advertisements: Scale Development and Validation", *Journal of Advertising*, 2002, 31 (2), pp. 37 – 47.

[5] Steven M. Edwards, Hairong Li, Joo-Hyun Lee, "Forced Exposure and Psychological Reactance: Antecedents and Consequences of the Perceived Intrusiveness of Pop-Up Ads", *Journal of Advertising*, 2002, 31 (3), pp. 83 – 95.

[6] Scott McCoy, Andrea Everard, Dennis Galletta, Peter Polak, "A Study of the Effects of Online Advertising: A Focus on Pop-Up and In-Line Ads", *Proceedings of the Third Annual Workshop on HCI Research in MIS*, Washington, D. C., December 10 – 11, 2004, pp. 50 – 54.

还可能回避广告。[1]

基于上述理论基础和已有研究，本书提出：假设1：在电视和网络视频环境下，广告价值对广告态度具有正向影响；假设2：在电视和网络视频环境下，广告侵扰对广告态度具有负向影响（如图4-2和图4-3所示）。

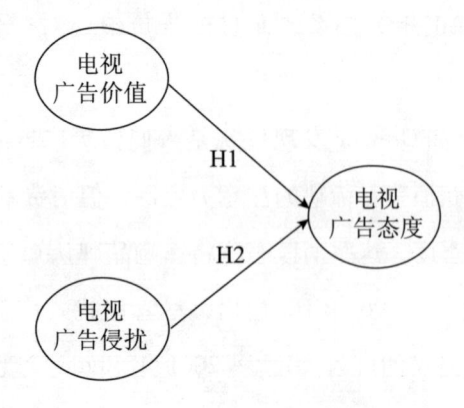

图4-2 电视广告态度理论模型（初步）

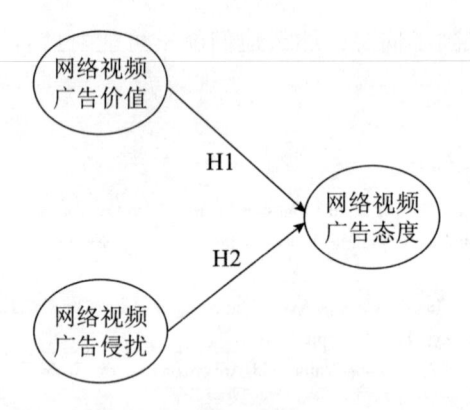

图4-3 网络视频广告态度理论模型（初步）

---

[1] HairongLi, StevenM. Edwards, Joo-Hyun Lee, "Measuring the Intrusiveness of Advertisements: Scale Development and Validation", *Journal of Advertising*, 2002, 31 (2), pp. 37–47.

二 广告信息性、广告娱乐性、冒犯与广告价值关系的理论基础与假设模型

广告价值是广告认知的一个重要方面，它反映了消费者对广告效用的总体评价。1995年和1996年，Ducoffe对于传统媒体广告和互联网广告的研究都证实了信息性、娱乐和恼怒（irritation）是影响广告价值的三个前置因素。其中，信息性和娱乐对于广告价值具有积极影响。恼怒具有消极影响。[1]

信息性对广告价值的影响可以用经典的经济理论来解释。经典的经济理论认为，广告提供的信息能使消费者在不必花很多时间和精力的情况下，对产品和品牌有所了解，从而减少其信息搜索成本。因此，那些集中在消费者功能需求和实用需求上的广告信息，由于强调了购买该特定品牌的理由和好处，从而有助于降低消费者搜索信息的成本，所以对消费者是有价值和有意义的。[2]

同时，信息性和娱乐性对广告价值的影响都可以用大众传播学领域的"使用与满足理论"来解释。该理论认为，受众使用媒体是为了满足自身的某种需要，也就是说，受众总是倾向于主动地选择自己感兴趣的媒介，因此，媒介传播者应该努力了解受众的兴趣，满足受众的需要，只有这样，才能获得更好的传播效果。该理论将研究的焦点从传播者转移到受众，是传播效果研究的一个重要转折。

1974年，E.卡茨在其著作《个人对大众传播的使用》中将受众的媒

---

[1] Ducoffe R. H., "How Consumers Assess the Value of Advertising", *Journal of Current Issues & Research in Advertising*, 1995, 17 (1), pp. 1 – 18. Ducoffe R. H., "Advertising Value and Advertising on the Web", *Journal of Advertising Research*, 1996, 36 (5), pp. 21 – 35.

[2] 张红霞、李佳嘉、郭贤达：《中国城区青少年对广告价值的评价：前因和后果》，《心理学报》2008年第2期。

介接触行为概括为一个线性的因果过程,包括:社会和心理的原动力,需求,对媒体及其他渠道的期望,接触媒体的不同方式,原需求的满足以及其他预料之外的结果。这一线性因果过程就是"使用与满足"的基本模式,也是该理论的经典概括。[1]

不同媒体的使用动机和满足感知并不相同。根据 D. 麦奎尔的研究,电视观众对于电视媒体的"满足感"主要体现在以下四个方面:第一是心理转换效用。电视节目可以提供消遣和娱乐,带来情绪上的解放感;第二是人际关系效用。通过节目可以对出镜的人物、主持人等产生一种"朋友"的感觉;第三是自我确认效用,即电视节目中的人物、事件及矛盾的解决等可以为观众提供自我评价的参考框架;第四是环境监测效用。通过观看电视节目,可获得与自己的生活直接相关的信息。[2]

同时,在对互联网媒体的使用上,用户的动机十分明显。1993 年 Rafaeli 对大学生的 BBS 使用动机进行了研究,结果发现,娱乐消遣和注意力分散是其主要动机,而信息获取和舆论监测则为次要动机。2000 年 Papacharissi 和 Rubin 发现,人们使用互联网的最重要动机是寻找信息。2001 年,Ferguson 和 Pearse 对学生浏览网页的动机进行了调查,结果发现,学习和信息获取是学生浏览网页的主要动机。2008 年 Sheldon 发现,美国大学生使用 Facebook 的主要动机是维系人际关系。2009 年 Barker 发现,青少年使用 SNS 网站的主要动机是获取社会认知、打发时间、娱乐、获取虚拟友谊和喜悦感。[3]

可见,无论电视媒体还是互联网媒体,信息和娱乐都是促使消费者接触媒体的主要原因,对于消费者的心理满足具有重要影响。

---

[1] 庾月娥、杨元龙:《使用与满足理论在网上聊天的体现》,《当代传播》2007 年第 3 期。
[2] 同上。
[3] 路鹃、亢恺:《中美大学生社交网络使用动机分析——基于使用与满足理论》,《现代传播》2013 年第 3 期。

众所周知，广告是媒体内容的重要组成部分。因此，我们可以运用"使用与满足"理论对广告进行解释。根据该理论，消费者对广告的接触是主动的、有目的的，他们在某种原动力或需求的基础上主动选择广告，并对广告存在某种期待，如果广告能够满足消费者的信息需求或娱乐需求，那么，消费者就可能对广告形成积极的评价，其感知的广告价值就可能会比较高。

恼怒（irritation）对于广告价值具有消极影响。需要指出的是，Ducoffe所提到的恼怒既包括广告内容引发的消极反应，也包括其出现方式引发的消极反应。由于广告侵扰已经代表了后者，因此，本书在研究广告价值的影响因素时，仅考虑广告的内容方面，并将消费者感受到的广告内容的欺骗、虚夸、表意不清等统称为感知的冒犯，与感知的信息性和娱乐性相比，冒犯是对广告内容的负面感知，它往往是由于营销者过于追求商业利益所造成的，其语气程度比恼怒缓和，更符合我国受众的心理特点。

冒犯对于广告价值的消极影响可以用"心理感应抗拒理论"来解释。该理论是美国心理学家布林在其专著《心理感应抗拒理论》中首次提出的。该理论描述了个体行为自由受到威胁时所表现出的逆反情感。布林认为，个体拥有自由选择何时、何地以及如何进行某种特定行为的权利，当个体感知到自身的自由选择权受到外界威胁时，他们往往会产生抵触情绪。而且会采取对抗的方式来抵抗外来的干扰，以保护自己的自由。[①] 如果广告主为了达到营销目的，采取某些技巧来夸大、误导甚至欺骗消费者，而消费者感知到了这种虚夸、误导或欺骗，那么，消费者就可能感到其自由判断产品功能和利益的权利受到了威胁，也就是说，由于营销者的

---

① 黄正伟、冯翠、何伟军：《心理抗拒理论下顾客在线购物体验研究》，《商业时代》2015年第26期。

操控，消费者可能会感到不能自由判断广告内容，其自由受到威胁，抗拒心理就有可能产生，那么，消费者对广告价值的评价就有可能降低。

冒犯对于广告价值的消极影响还可以用"劝说知识模型"来解释。劝说知识模型认为，用户会建立关于劝说的动态知识结构，并据此鉴别和处理他人试图影响自己的企图。劝说知识模型表明，营销者试图通过广告说服消费者的举动会导致消费者激活自己的劝说知识来怀疑营销者，推断营销者是不可靠的、操纵意图显著的，进而对营销者的劝说产生抗拒。[①] 因此，如果消费者感到广告在欺骗或误导他，那么，就可能对营销者产生抗拒心理，并最终降低对广告价值的判断。

此外，一些实证研究也支持上述变量关系。1995年在纽约市商业区的问卷调研表明，信息量和娱乐程度极大影响受众对网络广告价值的评定。[②] 2008年张红霞等人对北京市7所中学366名学生的调查也表明，信息性和娱乐性对广告价值具有积极影响。[③]

在上述讨论的基础上，本书提出：假设3：在电视和网络视频环境下，信息性对于广告价值具有积极影响。假设4：在电视和网络视频环境下，娱乐对于广告价值具有积极影响。假设5：在电视和网络视频环境下，冒犯对于广告价值具有消极影响。修改后的模型如图4-4和图4-5所示。

三 广告价值、信息性、娱乐性与广告侵扰关系的理论基础与假设模型

1980年Clee和Wicklund假设，劝服性传播会激发心理抗拒和积极的

[①] 王艳萍、程岩：《在线用户对弹出式广告的心理抗拒分析》，《工业工程与管理》2013年第1期。
[②] 熊雁、王明伟编译：《网络广告》，《现代传播》1998年第3期。
[③] 张红霞、李佳嘉、郭贤达：《中国城区青少年对广告价值的评价：前因和后果》，《心理学报》2008年第2期。

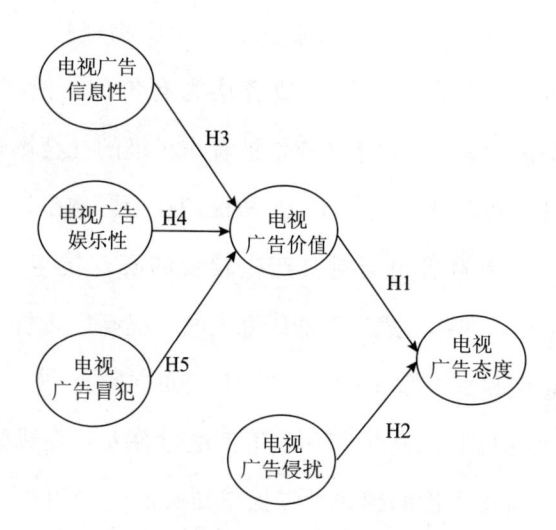

图 4-4　电视广告态度理论模型（第二步）

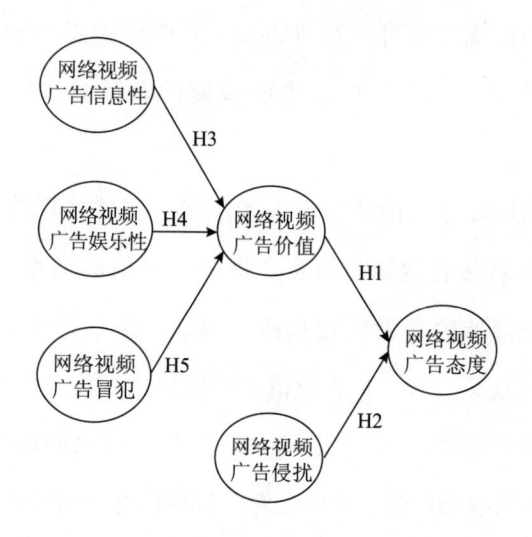

图 4-5　网络视频广告态度理论模型（第二步）

社会影响两种心理力量。如果积极的社会影响存在，那么，消费者从劝服企图中获得的利益感知将会成为与侵扰感知对抗的力量。[①]

[①] Steven M. Edwards, Hairong Li, Joo-Hyun Lee, "Forced Exposure and Psychological Reactance: Antecedents and Consequences of the Perceived Intrusiveness of Pop-Up Ads", *Journal of Advertising*, 2002, 31 (3), pp. 83–95.

2002年Steven M. Edwards等人指出，一个影响侵扰感知的积极社会影响就是广告价值。广告如果被消费者认为有价值，侵扰感知就会降低。同时，满足消费者信息需求的广告被看作积极的社会影响，因此，消费者不会认为其威胁自身自由。另一个积极的社会影响是娱乐。广告如果提供娱乐，那么，消费者也会对其产生较少的心理抗拒。同时，Steven M. Edwards对于互联网弹出式广告的研究表明，提高广告价值可以降低广告侵扰，而信息性和娱乐都对于广告侵扰具有负向影响。[1]

其他研究也支持上述观点。2013年王艳萍等人对在线弹出式广告的研究中发现，广告娱乐性的感知对侵扰感知有反向作用。[2] 2010年Yann Truong和Geoff Simmons发现，互联网上推式的数字广告在很大程度上被消费者视为一种侵扰。不过，有趣的是，一些受访者表示，作为允许商家给自己强推广告的回报，广告主应该提供有针对性的、具体的价值主张。[3]

由上述讨论可知，电视插播广告和网络视频插播广告都是以打扰的方式出现的，如果它们能够为消费者提供有价值的信息或者提供娱乐，那么，就有可能降低消费者的侵扰感。因此，本书提出：假设6：对于电视广告和网络视频广告，广告价值对广告侵扰有负向影响。假设7：对于电视广告和网络视频广告，信息性对广告侵扰有负向影响。假设8：对于电视广告和网络视频广告，娱乐性对广告侵扰有负向影响。如图4-6和图4-7所示。

---

[1] Steven M. Edwards, Hairong Li, and Joo-Hyun Lee, "Forced Exposure and Psychological Reactance: Antecedents and Consequences of the Perceived Intrusiveness of Pop-Up Ads", *Journal of Advertising*, 2002, 31 (2), pp. 83–95.
[2] 王艳萍、程岩：《在线用户对弹出式广告的心理抗拒分析》，《工业工程与管理》2013年第1期。
[3] Yann Truong, Geoff Simmons, "Perceived Intrusiveness in Digital Advertising: Strategic Marketing Implications", *Journal of Strategic Marketing*, 2010, 18 (3), pp. 239–256.

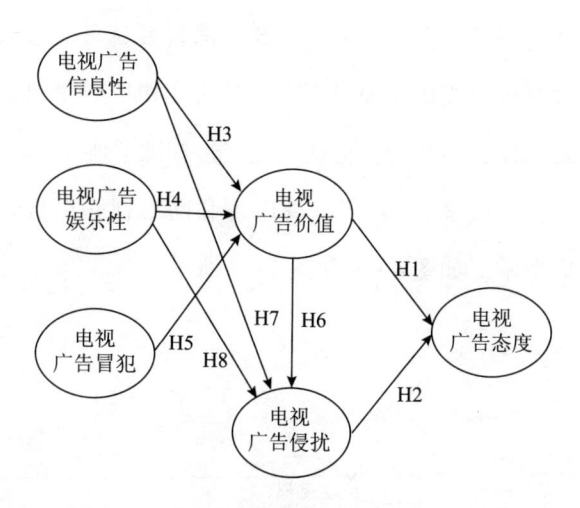

图 4-6　电视广告态度理论模型（第三步）

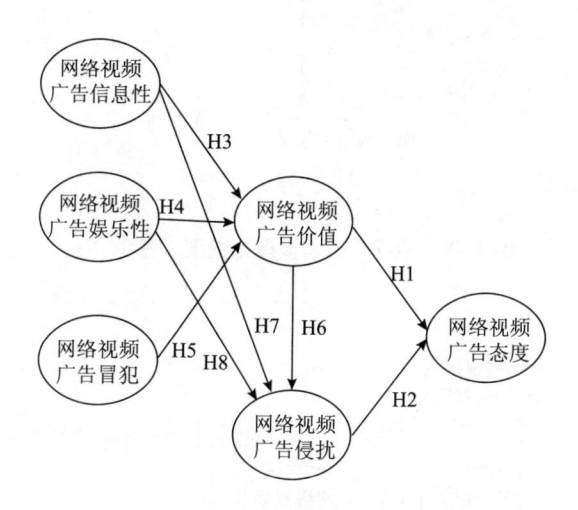

图 4-7　网络视频广告态度理论模型（第三步）

四　冒犯与广告侵扰关系的理论基础与假设模型

冒犯与广告侵扰之间的假设关系也可以用上面提到的"心理感应抗拒理论"来解释。如果消费者感知到广告主正在采取不良广告技巧，如夸大产品功效，误导甚至欺骗消费者，那么，消费者会感到其自由判断产品功能和利益的权利受到了一定的威胁,因此,消费者就可能采取对抗的方式来应对之。这种对抗方式从心理层面来看,可能使广告带给消费者的侵扰感知加强,也就是说,消费者会更认为此广告打扰了他。

因此,本书提出假设9:对于电视广告和网络视频广告,广告冒犯对广告侵扰有正向影响。如图4-8和图4-9所示。

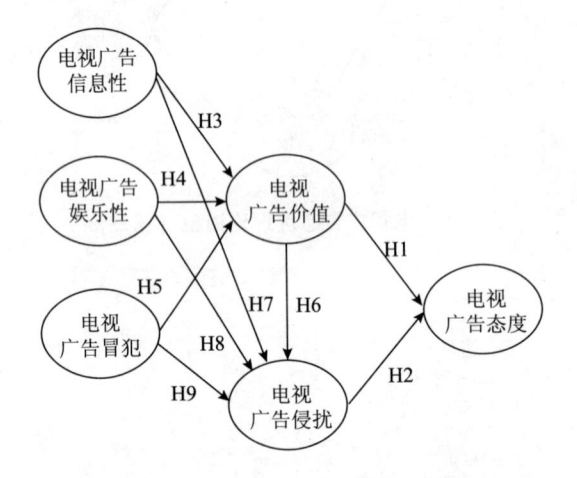

图4-8 电视广告态度理论模型(第四步)

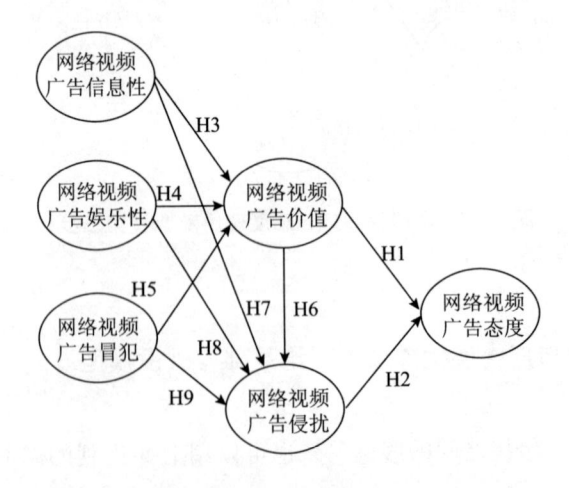

图4-9 网络视频广告态度理论模型(第四步)

第二节 关于媒体因素的理论基础与假设模型

一 电视媒体可信性与广告价值、广告态度关系的理论基础与假设模型

此部分的理论基础包括情感迁移模型和联想需求模型。

情感迁移模型主要用于解释消费者对于延伸产品的评价。在这个模型中，消费者对母品牌的态度和好感可能会直接迁移到延伸产品上，进而影响其对延伸产品的评价（如图 4-10 所示）。Boush 等人在 1987 年利用刺激的泛化和同化（stimulus gerneralization and assimilation）来解释这种迁移。他们认为，品牌态度是在母品牌与消费者之间存在的一种条件反射，当刺激条件——母品牌名称出现时，就会引起消费者的情感体验如喜欢的情绪。由于延伸产品与母品牌共同使用同一个品牌名称，因此，在相似刺激（品牌名称）的情境之下，消费者对延伸产品也会产生类似于母品牌的情感体验。[1]

图 4-10 情感迁移模型（一种可能的迁移路径）

---

[1] 雷莉、马谋超:《品牌延伸中母品牌的作用机制》,《心理科学进展》2003 年第 3 期。

一般而言，人们对于某一事物的情感和认知是密切相关的，如果消费者对一个品牌怀有积极的情感，那么，他也可能对该品牌持有积极的认知和评价。因此，根据情感迁移模型，消费者对母品牌的认知和评价可能会伴随其情感迁移至延伸产品上。

同时，广告是媒体内容的一部分，广告与其所属媒体之间的关系在某种程度上类似于母品牌与其延伸产品的关系，因此，本书认为，如果消费者对媒体持有积极的评价，那么，其对媒体广告的评价也可能是积极的。也就是说，媒体可信性和广告价值呈现正向关系，媒体可信性越高，广告价值越大。同时，如果消费者对媒体的评价是积极的，那么，他对于媒体的情感也可能是积极的，这种积极的情感和评价可能会迁移到广告上。也就是说，媒体可信性越高，广告态度越积极。

联想需求模型的出现晚于情感迁移模型，该模型的完整概念出现于Bhat S和Reddy S K于1999年的研究中。这个模型认为决定延伸产品评价的主要因素是母品牌的品牌特定联想，它是指一个品牌与竞争品牌相区别的特质或利益点，它们存在于消费者的头脑中。联想需求模型认为，消费者会先判断母品牌的特定品牌联想能否提供延伸产品所必需的特质或利益点，然后对每个延伸产品做出评价。也就是说，母品牌的特定联想在延伸产品领域受需求的程度决定了特质迁移的过程。[1]

根据联想需求模型，电视媒体的可信性是其区别于网络视频媒体的一个特质或利益点。这一利益点也符合受众对于广告的需求和期待，因此，电视媒体的可信性可能会迁移到观众对广告的评价上。也就是说，感知的媒体可信性越高，受众对广告的评价越积极，其感知的广告价值和广告态度可能越积极。

---

[1] 雷莉、马谋超：《品牌延伸中母品牌的作用机制》，《心理科学进展》2003年第3期。

此外，黄合水于 2007 年和 2008 年所做的媒体广告效应系数研究也为该假设提供了佐证。其成果表明，媒体不仅为广告提供了播放的渠道和背景，而且还能够对其中的广告施加一定的影响。因此，观众对电视媒体可信性的判断也可能影响其对电视广告的判断，从而形成更好的电视广告评价和电视广告态度。

根据上述讨论，本书提出有关电视媒体的假设：假设 10：电视媒体可信性感知越高，电视广告价值感知越高。假设 11：电视媒体可信性感知越高，电视广告态度越积极（如图 4-11 所示）。

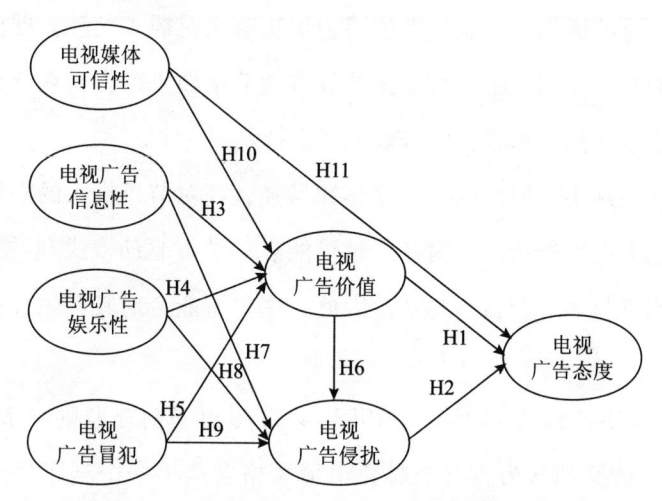

图 4-11 电视广告态度及其影响因素模型（最终）

二 网络视频媒体交互性与广告侵扰关系的理论基础与假设模型

这部分的理论基础包括心理抗拒理论、完整模式理论和前提原则。根据心理抗拒理论，个体意识到的行为自由越重要，自由被威胁或削弱的程度越高，个体产生的抗拒反应越大。[①]

---

① 黄正伟、冯翠、何伟军：《心理抗拒理论下顾客在线购物体验研究》，《商业时代》2015 年第 26 期。

视频网站为用户提供了一种交互式的观赏环境,用户不仅可以选择想看的节目,还可以控制播放的进度,自由地发表评论。用户的交互性感知越强烈,其对自由的意识可能越强烈,当插播广告打断了用户的媒体目标,妨碍了用户自由使用网站的权利时,用户对插播广告的抵触心理可能越强烈,其侵扰感知可能就越强烈。

1971年Kennedy提出完整模式理论(drive for closure),他指出,高卷入度的电视观众都在用一种完整模式——结束驱动模式观看节目,也就是说,观众一定要看到结尾才能满意。当这个模式被广告打断时,观众就体验到无法如愿的厌烦感。这种厌烦感会干扰观众对插入刺激,即广告的加工。越高的卷入度或在越令人紧张的故事情节中插入广告,观众就会产生越强烈的厌烦体验,那么,广告效果就会越差。[①]

在视频网站上,用户的交互性感知越强,其对节目投入的心智资源可能越多,卷入度可能越高,因此,越可能启动结束驱动模式观看节目。插播广告的出现打断了节目的观赏,因此,用户可能会对其产生侵扰感知和厌烦心理。

1989年Herr以及1990年、1993年Yi提出了前提原则(the priming principle)。该原则认为,一个媒介情境风格会产生一个利于接受相似风格信息的认知结构。在特定时点上,广告与受众情绪相关或一致,就更易于受众理解这则广告。[②] 那么,在一个交互性的媒体环境中,强制出现的插播广告形成了迥然相反的风格,因此,用户可能会对其产生反感和侵扰感知。

2002年Steven M. Edwards对于弹出式广告的研究发现,对媒体内容的

[①] 林幽兰:《媒介情境对广告效果的影响之研究综述》,硕士学位论文,厦门大学,2009年。
[②] 同上书,第30页。

认知强度越强，广告的侵扰感知就越强。① 视频插播广告和弹出式广告都是强制式广告。网络视频用户的媒体交互性感知越强，其对媒体内容投入的认知资源可能越强，因此，广告的侵扰感知也可能越强。

基于上述讨论，本书提出有关网络视频媒体广告的假设10：网络视频媒体交互性对广告侵扰有正向影响（如图4-12所示）。

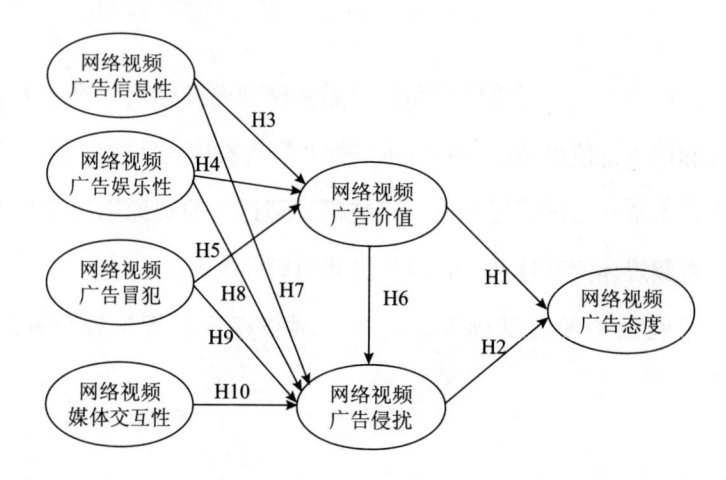

图4-12 网络视频广告态度及其影响因素模型（最终）

第三节 本章小结

本章的主要成果是在相关理论的基础上完成了假设模型的初步构建。

第一，本章在高认知卷入理论中的认知反应模型的基础上，提出了关于广告态度和广告价值以及广告态度和广告侵扰之间的假设。

---

① Steven M. Edwards, Hairong Li, Joo-Hyun Lee, "Forced Exposure and Psychological Reactance: Antecedents and Consequences of the Perceived Intrusiveness of Pop-Up Ads", *Journal of Advertising*, 2002, 31 (3), pp. 83-95.

第二，本章在使用与满足理论、心理感应抗拒理论等相关理论的基础上提出了关于信息性、娱乐性、冒犯和广告价值之间的假设。

第三，本章在 Clee 和 Wicklund，Steven M. Edwards 等研究成果的基础上提出了关于广告价值、信息性、娱乐性和广告侵扰之间的假设。

第四，本章在心理感应抗拒理论的基础上提出了冒犯与广告侵扰之间的假设。

第五，本章在情感迁移模型和联想需求模型的基础上，提出了电视媒体可信性和广告价值以及电视媒体可信性和广告态度之间的假设。

第六，本章在心理抗拒理论、完整模式理论和前提原则的基础上，提出了网络视频媒体交互性和广告侵扰之间的假设关系。

在上述假设关系的基础上，电视和网络视频的理论模型初步构建完毕。

第五章 预调研与测量指标的处理

预调研是正式开展大规模调研之前的一项准备工作，与正式调研相比，其样本规模较小，数据处理较为简易。本章将利用预调研数据对电视媒体可信性和网络视频媒体交互性做探索性因子分析，并采用 Cronbach's α 系数来估计量表的内部一致性，进而检验其信度。总体来说，本章的目的是探寻潜变量的因子结构，删除不合理的测量指标并形成正式的调研问卷。

第一节 研究设计

一 初始问卷的开发与发放

本书采用问卷调查法收集数据。问卷调查法是社会科学领域的一个重要研究方法，也是广告心理学领域的常用方法。根据研究的目的和主题，本章将展开初始问卷的开发和发放工作，这是本研究最为基础的工作，对于后续的统计分析具有重要的影响。

(一) 初始问卷的开发

本书的初始问卷包括标题、问候语、筛选题、调查概况、引导语、问卷题项和背景资料七个部分。标题用于说明调查主题。问候语向被访者提出了答题请求并表达感激之情，这有助于被访者更好地协助问卷调查工作。筛选题主要用于筛选调查对象，确保他们是最近半年同时收看过电视广告和网络视频广告的人。调查概况包括调查时间、地点、调查员姓名和问卷编号，这有助于强化对调查员的管理，提高其工作质量和效率。引导语主要用于解释电视广告和网络视频广告的含义，以便被访者更好地理解问卷的内容。问卷题项包括电视组和网络视频组的测量题项，这些题项主要用于探测被访者的态度与评价，是问卷最为核心的部分（详见本书附录）。

问卷的测量题项可分为广告评价和媒体评价两个方面。对于广告方面的潜变量（包括广告态度、广告价值、广告侵扰、广告信息性、广告娱乐性和广告冒犯），其测量指标皆是在国外量表的基础上修改而成的。其中，广告态度的量表主要参考的是 1987 年 Darrel D. Muehling 和 2012 年 Kelty Logan 的研究。广告价值、信息性、娱乐性和冒犯的量表主要参考的是 1995—1996 年 Robert H. Ducoffe 的研究。广告侵扰量表主要参考的是 2002 年 Li, Edwards 和 Lee 的研究（详见本书附录和第二章）。同时，广告态度采用七点语义差异量表。广告价值、信息性、娱乐性、冒犯和广告侵扰均采用七点李克特量表，其选项从"非常不同意"过渡到"非常同意"，其中，非常不同意计 1 分，非常同意计 7 分，得分越高，表示被访者对测量语句越同意。

对于媒体方面的潜变量（包括电视媒体可信性和网络视频媒体交互性），其测量指标是在参考国内外量表的基础上修改而成的。其中，电视媒体可信性量表主要参考了喻国明、黄合水以及部分国外学者的研究。网络视频媒体交互性量表主要参考了侯德林以及部分外国学者的研究。同时，媒体方面的测量也采用了七点李克特量表，其选项从"非常不同意"过渡到"非常同意"，非常不同意计 1 分，非常同意计 7 分，得分越高，表示被访者对测量语句越同意（详见本书附录和第三章）。

在问卷开发过程中，为了提高广告量表的信度和效度，本研究将国外量表以及翻译好的中文量表通过 E-mail 发送给四位专家，其中两位是广告领域的教授，另一位是有实证经验的广告学博士研究生，最后一位是心理学教授。他们从各自的专业领域出发，对问卷的编排设计、遣词造句、题目顺序、数量、中英文翻译等提出了宝贵的意见，进一步提高了问卷的质量。

在问卷开发的最后一个环节，研究者还组织了问卷的试答工作，试答对象包括广告专业本科生、大学教师、银行职员、长春一汽职工等，研究者与每位试答对象进行了深入交流，对于不易理解的语句、容易误解的表述以及选择某一项目的理由进行了细致的讨论，进一步保证了问卷的效果。

（二）初始问卷的发放

问卷发放的首要环节是调查员的选择与培训。本研究的调查员主要是长春师范大学传媒学院 2013 级、2014 级、2015 级广告班的学生，他们具有一定的广告知识，能够较好理解本研究的目的和主题。同时，他们都在攻读广告专业的相关课程，将问卷发放情况作为考核学生学习表现的依据有助于激发其工作热情、提高问卷发放的质量。

调查员培训主要包括以下内容：第一，要求每位调查员亲自填答问卷，以便更好地了解本研究的主题并熟悉问卷的所有内容。第二，要求调查员对被访者进行严格筛选，选择那些在最近半年既看过传统电视，也使用过视频网站；既收看过传统电视的插播广告，也收看过视频网站插播广告的人进行采访调研。第三，要求调查员向被访者说明引导语，也就是向被访者解释电视广告和网络视频广告的含义。第四，要求调查员在调查期间不得离开被访者，要随时向被访者解释其不懂的问题，并在问卷首页签署自己的姓名、访问时间和地点。

发放问卷的时间从2015年11月初持续到2016年1月初，调查地点是长春，使用的样本是方便样本，大部分问卷采用了实地发放纸质版的方式，也有一小部分问卷是通过互联网（包括电子邮箱、即时通信软件等）向调查员所认识的特定的人发放的。在调研工作中，为了提高调查员的积极性，每份问卷还给予他们3—5元的物质奖励。

二 数据预处理和样本特征分析

数据预处理是在正式进行数据分析之前所做的一项基础性工作。对于本章而言，数据预处理主要是一个剔除无效问卷，筛选有效问卷的过程。在此过程中，出现以下情形的问卷将被剔除：第一，有缺失题项的问卷。第二，多数题项都选择"没感觉"（4分）的问卷。第三，同一调查员所做的雷同问卷。第四，所选答案明显偏离正常逻辑的问卷。第五，不满足"半年里同时收看过电视广告和网络视频广告"的问卷。第六，对于"您访问最多的视频网站"这一题项，如果被访者没能正确填写视频网站的名称，那就说明他可能无法有效判断哪些是视频网站，哪些是其他类型的网站，其问卷将被剔除。第七，对于问卷最后关于媒体使用程度的题项，即"我看电视的频率"和"我在视频网站看节目的频率"，如果被访者填答"从来不看"，其问卷将被剔除。

经过数据的预处理，最终筛选出183份有效问卷，其样本特征见表5-1。笔者将其与新生代市场监测机构2014—2015年长春市同时收看电视和视频网站的受众进行比对后发现，前者的女性比例为58.5%，后者为51.3%；前者18—39岁样本占比81.5%，后者15—39岁样本占比75%；前者中等和中高等学历（高中、中专/技校、大专、本科）占比87%，后者占比83.9%。可见，两者的人口结构比较相似，因此，本书所用的便利样本具有一定的代表性，其所得结果具有一定的参考价值。

关于收看最多的电视台，中央电视台居第一位，其次是湖南卫视，再次是浙江卫视和东方卫视。关于使用最多的视频网站，爱奇艺居第一位，优酷土豆居第二位，其次是腾讯和搜狐。

表5–1　　　　　　　　　　样本基本情况

基本特征	分　类	样本数目	百分比(%)
性　别	男	76	41.5
	女	107	58.5
年　龄	18—23岁	62	33.9
	24—29岁	53	29
	30—39岁	34	18.6
	40—49岁	25	13.7
	50以上	9	5
文　化	初中及以下	14	7.7
	高中/中专/技校	23	12.6
	大　专	25	13.7
	本　科	111	60.7
	硕士及以上	10	5.5

第二节　数据分析

在数据预处理的基础上，本节将使用 SPSS 软件对 183 份样本数据进行统计分析，具体方法包括描述性统计分析、探索性因子分析和信度分析。

一　描述性统计分析

描述性统计分析是对调查样本中所包含的大量数据资料进行整理、概括和计算的过程，常见的描述统计量大致包括三类：第一类是描述数据集中趋势的统计量，包括均值、众数和中位数；第二类是描述数据离散程度的统计量，包括标准差、方差；第三类是描述数据分布形态的统计量，包括偏度、峰度。这三类描述性统计量能够比较清晰地描述数据的分布特点[1]，为推断统计分析奠定基础。

本书使用 SPSS 19.0 软件计算出电视组和网络视频组各题项的均值、标准差、方差、偏度和峰度（见表 5-2 和表 5-3）。其中，均值又称为算术平均数，它被看作数据的物理"平衡点"，是最常用的反映数据集中趋势的统计量。方差和标准差反映数据对其均值的离散程度，标准差或方差越小，数据越集中；反之，数据越分散。偏度是描述数据分布对称程度的统计量，当分布对称时，偏度为 0。当分布不对称时，偏度大于或小于 0。偏度大于 0，即正偏，小于 0，即负偏。峰度描述的是数据分布的陡峭程

---

[1] 古安伟：《基于消费者关系视角的品牌资产概念模型及其驱动关系研究》，博士学位论文，吉林大学，2012 年。

度,当数据分布与标准正态分布相同时,峰度值等于0。峰度值大于0时,称为尖峰分布,峰度值小于0时,称为平峰分布。

表5-2　　　　　　电视组描述性统计分析结果

测量指标	样本数N	极小值	极大值	均值	标准差	偏度统计量	偏度标准误	峰度统计量	峰度标准误
X1	183	1	7	4.52	1.231	-0.764	0.180	0.957	0.357
X2	183	1	7	4.50	1.176	-0.741	0.180	0.927	0.357
X3	183	1	7	4.36	1.266	-0.318	0.180	0.032	0.357
X4	183	1	7	4.64	1.158	-0.240	0.180	0.201	0.357
X5	183	1	7	4.64	1.158	-0.583	0.180	0.529	0.357
X6	183	1	7	4.13	1.315	-0.479	0.180	-0.036	0.357
X7	183	1	7	4.15	1.300	-0.212	0.180	0.232	0.357
X8	183	1	7	3.81	1.306	-0.299	0.180	-0.258	0.357
X9	183	1	7	3.50	1.249	-0.156	0.180	-0.177	0.357
X10	183	1	7	3.30	1.259	-0.034	0.180	0.055	0.357
X11	183	1	7	3.97	1.024	0.769	0.180	1.919	0.357
X12	183	2	7	4.18	1.014	0.654	0.180	0.798	0.357
X13	183	1	7	4.48	1.235	-0.026	0.180	0.029	0.357
X14	183	2	7	4.42	1.060	0.210	0.180	0.230	0.357
X15	183	1	7	4.78	1.114	-0.632	0.180	0.807	0.357
X16	183	1	7	4.94	1.144	-0.237	0.180	0.375	0.357
X17	183	1	7	4.58	1.281	-0.278	0.180	-0.268	0.357
X18	183	1	7	4.65	1.152	-0.460	0.180	0.439	0.357
X19	183	1	7	4.67	1.259	-0.416	0.180	0.279	0.357

续 表

测量指标	样本数N	极小值	极大值	均值	标准差	偏度统计量	偏度标准误	峰度统计量	峰度标准误
X20	183	1	7	4.78	1.326	-0.553	0.180	0.305	0.357
X21	183	1	7	4.14	1.017	-0.163	0.180	0.104	0.357
X22	183	2	7	4.58	1.111	-0.226	0.180	0.047	0.357
X23	183	1	7	4.72	1.243	-0.608	0.180	0.098	0.357
X24	183	1	7	4.49	1.292	-0.209	0.180	0.090	0.357
X25	183	1	7	4.66	1.256	-0.316	0.180	0.083	0.357
X26	183	1	7	4.70	1.298	-0.462	0.180	0.284	0.357
X27	183	1	7	4.62	1.243	-0.749	0.180	0.567	0.357
X28	183	1	7	4.86	1.370	-0.749	0.180	0.718	0.357
X29	183	1	7	4.94	1.154	-0.554	0.180	0.783	0.357
Y1	183	1	7	3.96	1.408	-0.087	0.180	0.077	0.357
Y2	183	1	7	4.17	1.063	-0.566	0.180	1.404	0.357
Y3	183	1	7	3.60	1.011	-0.119	0.180	0.496	0.357
Y4	183	1	7	4.28	1.136	-0.657	0.180	0.702	0.357
Y5	183	1	7	4.13	1.227	-0.459	0.180	0.294	0.357
Y6	183	1	7	3.97	1.224	-0.292	0.180	0.126	0.357
Y7	183	1	7	4.52	1.123	0.103	0.180	1.102	0.357
Y8	183	1	7	5.02	1.139	-0.246	0.180	0.644	0.357
Y9	183	1	7	5.08	1.292	-0.494	0.180	0.855	0.357
Y10	183	1	7	5.34	1.393	-0.882	0.180	0.917	0.357

表 5-3 视频组描述性统计分析结果

测量指标	样本数 N	极小值	极大值	均值	标准差	偏度 统计量	偏度 标准误	峰度 统计量	峰度 标准误
X1	183	1	7	4.25	1.186	-0.348	0.180	-0.155	0.357
X2	183	1	7	4.26	1.203	-0.442	0.180	0.203	0.357
X3	183	1	7	4.23	1.214	-0.580	0.180	0.315	0.357
X4	183	1	7	4.46	1.180	-0.469	0.180	0.470	0.357
X5	183	1	7	4.37	1.201	-0.443	0.180	-0.150	0.357
X6	183	1	7	3.93	1.282	-0.272	0.180	-0.451	0.357
X7	183	1	7	4.07	1.267	-0.463	0.180	0.328	0.357
X8	183	1	7	3.65	1.362	-0.189	0.180	-0.295	0.357
X9	183	1	7	3.20	1.291	0.127	0.180	-0.175	0.357
X10	183	1	7	3.27	1.240	-0.190	0.180	-0.136	0.357
X11	183	1	7	3.99	1.059	0.584	0.180	2.236	0.357
X12	183	1	7	4.38	1.131	0.390	0.180	0.316	0.357
X13	183	1	7	4.66	1.056	-0.078	0.180	0.617	0.357
X14	183	1	7	4.54	1.185	0.005	0.180	0.149	0.357
X15	183	1	7	5.41	1.335	-0.687	0.180	0.151	0.357
X16	183	1	7	5.58	1.255	-0.895	0.180	0.618	0.357
X17	183	1	7	5.68	1.236	-1.024	0.180	1.236	0.357
X18	183	1	7	5.81	1.222	-1.101	0.180	1.234	0.357
X19	183	1	7	5.44	1.377	-0.875	0.180	0.569	0.357
X20	183	1	7	5.16	1.349	-0.520	0.180	0.164	0.357
X21	183	1	7	4.49	1.508	-0.314	0.180	-0.377	0.357
X22	183	1	7	5.36	1.334	-1.026	0.180	1.578	0.357

续 表

测量指标	样本数N	极小值	极大值	均值	标准差	偏度统计量	偏度标准误	峰度统计量	峰度标准误
X23	183	1	7	4.14	1.346	0.240	0.180	0.355	0.357
X24	183	1	7	4.73	1.331	-0.448	0.180	0.308	0.357
X25	183	1	7	4.41	1.254	-0.106	0.180	0.726	0.357
X26	183	1	7	5.53	1.162	-0.754	0.180	1.016	0.357
X27	183	1	7	5.39	1.304	-0.733	0.180	0.250	0.357
X28	183	1	7	5.25	1.391	-0.598	0.180	0.035	0.357
X29	183	1	7	5.14	1.523	-0.658	0.180	0.077	0.357
X30	183	1	7	5.31	1.340	-0.672	0.180	0.456	0.357
X31	183	1	7	5.45	1.381	-0.972	0.180	0.907	0.357
X32	183	1	7	5.27	1.394	-0.686	0.180	0.441	0.357
X33	183	1	7	5.65	1.292	-1.133	0.180	1.752	0.357
Y1	183	1	7	3.57	1.328	0.307	0.180	0.474	0.357
Y2	183	1	7	3.73	1.110	-0.440	0.180	0.471	0.357
Y3	183	1	7	3.27	1.173	-0.217	0.180	-0.086	0.357
Y4	183	1	6	3.80	1.174	-0.578	0.180	0.054	0.357
Y5	183	1	6	3.56	1.238	-0.330	0.180	-0.339	0.357
Y6	183	1	7	3.67	1.323	0.004	0.180	-0.064	0.357
Y7	183	1	7	4.60	1.223	-0.042	0.180	0.476	0.357
Y8	183	1	7	5.08	1.273	-0.290	0.180	-0.052	0.357
Y9	183	1	7	4.93	1.393	-0.350	0.180	0.044	0.357
Y10	183	1	7	5.22	1.365	-0.494	0.180	-0.062	0.357

从表 5-2 和表 5-3 的结果可以看出，电视组和网络视频组各个测量题项的均值分布都比较均衡。电视组标准差基本为 1.0—1.4，网络视频组标准差也基本为 1.0—1.4，两组样本数据的离散程度都不大。各题项的偏度绝对值小于 3，峰度绝对值小于 10[1]，因此，电视组和网络视频组样本数据都符合正态分布的要求。

二 探索性因子分析

1904 年，查尔斯·斯皮尔曼（Charles Spearman）在研究智力时首次采用了因子分析的方法。随后，因子分析的理论和数学基础逐步得到发展和完善，特别是 20 世纪 50 年代以后，随着计算机的普及和各种统计软件的出现，因子分析得到了巨大的发展[2]，目前，该技术已经在心理学、医学、气象学、地理学、经济学、管理学以及新闻传播学等诸多领域得到了广泛的运用，并促进了相关理论的丰富和完善。

就其实质而言，探索性因子分析法（Exploratory Factor Analysis，EFA）是通过研究众多变量之间的内部依赖关系，探索观测数据的基本结构，并用少数几个假想变量（因子）来表示数据结构的方法。实际上，它是一项降维处理技术，它可以简化数据结构，把多个变量化为少数几个综合变量（公共因子），而这几个综合变量可以反映原来多个变量的大部分信息。

对于广告态度、广告价值、广告侵扰、信息性、娱乐性和冒犯的测量指标，由于本书基本上直接使用了前人验证好的、比较成熟的测量量表，

---

[1] Kline R., "Software Programs for Structural Equation Modeling: AMOS, EQS And LISREL", *Journal of Psychoeducational Assessent*, 1998, 16, pp. 302 – 333.

[2] 孙晓军、周宗奎：《探索性因子分析及其在应用中存在的主要问题》，《心理科学》2005 年第 6 期。

其因子结构清晰、合理，因此，本书不再探索其因子结构，仅对每一个潜变量（广告态度、广告价值、广告侵扰、信息性、娱乐性和冒犯）提取一个主成分，并分析各个测量题项在其所属主成分上的因子载荷，以便更好地确认测量题项与其所属主成分之间的线性联系程度。

对于电视媒体可信性和网络视频媒体交互性来说，尽管初始量表的多数测量指标都有研究来源，但是，本书根据研究需要对已有的量表进行了一定的修改，修改后的量表需要重新进行探索性因子分析，以便更好地确认其因子结构。

(一) 广告态度、广告价值、广告侵扰、信息性、娱乐性和冒犯的探索性因子分析

利用 SPSS 19.0，选择主成分法提取一个固定因子，其结果见表 5 - 4 和表 5 - 5：多数测量题项在其所属成分的负载值都大于 0.8。此外，电视组的 Y7 为 0.733，X6 为 0.662，X11 为 0.771，X12 为 0.729，X14 为 0.763。网络视频组的 Y7 为 0.756，X6 为 0.647，X7 为 0.772，X11 为 0.785，X12 为 0.770，X14 为 0.796。可见，无论是电视组还是网络视频组，总体来说，各个题项与其所属主成分的线性联系程度比较紧密。

表 5 - 4　电视广告态度、广告价值、广告侵扰、信息性、娱乐性和冒犯的探索性因子分析

潜变量	测量指标	成分 1
广告态度	Y1	0.831
	Y2	0.875
	Y3	0.856

续 表

潜变量	测量指标	成分 1
广告价值	Y4	0.858
	Y5	0.897
	Y6	0.808
广告侵扰	Y7	0.733
	Y8	0.851
	Y9	0.857
	Y10	0.841
广告信息性	X1	0.827
	X2	0.875
	X3	0.841
	X4	0.819
	X5	0.823
	X6	0.662
广告娱乐性	X7	0.830
	X8	0.864
	X9	0.833
	X10	0.852
广告冒犯	X11	0.771
	X12	0.729
	X13	0.833
	X14	0.763

表5-5 网络视频组广告态度、广告价值、广告侵扰、广告信息性、广告娱乐性和冒犯的探索性因子分析

潜变量	测量指标	成分 1
广告态度	Y1	0.854
	Y2	0.894
	Y3	0.888
广告价值	Y4	0.889
	Y5	0.926
	Y6	0.808
广告侵扰	Y7	0.756
	Y8	0.879
	Y9	0.850
	Y10	0.837
广告信息性	X1	0.820
	X2	0.886
	X3	0.854
	X4	0.818
	X5	0.843
	X6	0.647
广告娱乐性	X7	0.772
	X8	0.849
	X9	0.872
	X10	0.843

续 表

潜变量	测量指标	成 分
		1
广告冒犯	X11	0.785
	X12	0.770
	X13	0.839
	X14	0.796

(二) 电视媒体可信性探索因子分析

根据本书第三章的研究结果，电视媒体可信性的初始量表共有 15 个测量题项。本章将利用 SPSS19.0 对电视媒体可信性的 15 个测量题项进行探索性因子分析，以便更好地确认其因子结构。其分析结果见表 5-6、表 5-7 和表 5-8。

表 5-6　电视媒体可信性的巴特利特球度检验和 KMO 检验结果

取样足够度的 Kaiser-Meyer-Olkin 度量		0.887
Bartlett 的球形度检验	近似卡方	1280.913
	df	105
	Sig.	0.000

表 5-7　电视媒体可信性探索性因子分析结果（第一次）

测量指标	成 分		
	1	2	3
X15	0.688	0.466	
X16	0.745		

续 表

测量指标	成 分		
	1	2	3
X17	0.681		
X18	0.738		
X19	0.623		
X20	0.407		
X21			0.796
X22			0.665
X23			0.598
X24	0.503		0.489
X25	0.446		0.560
X26		0.427	0.501
X27		0.788	
X28		0.733	
X29		0.754	

表5-8　　　电视媒体可信性探索性因子分析最终结果

潜变量	测量题项	成 分	累计解释方差(%)
专业性	X16 X17 X18 X19	1	47.053
有用性	X27 X28 X29	2	58.177
责任心	X21 X22 X23	3	68.672

巴特利特球形检验是一种检验各个变量之间相关性程度的方法。一般在做因子分析之前都要进行巴特利特球形检验，以便判断变量是否适合做

因子分析。具体而言，巴特利特球形检验是以变量的相关系数矩阵为出发点的，它的零假设为相关系数矩阵是一个单位阵，即相关系数矩阵对角线上的所有元素都是1，所有非对角线上的元素都为零。巴特利特球形检验的统计量是根据相关系数矩阵的行列式得到的，如果该值较大，且其对应的相伴概率值小于用户心中的显著性水平，那么应该拒绝零假设，认为相关系数不可能是单位阵，即原始变量之间存在相关性，适合做因子分析，相反的话，则不适合做因子分析。[①]

KMO 统计量的取值在0 和1 之间。KMO 值越接近1，意味着变量间的相关性越强，那么，原有变量就越适合做因子分析。KMO 值越接近0，意味着变量间的相关性越弱，那么，原有变量就越不适合做因子分析。Kaiser 提出了常用的 KMO 度量标准，他认为，KMO 在0.9 以上表示非常好，0.80—0.89 表示好，0.70—0.79 表示一般，0.60—0.69 则表示差，0.5 以下代表极不适合做因子分析。[②]

由表5-6得知，电视媒体可信性的各个题项适合做探索因子分析。利用 SPSS 19.0 软件，采用主成分分析法，选取最大方差法旋转得出了第一次探索性因子分析的结果见表5-7。

根据第一次探索性因子分析的结果，我们应该删除一些变量，再执行进一步的分析。在探索性因子分析的题项筛选方面，1991 年 Lederer 和 Sethi 提出了三条原则：第一，各测量题项在提取因子上的载荷值必须接近1，同时，在其他因子上的载荷值必须接近0；第二，如果某题项在两个以上因子上的载荷值均大于0.4，则应该删除该题项；第三，测量题项在其所属因子上的负载值必须大于0.5，如果题项在所有因子上的载荷值均小

[①] 傅德印：《因子分析统计检验体系的探讨》，《统计研究》2007 年第6 期。
[②] 同上。

于 0.5，则应删除该题项。[①]

依据上述原则，删除 X15、X20、X24、X25、X26 后，再次进行因子分析，最终析出三个因子，它们可以累计解释 68.672% 的总方差。其中，X16、X17、X18 和 X19 在第一个因子上有较高的负载值，它们描述的是电视媒体在新闻报道方面的准确性、完整性、客观性以及电视媒体的人民立场，这些测量题项反映了电视的专业素质，因此，本书将第一个因子命名为电视媒体的"专业性"。X27、X28 和 X29 在第二个因子上有较高负载值，它们反映了电视媒体在个人生活和社会发展中的积极作用，本书将其命名为"有用性"。X21、X22、X23 在第三个因子上有较高的负载值，它们描述了电视节目的品位、深度和及时性，本书将其命名为"责任心"（见表 5-8）。

(三) 网络视频媒体交互性探索因子分析

根据本书第三章的研究结果，网络视频媒体交互性包括 19 个测量题项。本章将利用 SPSS 19.0 对网络视频媒体交互性的 19 个测量题项进行探索性因子分析，以便更好地确认其因子结构。其分析结果见表 5-9、表 5-10 和表 5-11。

表 5-9　网络视频媒体交互性的巴特利特球度检验和 KMO 检验结果

取样足够度的 Kaiser-Meyer-Olkin 度量		0.917
Bartlett 的球形度检验	近似卡方	2589.003
	df	171
	Sig.	0.000

[①] 古安伟：《基于消费者关系视角的品牌资产概念模型及其驱动关系研究》，博士学位论文，吉林大学，2012 年。

由表 5-9 可知，网络视频媒体交互性的各个题项适合做探索性因子分析。利用 SPSS 19.0 软件，采用主成分分析法，选取最大方差法旋转得出了第一次探索性因子分析的结果，见表 5-10。

表 5-10　网络视频媒体交互性探索性因子分析结果（第一次）

测量指标	成分 1	成分 2	成分 3
X15	0.756		
X16	0.815		
X17	0.833		
X18	0.686		
X19	0.580		0.501
X20	0.428		0.584
X21			0.717
X22	0.581		0.468
X23			0.823
X24			0.711
X25			0.743
X26	0.688		
X27	0.636		
X28		0.812	
X29		0.862	
X30		0.865	
X31	0.444	0.694	
X32		0.798	
X33	0.457	0.604	

根据 Lederer 和 Sethi 提出的原则,删除 X19、X20、X22、X31、X33 后再次进行因子分析,最终析出三个因子,它们可以累计解释 71.095% 的总方差。其中,X15、X16、X17、X18、X26 和 X27 在第一因子上有较高负载值,它们描述的是观赏网络视频节目的自由和便捷,因此,本书将其命名为观赏的"便利性"。X28、X29、X30 和 X32 在第二个因子上有较高的负载值,它们描述的是用户发评论、发弹幕、点赞等参与行为,本书将其命名为"用户参与"。X21、X23、X24 和 X25 在第三个因子上有较高负载值,它们描述的是视频网站对用户的响应和关注,本书将其命名为"关怀"(见表 5–11)。

表 5–11 网络视频媒体交互性因子分析最终结果

潜变量	测量题项	成 分	累计解释方差
便利性	X15 X16 X17 X18 X26 X27	1	48.901
用户参与	X28 X29 X30 X32	2	63.188
关 怀	X21 X23 X24 X25	3	71.095

三 信度分析

信度是衡量测验质量的一个重要指标。1968 年 Lord & Novick 将信度定义为真分数方差与测验分数方差之比,即测验分数方差中真分数方差所占的比例。[①] 它可以反映测量工具的一致性、稳定性和可靠性。在利用调查问卷进行正式调研之前,必须对量表的信度加以检验,只有信度达到可以接受的程度,由问卷所产生的数据结果才是有意义的。

如果我们用 T 表示真分数,B 表示系统误差,E 表示随机误差,X 表

[①] 温忠麟、叶宝娟:《测验信度估计:从 α 系数到内部一致性信度》,《心理学报》2011 年第 7 期。

示按照量表测得的分数即观测分数，那么，则有 X = T + B + E。其中，T 即真分数，它是一个抽象的概念，一般来说，X 与 T 不可能完全一致，总会有误差存在。其中，随机误差 E 是无法避免的，而系统误差 B 则需要我们尽可能避免或减少。① 如果测量的结果 X 与真实值 T 之间的差异很小，测量就是"可靠的"或者"可信的"。否则，我们就说，测量在某种程度上是"不可靠的"或者"不可信的"。

在实践中，研究者主要通过再测验法、复本信度法、折半信度法以及克朗巴哈系数法（Cronbach's α 系数法）来获取信度系数。再测验法是用同样的问卷对同一组被调查者进行重复测试，用两次测验各项得分的相关分析或差异的显著性检验结果来说明问卷信度的高低。这种方法要求对同一样本调查两次，加之两次测验时间间隔也有一定的限制，因此，在实施中有一定的难度。②

复本信度使用两套问项不同但答案等值的问卷来测量同一组被访者，然后计算出两组问卷得分的相关系数，从而得到复本信度系数。由于复本信度测试要求编制两套等值问卷，因此，在实际操作中是比较难于执行的。③

折半信度是在无法进行复本测试时，将问卷的测试题目一分为二，彼此分别作为另一半的复本，再计算它们之间的相关系数。④

克朗巴哈系数法是由克朗巴哈所提出的，用来测量量表信度的一种方法。它在一定程度上克服了折半信度中的一些缺点，是目前最为常用的信度测量方法。具体而言，克朗巴哈系数测量的是量表中的各个题项得分间

---

① 参见柯惠新、沈浩编著《调查研究中的统计分析法》，中国传媒大学出版社 2005 年版，第 330 页。
② 同上书，第 332 页。
③ 竺培梁：《测验信度大盘点》，《外国中小学教育》2005 年第 6 期。
④ 参见柯惠新、沈浩编著《调查研究中的统计分析法》，中国传媒大学出版社 2005 年版，第 332、333 页。

的一致性，其公式为：

$$\alpha = \frac{K}{K-1}\left(1 - \frac{\sum_{i=1}^{k}\sigma_i^2}{\sigma_T^2}\right)$$

其中，K 表示量表题项的总数。σ_i^2 是第 i 题得分的题内方差。σ_T^2 是总题项的方差，也就是总得分的方差。① 该系数越大，表示量表的各个题项相关性越大，即内部一致性越高。根据1978 Nunnally 的研究，一般来说，Cronbach's α 大于 0.7 即为高信度，0.5 为最低可以接受的水平，题项数目小于 6 个时，Cronbach's α 应该大于 0.6。②

综合考虑各种信度计算方法的操作难度和使用普遍性，本书最终选择 Cronbach's α 系数法作为信度检验的方法。使用 SPSS 19.0 软件对电视组和网络视频组的 Cronbach's α 系数进行计算，其结果见表 5–12 和表 5–13。

表 5–12　　　　　　　电视组各个潜变量的信度系数

潜变量	测量题项	校正的项总计相关性	项已删除的 Cronbach's Alpha 值	Cronbach's Alpha
广告态度	Y1	0.63	0.781	0.799
	Y2	0.693	0.684	
	Y3	0.658	0.725	
广告价值	Y4	0.667	0.746	0.815
	Y5	0.738	0.668	
	Y6	0.599	0.814	

---

① 参见柯惠新、沈浩编著《调查研究中的统计分析法》，中国传媒大学出版社 2005 年版，第 333 页。

② 古安伟：《基于消费者关系视角的品牌资产概念模型及其驱动关系研究》，博士学位论文，吉林大学，2012 年。

续 表

潜变量	测量题项	校正的项总计相关性	项已删除的 Cronbach's Alpha 值	Cronbach's Alpha
广告侵扰	Y7	0.557	0.839	0.837
	Y8	0.714	0.777	
	Y9	0.725	0.768	
	Y10	0.698	0.784	
广告信息性	X1	0.733	0.869	0.892
	X2	0.797	0.859	
	X3	0.75	0.866	
	X4	0.724	0.871	
	X5	0.735	0.869	
	X6	0.55	0.9	
广告娱乐性	X7	0.696	0.837	0.866
	X8	0.747	0.816	
	X9	0.696	0.837	
	X10	0.725	0.826	
广告冒犯	X11	0.577	0.726	0.778
	X12	0.526	0.751	
	X13	0.661	0.681	
	X14	0.572	0.728	
电视媒体专业性	X16	0.661	0.749	0.811
	X17	0.668	0.743	
	X18	0.575	0.787	
	X19	0.615	0.77	

续表

潜变量	测量题项	校正的项总计相关性	项已删除的 Cronbach's Alpha 值	Cronbach's Alpha
电视媒体责任心	X21	0.59	0.693	0.763
	X22	0.622	0.651	
	X23	0.585	0.703	
电视媒体有用性	X27	0.653	0.707	0.796
	X28	0.661	0.703	
	X29	0.613	0.751	

电视组全体34个观测变量的 α 系数为0.857，同时，每个潜变量的 α 系数都在0.7以上，可见，电视组量表的信度水平较高。需要指出的是，根据表5-12，删除Y7和X6将会使信度系数得到小幅提升，但是，由于Y7和X6都是经过前人验证过的测量指标，而且它们在本书中都有明确的含义，因此，应该将其保留。

表5-13　　　　　　网络视频组各个潜变量的信度系数

潜变量	测量题项	校正的项总计相关性	项已删除的 Cronbach's Alpha 值	Cronbach's Alpha
广告态度	Y1	0.682	0.831	0.847
	Y2	0.747	0.764	
	Y3	0.732	0.772	
广告价值	Y4	0.726	0.769	0.844
	Y5	0.802	0.691	
	Y6	0.614	0.88	

续 表

潜变量	测量题项	校正的项总计相关性	项已删除的 Cronbach's Alpha 值	Cronbach's Alpha
广告侵扰	Y7	0.593	0.848	0.85
	Y8	0.762	0.78	
	Y9	0.715	0.799	
	Y10	0.697	0.807	
广告信息性	X1	0.725	0.876	0.895
	X2	0.817	0.861	
	X3	0.767	0.869	
	X4	0.721	0.876	
	X5	0.761	0.87	
	X6	0.536	0.906	
广告娱乐性	X7	0.621	0.846	0.855
	X8	0.724	0.803	
	X9	0.744	0.795	
	X10	0.701	0.813	
广告冒犯	X11	0.609	0.766	0.808
	X12	0.589	0.776	
	X13	0.686	0.731	
	X14	0.618	0.763	
观赏的便利性	X15	0.744	0.899	0.913
	X16	0.822	0.888	
	X17	0.815	0.889	
	X18	0.703	0.904	
	X26	0.756	0.897	
	X27	0.702	0.905	

续表

潜变量	测量题项	校正的项总计相关性	项已删除的 Cronbach's Alpha 值	Cronbach's Alpha
关怀	X21	0.57	0.785	0.805
	X23	0.644	0.744	
	X24	0.663	0.735	
	X25	0.616	0.759	
参与	X28	0.796	0.875	0.906
	X29	0.824	0.865	
	X30	0.843	0.860	
	X32	0.697	0.909	

网络视频组全体38个观测变量的 α 系数为0.891；同时，每个潜变量的 α 系数都在0.8以上，可见，网络视频组量表的信度水平较高。需要指出的是，根据表5-13，删除Y6、X6和X32将会使信度系数得到小幅提升，但是，由于它们在本书有明确的含义，因此，应该将其保留。

第三节 本章小结

在第二章和第三章的基础上，本章通过探索性因子分析为电视媒体可信性和网络视频媒体交互性确定了二阶因子结构，同时，还对电视组和网络视频组的每一个潜变量实施了信度检验，从而为下一章的正式调研做好了准备。

首先，本章对电视媒体可信性进行探索性因子分析，删除X15、X20、

X24、X25、和 X26 五个不理想的测量指标，并重新将电视媒体可信性划分为专业性、责任心和有用性三个维度，这三个维度是电视媒体可信性的二阶因子，它们涵盖了媒体的专业取向和权利取向两个方面，是较为全面的维度。

其次，本章对网络视频媒体交互性进行探索性因子分析，删除 X19、X20、X22、X31、和 X33 五个表现不理想的测量指标，并重新将网络视频媒体划分为观赏便利性、关怀和用户参与三个维度，这三个维度是网络视频媒体交互性的二阶因子，它们反映了用户在使用视频网站过程中的互动体验，在下一章的结构方程模型中，我们将通过这三个二阶因子对网络视频媒体交互性进行测量。

最后，本章分别对电视组和网络视频组的每一个潜变量进行了信度分析，结果表明，每个潜变量的 α 系数都达到了 0.7 以上，个别潜变量还达到 0.9 以上，可见，每个量表都具有较好的内部一致性，其测量结果比较可靠。

第六章 正式调研与假设检验

在第五章预调研的基础上,本章将开展正式调研工作,并对调研数据进行统计分析,以便探索相同的受众对电视广告和网络视频广告的评价,从而完成本书的研究目标。

第一节 研究设计

一 调研概况

本书主要是围绕受众对于广告和媒体的评价展开的,考虑到中国有数百个城市,各个城市的经济发展水平和传媒发展程度是参差不齐的,处于不同城市的消费者对于广告和媒体的评价也存在一定的差异,因此,本书将调查范围限定在一个城市——长春,这有助于更好地排除地域差异对传媒发展和受众认知的影响;同时,也提高了操作的可行性。

长春是吉林省的省会城市,也是东北地区的中心城市之一。由于东北地区冬季寒冷、漫长,因此,在家看电视成为很多长春市民的一个生活习惯;同时,从央视索福瑞历年的调研数据来看,东北地区的电视收视率也是比较高的。在网络视频方面，最近几年，在吉林省和长春市政府的领导下，长春的经济不断发展，人民生活水平不断提高，互联网的普及和应用也得到了较快的发展，2014年央视索福瑞基础调研数据显示，半年内，吉林省同时接触过电视和网络视频的人占32.3%。长春作为吉林省的省会，我们可以推断，其同时接触两种媒体的受众也会具备一定的规模，因此，将调研地点选择在长春具有一定的现实意义。

在样本选择上，考虑到执行的可行性和成本压力，本书采取了便利样本，调查地点是长春。问卷发放方式包括两种：其一，面对面发放纸质版问卷。在问卷发放中我们发现，相对于电子版问卷，纸质版问卷便于填答，便于沟通，录入电脑的效率也比较高，因此，绝大多数问卷都采用了面对面发放纸质版的方式。具体来说，纸质版调研工作主要在长春的两个地区展开：第一，位于长春东北部的长春师范大学内部及其周边地区。第二，位于长春西北部的绿园区一三三厂宿舍及其周边地区，具体包括一三三厂社区、周边的小卖部、培训班等。

其二，一小部分问卷是通过互联网发放的，其优点是节省交通成本，有助于提高访问工作的效率。互联网发放的对象主要是调查者的亲朋好友，在和被访者进行有效沟通，确保其符合筛选条件以后，调查者通过即时通信软件和网络邮箱向被调查者发放电子版问卷进行填答。电子问卷被访者的所在地覆盖了位于长春西南方向的中国一汽、吉林大学中心校区，位于东南方向的东北师范大学净月校区、国际会展中心以及位于长春中部的南关区重庆路、朝阳区桂林路周边等。

问卷的发放、回收与整理从2016年1月初持续到2016年3月初，与预调研一样，在剔除无效问卷之后（按照预调研的原则剔除无效问卷），最终形成了495份有效问卷，其样本特征见表6-1。

表 6-1　　　　　　　　　　495 份问卷的样本特征分析

基本特征	分类	样本数目	百分比(%)
性别	男	212	42.8
	女	283	57.2
年龄	18—23 岁	166	33.5
	24—29 岁	138	27.9
	30—39 岁	124	25
	40—49 岁	51	10.3
	50 岁以上	16	3.2
文化	初中及以下	35	7
	高中/中专/技校	96	19.4
	大专	68	13.7
	本科	241	48.7
	硕士及以上	55	11.1
看电视频率	偶尔看	171	34.5
	有时候看	181	36.6
	经常看	143	28.9
看视频网站频率	偶尔看	81	16.4
	有时候看	131	26.5
	经常看	283	57.2

续 表

基本特征	分 类	样本数目	百分比(%)
两种媒体使用频率对比（基于相同受众）	看电视的频率小于视频网站	239	48.3
	看电视的频率等于视频网站	176	35.6
	看电视的频率大于视频网站	80	16.2
在视频网站看节目，使用最多的设备（一个人可多选）	台式电脑	120	24.2
	笔记本电脑	211	42.6
	智能手机	327	66.1
	平板电脑	101	20.4

从性别分布来看，女性样本多于男性。从年龄分布来看，18—23岁的样本占比最大，超过总样本的三分之一。其次是24—29岁和30—39岁的样本。总体来看，40岁以下的样本占总样本的86.4%，构成了本次调研的主体。从文化程度来看，高中、中专、技校、大专和本科占比最大，超过总样本的80%，初中以下和硕士以上占比最少，共占18.1%。

从观看频率来看，"经常看"电视的样本在总样本中所占比例最小，而"经常看"视频网站的样本在总样本中所占比例最大，"经常看"视频网站的样本超过总样本的二分之一，而"经常看"电视的样本仅有不到30%。可见，从观赏频率来看，视频网站远远高于传统电视。从使用设备来看，智能手机所占比例最大，有超过66%的用户都声称智能手机是其最常使用的观看设备，其次是笔记本电脑，平板电脑被提及的次数最少。

此外，问卷还对受访者最常看的电视台和最常使用的视频网站进行了询问，设置此问项的好处有两个：其一，有助于研究者排除无效问卷。比如，如果某位被访者在最常使用的视频网站中填答了一个非视频网站的名称，那就表明他不能正确理解视频网站的概念，因此，他不是本问卷的调研对象。其二，有助于研究者更好地了解样本的媒体使用情况，从而加深对样本的理解。

关于收看最多的电视台，大约有一半的受访者都选择了中央电视台，这再次印证了央视在全国特别是在东北巨大的品牌影响力。位居第二位的是湖南卫视，其被提及的次数大约有150次，这可能因为湖南卫视是卫视中影响力较大的电视品牌，而且受访者中年轻人居多，因此，湖南卫视被提及的频率较高。再次是浙江卫视和东方卫视，它们都被提及了数十次，此外，吉林卫视等也有一些提及率。

关于使用最多的视频网站，爱奇艺居第一位，优酷土豆居第二位，腾讯、乐视、搜狐的提及次数也比较多，这与目前网络视频的实际竞争态势比较吻合。

需要指出的是，本次调研使用的是方便样本，其代表性不如随机样本理想，为了弥补这一不足，笔者做出了积极的努力。在前期发放问卷的过程中，我们分别覆盖了长春东北、西北、东南、西南、中部等不同的地理位置。同时，笔者将样本数据与新生代市场监测机构2014—2015年长春市同时收看电视和视频网站的受众的调研数据相比对，结果发现，性别方面，前者的男性比例为42.8%，女性比例为57.2%，后者的男性比例为48.7%，女性比例为51.3%。两者在性别结构上较为相似。年龄方面：前者18—39岁占比86.4%，后者15—39岁占比75%，可见，两者在年龄结构上都是以青年为主。文化程度方面，前者中等和中高等学历（高中、中专/技校、大专、本科）占比81.8%，后者中等和中高等学历（高中、中专/技校、大专、本科）占比83.9%，可见，两者都以中等和中高等学历人群为主，低学历（初中及以下）和高学历（硕士及以上）占很小一部分。可见，本书所用的便利样本具有一定的代表性，其所得数据结果具有一定的参考价值。

样本量方面，本书使用结构方程模型进行统计分析。一般来说，结构方程模型适用于大样本的统计分析。样本数越多，统计分析的稳定性与各种指标的适用性也越好，这与一般的推论统计的原理相同。但是，在结构方程模型的适配度检验中，绝对适配度指数χ^2值易受样本数的影响，当研究者使用较多的样本时，χ^2容易达到显著水平（$p<0.05$），这表示模型被拒绝的机会增大，假设模型与实际数据不契合的可能性增大。因而，要在样本数与整体模型适配度上取得平衡是一件很不容易的事情。

对此，不同学者提出了自己的看法。1996年Schumacker与Lomax指出，大部分结构方程模型研究，其样本数多介于200至500之间，但在行为及社会科学领域中，有时研究样本会少于200或多于500。1997年Mueller提出，单纯的结构方程模型分析，其样本大小至少在100以上，200以上更佳。如果从测量变量数来分析样本数，则样本数与测量变量数的比例至少应该为10∶1—15∶1。[①]

对于本书而言，电视组的观察变量数为34个，其中，X1—X6为电视广告信息性的测量指标，X7—X10为电视广告娱乐性的测量指标，X11—X14为电视广告冒犯的测量指标，X16—X19为电视媒体专业性的测量指标，X21—X23为电视媒体责任心的测量指标，X27—X29为电视媒体有用性的测量指标，Y1—Y3是电视广告态度的测量指标，Y4—Y6是电视广告价值的测量指标，Y7—Y10是电视广告侵扰的测量指标。

---

① 参见吴明隆《结构方程模型——AMOS的操作与应用》，重庆大学出版社2010年版，第5页。

网络视频组的观察变量数为 38 个，其中，X1—X6 为网络视频广告信息性的测量指标，X7—X10 为网络视频广告娱乐性的测量指标，X11—X14 为网络视频广告冒犯的测量指标，X15、X16、X17、X18、X26、X27 为观赏便利性的测量指标，X21、X23、X24、X25 为感知的关怀的测量指标，X28、X29、X30、X32 为用户参与的测量指标。Y1—Y3 是网络视频广告态度的测量指标，Y4—Y6 是网络视频广告价值的测量指标，Y7—Y10 是网络视频广告侵扰的测量指标。

使用网络视频组的 38 个测量指标进行计算，按照 Mueller 的原则，本书的样本数大致应该为 380—570，而本书采用的 495 个样本恰好符合要求。

二 研究方法

为了检验广告态度及其影响因素之间的假设关系，本书将采用结构方程模型（以下简称 SEM）来完成数据的统计分析。结构方程模型属于高等统计学，它是一种建立、估计和检验因果关系模型的多元统计分析技术。它包含了回归分析、因子分析、路径分析和多元方差分析等一系列多元统计分析方法，是一种非常通用的、线性的、借助于理论进行假设检验的统计建模技术。这一模型和方法是 K. Joreskog 与其合作者在 20 世纪 70 年代提出并逐步完善的，90 年代以后，随着 SEM 理论和分析软件的不断发展，它在心理学、社会学、计量经济学、管理学、行为科学、市场营销和传播学等领域得到了广泛的应用。[①]

一个完整的结构方程模型包含两个次级模型，它们是测量模型与结构

[①] 参见柯惠新、沈浩编著《调查研究中的统计分析法》，中国传媒大学出版社 2005 年版，第 512 页。

模型。测量模型描述的是潜在变量如何被其相对应的测量变量所测量。结构模型探索的是潜在变量之间的关系以及模型中的误差。从本质上看，结构方程模型是一种验证式的模型分析方法，它试图利用研究者所搜集的数据资料来确认假设的潜变量之间的关系，并确认潜变量与其测量指标的一致性程度，从而达到最终的验证目的。

可见，结构方程模型有助于本书完成以下工作：第一，检验不可观测的潜变量（包括广告态度、广告价值、广告侵扰、信息性、娱乐性、冒犯、电视媒体可信性和网络视频媒体交互性）与其测量变量之间的关系，也就是结构方程模型中测量模型的处理。第二，检验潜变量之间的因果路径关系，也就是广告态度及其影响因素之间的关系，这属于结构方程模型中结构模型的处理。

本书使用的软件是 AMOS 17.0，AMOS 是 Analysis of Moment Structures（矩结构分析）的简写，它是一种可视化的模块软件，利用 AMOS 描绘工具箱中的图像钮可以快速地绘制 SEM 模型图、修改模型图、评估模型的适配、参考修正指数，并输出最佳的模型。AMOS 的图形绘制功能以使用者为导向，并且具有清晰、直观的特点，因此，它已经成为很多研究者青睐的统计软件。

第二节　数据的统计分析

本节将对调研数据进行描述性统计分析、信度效度检验、模型分析以及假设检验。

一 描述性统计分析

结构方程模型估计方法中最常用的方法为极大似然法，使用极大似然法估计参数时，样本数据必须符合多变量正态性假定。因此，在数据进入AMOS之前，需要先检验其是否符合正态分布。本书运用SPSS 19.0对样本数据进行描述分析，结果见表6-2和表6-3。电视组和网络视频组的均值分布都比较均衡。电视组标准差大致介于0.9—1.4。网络视频组标准差大致介于1.0—1.4。所有变量的偏度绝对值小于3，峰度绝对值小于10[①]，符合正态分布的要求，可以使用结构方程模型来分析。

表6-2 电视组描述性统计分析

测量指标	N	极小值	极大值	均值	标准差	偏度统计量	偏度标准误	峰度统计量	峰度标准误
X1	495	1	7	4.69	1.09	-0.787	0.11	1.09	0.219
X2	495	1	7	4.52	1	-0.762	0.11	1.113	0.219
X3	495	1	7	4.26	1.121	-0.232	0.11	0.046	0.219
X4	495	1	7	4.5	1.14	-0.422	0.11	0.338	0.219
X5	495	1	7	4.51	1.125	-0.513	0.11	0.533	0.219
X6	495	1	7	4.2	1.018	-0.443	0.11	0.282	0.219
X7	495	1	7	4.2	1.151	-0.453	0.11	0.035	0.219
X8	495	1	7	3.87	1.189	-0.31	0.11	0.2	0.219
X9	495	1	7	3.65	1.213	-0.068	0.11	-0.095	0.219

---

① Kliner R., "Software Programs for Structural Equation Modeling: AMOS, EQS and LIEREL", *Journal of Psychoeducational Assessent*, 1998, 16, pp. 302-333.

续 表

测量指标	N	极小值	极大值	均值	标准差	偏度统计量	偏度标准误	峰度统计量	峰度标准误
X10	495	1	7	3.49	1.207	-0.203	0.11	-0.168	0.219
X11	495	1	7	3.78	1.211	0.116	0.11	0.679	0.219
X12	495	1	7	4	1.14	0.164	0.11	0.398	0.219
X13	495	1	7	4.47	1.181	-0.229	0.11	0.017	0.219
X14	495	1	7	4.34	1.203	-0.086	0.11	-0.022	0.219
X16	495	1	7	4.69	1.198	-0.457	0.11	0.54	0.219
X17	495	1	7	4.48	1.308	-0.195	0.11	-0.27	0.219
X18	495	1	7	4.62	1.259	-0.437	0.11	0.083	0.219
X19	495	1	7	4.74	1.209	-0.479	0.11	0.591	0.219
X21	495	1	7	4.18	1.072	-0.377	0.11	0.782	0.219
X22	495	1	7	4.49	1.152	-0.384	0.11	0.227	0.219
X23	495	1	7	4.85	1.225	-0.637	0.11	0.703	0.219
X27	495	1	7	4.83	0.961	-0.728	0.11	2.199	0.219
X28	495	1	7	4.91	1.235	-0.618	0.11	0.817	0.219
X29	495	1	7	4.97	1.061	-0.373	0.11	1.181	0.219
Y1	495	1	7	4.26	1.399	-0.242	0.11	0.021	0.219
Y2	495	1	7	4.38	1.01	-0.692	0.11	1.212	0.219
Y3	495	1	7	3.89	1.121	-0.065	0.11	-0.141	0.219
Y4	495	1	7	4.5	1.107	-0.614	0.11	0.864	0.219
Y5	495	1	7	4.21	1.17	-0.514	0.11	0.453	0.219
Y6	495	1	7	4.18	0.933	-0.547	0.11	1.325	0.219

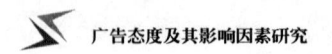

续 表

测量指标	N	极小值	极大值	均值	标准差	偏度统计量	偏度标准误	峰度统计量	峰度标准误
Y7	495	1	7	4.46	1.16	-0.078	0.11	0.512	0.219
Y8	495	1	7	4.73	1.235	-0.153	0.11	-0.08	0.219
Y9	495	1	7	4.77	1.379	-0.271	0.11	-0.164	0.219
Y10	495	1	7	5.2	1.199	-0.398	0.11	0.49	0.219

表6-3　网络视频组描述性统计分析

测量指标	N	极小值	极大值	均值	标准差	偏度统计量	偏度标准误	峰度统计量	峰度标准误
X1	495	1	7	4.26	1.21	-0.494	0.11	0.266	0.219
X2	495	1	7	4.23	1.186	-0.392	0.11	0.282	0.219
X3	495	1	7	4.13	1.176	-0.223	0.11	0.125	0.219
X4	495	1	7	4.42	1.167	-0.543	0.11	0.697	0.219
X5	495	1	7	4.43	1.139	-0.56	0.11	0.357	0.219
X6	495	1	7	4.11	1.202	-0.398	0.11	0.044	0.219
X7	495	1	7	4.18	1.214	-0.433	0.11	0.353	0.219
X8	495	1	7	3.77	1.24	-0.272	0.11	0.034	0.219
X9	495	1	7	3.45	1.254	0.028	0.11	-0.109	0.219
X10	495	1	7	3.39	1.273	-0.079	0.11	-0.233	0.219
X11	495	1	7	3.88	1.199	0.037	0.11	0.781	0.219
X12	495	1	7	4.27	1.183	0.175	0.11	0.054	0.219
X13	495	1	7	4.61	1.17	-0.263	0.11	0.324	0.219

续 表

测量指标	N	极小值	极大值	均值	标准差	偏度统计量	偏度标准误	峰度统计量	峰度标准误
X14	495	1	7	4.42	1.211	0.012	0.11	-0.02	0.219
X15	495	1	7	5.34	1.105	-0.629	0.11	0.925	0.219
X16	495	1	7	5.49	1.096	-0.615	0.11	0.778	0.219
X17	495	2	7	5.61	1.103	-0.709	0.11	0.489	0.219
X18	495	1	7	5.61	1.182	-0.873	0.11	1.207	0.219
X21	495	1	7	4.32	1.331	-0.083	0.11	-0.323	0.219
X23	495	1	7	4.13	1.256	0.123	0.11	0.475	0.219
X24	495	1	7	4.63	1.28	-0.17	0.11	-0.012	0.219
X25	495	1	7	4.38	1.246	0.081	0.11	0.161	0.219
X26	495	1	7	5.42	1.108	-0.613	0.11	1.005	0.219
X27	495	1	7	5.42	1.097	-0.484	0.11	0.428	0.219
X28	495	1	7	5.36	1.197	-0.475	0.11	0.17	0.219
X29	495	1	7	5.3	1.205	-0.347	0.11	-0.084	0.219
X30	495	1	7	5.41	1.168	-0.502	0.11	0.309	0.219
X32	495	1	7	5.29	1.164	-0.324	0.11	-0.206	0.219
Y1	495	1	7	3.62	1.32	-0.178	0.11	-0.253	0.219
Y2	495	1	7	3.82	1.155	-0.476	0.11	0.062	0.219
Y3	495	1	7	3.46	1.176	-0.132	0.11	-0.221	0.219
Y4	495	1	7	4.06	1.101	-0.46	0.11	0.312	0.219
Y5	495	1	7	3.77	1.153	-0.253	0.11	-0.238	0.219
Y6	495	1	7	3.69	1.058	-0.082	0.11	-0.223	0.219

续 表

测量指标	N	极小值	极大值	均值	标准差	偏度统计量	偏度标准误	峰度统计量	峰度标准误
Y7	495	1	7	4.62	1.192	-0.027	0.11	0.148	0.219
Y8	495	1	7	4.89	1.268	-0.43	0.11	0.39	0.219
Y9	495	1	7	5.01	1.284	-0.27	0.11	-0.295	0.219
Y10	495	1	7	5.09	1.245	-0.361	0.11	0.016	0.219

二 信度和效度检验

结构方程模型包括观测变量和潜在变量。前者是量表或问卷等测量工具所得的数据，后者是由观测变量所形成的特质或抽象概念，它无法被直接观测，而要由观测变量来反映。1989年Bollen指出，构成潜在变量的最重要的前提就是一组能够反映潜在变量含义的观测变量。[①] 也就是说，构成潜在变量的测量指标必须具有可以接受的信度和效度，否则将无法有效反映其所属的潜在变量。同时，吴明隆指出，SEM适配度评估中，测量模型的评估应该先于结构模型的评估，因为只有测量准确无误，进一步探究潜变量之间的关系才有实际意义。[②] 因此，本书将对测量变量的信度和效度进行检验，以便为后续的工作做好准备。

在信度方面，与预调研一样，本节将运用SPSS 19.0对各个潜变量的Cronbach's α系数进行计算，以此来分析测量的信度，其结果见表6-4和表6-5。

[①] 参见邱皓政、林碧芳《结构方程模型的原理与应用》，中国轻工业出版社2012年版，第100页。

[②] 参见吴明隆《结构方程模型——AMOS的操作与应用》，重庆大学出版社2010年版，第53页。

表 6-4　　　　　　　　　　电视组信度分析

潜变量	测量题项	校正的项总计相关性	项已删除的 Cronbach's Alpha 值	Cronbach's Alpha
广告态度	Y1	0.620	0.732	0.781
	Y2	0.680	0.663	
	Y3	0.600	0.726	
广告价值	Y4	0.586	0.792	0.801
	Y5	0.691	0.682	
	Y6	0.683	0.706	
广告侵扰	Y7	0.519	0.685	0.738
	Y8	0.616	0.628	
	Y9	0.532	0.680	
	Y10	0.462	0.715	
广告信息性	X1	0.570	0.820	0.838
	X2	0.584	0.817	
	X3	0.613	0.812	
	X4	0.668	0.800	
	X5	0.645	0.805	
	X6	0.600	0.814	
广告娱乐性	X7	0.594	0.830	0.840
	X8	0.678	0.795	
	X9	0.713	0.779	
	X10	0.708	0.782	

续　表

潜变量	测量题项	校正的项总计相关性	项已删除的Cronbach's Alpha 值	Cronbach's Alpha
广告冒犯	X11	0.524	0.765	0.784
	X12	0.620	0.717	
	X13	0.642	0.704	
	X14	0.579	0.737	
电视媒体专业性	X16	0.683	0.807	0.847
	X17	0.677	0.810	
	X18	0.729	0.787	
	X19	0.653	0.820	
电视媒体责任心	X21	0.593	0.730	0.780
	X22	0.718	0.588	
	X23	0.553	0.778	
电视媒体有用性	X27	0.529	0.663	0.724
	X28	0.558	0.634	
	X29	0.569	0.609	

表6-5　　　　　　　　　　网络视频组信度分析

潜变量	测量题项	校正的项总计相关性	项已删除的 Cronbach's Alpha 值	Cronbach's Alpha
广告态度	Y1	0.689	0.754	0.824
	Y2	0.709	0.732	
	Y3	0.652	0.786	
广告价值	Y4	0.588	0.722	0.776
	Y5	0.675	0.623	
	Y6	0.575	0.736	
广告侵扰	Y7	0.535	0.749	0.779
	Y8	0.653	0.687	
	Y9	0.592	0.720	
	Y10	0.553	0.740	
广告信息性	X1	0.613	0.859	0.871
	X2	0.688	0.846	
	X3	0.706	0.843	
	X4	0.679	0.848	
	X5	0.707	0.843	
	X6	0.634	0.855	
广告娱乐性	X7	0.567	0.835	0.836
	X8	0.697	0.780	
	X9	0.724	0.767	
	X10	0.685	0.785	

续 表

潜变量	测量题项	校正的项总计相关性	项已删除的 Cronbach's Alpha 值	Cronbach's Alpha
广告冒犯	X11	0.435	0.744	0.745
	X12	0.557	0.677	
	X13	0.629	0.636	
	X14	0.542	0.685	
观赏的便利性	X15	0.701	0.863	0.884
	X16	0.792	0.848	
	X17	0.796	0.847	
	X18	0.643	0.873	
	X26	0.648	0.871	
	X27	0.603	0.878	
关怀	X21	0.526	0.796	0.801
	X23	0.645	0.737	
	X24	0.650	0.734	
	X25	0.643	0.738	
参与	X28	0.779	0.844	0.887
	X29	0.792	0.839	
	X30	0.778	0.845	
	X32	0.664	0.887	

由上表可知，电视组和网络视频组各个潜变量的信度系数都在0.7以上，而删除任何一个测量指标，信度系数都不会再提升。同时，电视组全

体 34 个测量变量的 α 信度系数为 0.880，网络视频组全体 38 个测量变量的 α 系数为 0.881。可见，电视组和网络视频组各个测量指标之间的内部一致性较高，其信度也达到了较高的水平。

效度（validity）是指测量工具（通常是量表）能够正确测量出被测对象特质的程度。测量结果与要测量的内容越吻合，效度越高；反之，效度就越低。[①] 一般而言，效度分析有内容效度、收敛效度和区别效度三种主要的方法。

内容效度是指度量内容与所要度量的目标之间的匹配程度，主要涉及题项取样的充分性问题，也就是一个特定的题项集合对一个内容范畴的反映程度。2004 年 Devellis 指出，从理论上讲，当研究的量表题项来自于随机抽选的一个充分的、大量的、合适的题项集合时，就可以认定这个量表具有内容效度。通常情况下，判断内容效度的方法有两个：一是所开发的量表是否能够真正度量到研究者所要测量的内容；二是所开发的量表是否涵盖了所要测量的所有变量。[②]

收敛效度和区别效度统称为结构效度，其中，收敛效度是指测量同一潜变量的测量指标会落在同一个共同因素上。区别效度是指测量不同潜变量的测量指标会落在不同的共同因素上。[③]

对于本书而言，量表的编制不仅大量借鉴了国内外较为成熟的研究，而且还听取了相关专家的意见，经历了预调研的考验，这些基础性工作都为本量表的内容效度提供了一定的保证，因此，本书接下来将重点关注量表的收敛效度和区别效度检验。

[①] 参见邱皓政、林碧芳《结构方程模型的原理与应用》，中国轻工业出版社 2012 年版，第 100 页。

[②] 古安伟：《基于消费者关系视角的品牌资产概念模型的实证研究》，博士学位论文，吉林大学，2012 年，第 57 页。

[③] 参见吴明隆《结构方程模型——AMOS 的操作与应用》，重庆大学出版社 2010 年版，第 14 页。

为检验收敛效度，本书采用 AMOS 17.0 对电视组和网络视频组各个潜变量的测量指标进行验证性因子分析，其结果见表 6-6 和表 6-7。

表 6-6　　　　　　　　　电视组收敛效度检验结果

潜变量	测量指标	标准化载荷	S.E.	C.R.	P
广告态度	Y1	0.717			
	Y2	0.802	0.053	15.199	***
	Y3	0.739	0.06	13.773	***
广告价值	Y4	0.656			
	Y5	0.87	0.097	14.378	***
	Y6	0.758	0.07	13.973	***
广告侵扰	Y7	0.623	0.079	10.722	***
	Y8	0.798	0.096	12.079	***
	Y9	0.619			
	Y10	0.533	0.078	9.588	***
信息性	X1	0.633	0.088	11.684	***
	X2	0.648	0.081	11.88	***
	X3	0.688	0.09	12.73	***
	X4	0.731	0.092	13.449	***
	X5	0.724	0.089	13.714	***
	X6	0.658			

续 表

潜变量	测量指标	标准化载荷	S.E.	C.R.	P
广告娱乐性	X7	0.599	0.052	12.983	***
	X8	0.689	0.051	15.521	***
	X9	0.857	0.045	22.588	***
	X10	0.849			
广告冒犯	X11	0.576	0.076	10.686	***
	X12	0.698	0.074	12.5	***
	X13	0.775	0.071	15.052	***
	X14	0.714			
电视媒体专业性	X16	0.753	0.066	15.505	***
	X17	0.764	0.072	15.744	***
	X18	0.809	0.069	16.793	***
	X19	0.729			
电视媒体责任心	X21	0.7	0.068	13.069	***
	X22	0.858	0.079	14.841	***
	X23	0.689			
电视媒体有用性	X27	0.653	0.066	11.962	***
	X28	0.661	0.083	12.417	***
	X29	0.748			

注：*** 表示概率值小于 0.001。

表6-7　　　　　　　　网络视频组收敛效度检验结果

潜变量	测量指标	标准化载荷	S.E.	C.R.	P
广告态度	Y1	0.783			
	Y2	0.798	0.051	17.648	***
	Y3	0.772	0.055	16.122	***
广告价值	Y4	0.703			
	Y5	0.817	0.079	15.347	***
	Y6	0.649	0.07	12.636	***
广告侵扰	Y7	0.624	0.073	11.743	***
	Y8	0.766	0.08	13.912	***
	Y9	0.676			
	Y10	0.677	0.078	12.365	***
广告信息性	X1	0.68	0.076	13.283	***
	X2	0.747	0.075	14.427	***
	X3	0.765	0.074	14.937	***
	X4	0.743	0.073	14.618	***
	X5	0.757	0.07	15.076	***
	X6	0.679			

续 表

潜变量	测量指标	标准化载荷	S.E.	C.R.	P
广告娱乐性	X7	0.593	0.057	11.835	***
	X8	0.721	0.056	14.991	***
	X9	0.848	0.046	21.827	***
	X10	0.832			
广告冒犯	X11	0.471	0.075	8.874	***
	X12	0.626	0.076	11.481	***
	X13	0.804	0.076	14.492	***
	X14	0.701			
观赏的便利性	X15	0.785	0.067	15.829	***
	X16	0.877	0.068	17.501	***
	X17	0.866	0.067	17.494	***
	X18	0.687			
	X26	0.671	0.067	13.757	***
	X27	0.624	0.066	12.826	***
关怀	X21	0.57	0.064	11.323	***
	X23	0.685	0.059	13.94	***
	X24	0.821			
	X25	0.75	0.055	16.057	***

续 表

潜变量	测量指标	标准化载荷	S. E.	C. R.	P
参 与	X28	0.848	46	22.357	***
	X29	0.854	45	23.275	***
	X30	0.844			
	X32	0.716	48	17.711	***

注：*** 表示概率值小于 0.001。

在此，我们主要通过因素载荷来判断收敛效度。因素载荷不仅可以反映测量误差的影响，还可以反映个别题项能够反映潜在变量的程度。2006年 Hair 等人指出，一个足够大的因素载荷代表题项具有较好的收敛效度。一般来说，当因素载荷量大于 0.71 时，即可宣称该测量指标具有理想的质量。这个 0.71 的指标可以说是基本拟合指数中最明确的一个判断标准。①

然而，由于社会科学领域的问卷调研受到诸多外在干扰，其量表的因素载荷一般不会太高，因此，我们可以执行 Tabachnica 和 Fidell 在 2007 年所提出的标准（见表 6-8）。当因素载荷大于 0.71 时，也就是该因素可以解释观测变量 50% 的变异量时，属于非常理想的状况；当因素载荷大于 0.63 时，也就是该因素可以解释观测变量 40% 的变异量时，属于非常好的情况；如果载荷小于 0.32，也就是该因素可以解释不到 10% 的观测变量变异量时，是很不理想的状况，可以考虑删除该题项。②

---

① 参见邱皓政、林碧芳《结构方程模型的原理与应用》，中国轻工业出版社 2012 年版，第 100、101 页。
② 同上书，第 101 页。

表 6-8　　　　　　　　　　因素载荷的判断标准

λ 值	状况判断
0.71	优　秀
0.63	非常好
0.55	好
0.45	普　通
0.32	不　好
0.32 以下	不及格

由表 6-6 和表 6-7 可知，除网络视频组的 X11（标准化载荷为 0.471）之外，电视组和网络视频组各个测量指标的标准化载荷都在 0.5 以上，标准误都比较小，而且临界值 C.R. 的绝对值都达到 1.96 以上，P 值都在 0.001 水平下达到了显著，这说明两组的量表都具有比较好的收敛效度。

为了检验区别效度，本书采用 AMOS 提供的验证方法，利用单群组生成两个模型，分别为未限制模型（潜在变量间的共变关系不加以限制，潜在变量之间的共变参数为自由估计参数）与限制模型（潜在变量间的共变关系限制为 1，潜在变量之间的共变参数为固定参数）。接着，对两个模型的卡方值差异进行比较，如果卡方值差异达到显著水平（$P<0.05$），则表示两个模型间具有显著不同，未限制模型的卡方值越小表示潜在变量之间的相关性越低，区别效度就越高。反之，未限制模型的卡方值越大，表示潜变量之间的相关性越高，区别效度就越低。卡方值差异量检验结果，若是限制模型与非限制模型之间的卡方值差异量达到 0.05 显著水平，表示潜变量之间具有高的区别效度（见表 6-9 和表 6-10）。[①]

[①] 参见吴明隆《结构方程模型——AMOS 的操作与应用》，重庆大学出版社 2010 年版，第 467、468 页。

表 6-9 电视组潜变量嵌套模型比较摘要表 Assuming model 未限制模型 to be correct

维度	潜变量	Model	DF	CMIN	P
广告方面	广告态度—广告价值	限制模型	1	45.162	0.000
	广告态度—广告侵扰	限制模型	1	267.556	0.000
	广告态度—信息性	限制模型	1	92.607	0.000
	广告态度—娱乐性	限制模型	1	31.016	0.000
	广告态度—冒犯	限制模型	1	295.153	0.000
	广告价值—广告侵扰	限制模型	1	308.511	0.000
	广告价值—信息性	限制模型	1	126.581	0.000
	广告价值—娱乐性	限制模型	1	74.334	0.000
	广告价值—冒犯	限制模型	1	385.929	0.000
	广告侵扰—信息性	限制模型	1	287.941	0.000
	广告侵扰—娱乐性	限制模型	1	366.904	0.000
	广告侵扰—冒犯	限制模型	1	71.848	0.000
	信息性—娱乐性	限制模型	1	84.643	0.000
	信息性—冒犯	限制模型	1	285.819	0.000
	娱乐—冒犯	限制模型	1	276.635	0.000
媒体方面	专业性—责任心	限制模型	1	35.642	0.000
	专业性—有用性	限制模型	1	48.099	0.000
	责任心—有用性	限制模型	1	56.240	0.000

表 6-10　网络视频组潜变量嵌套模型比较摘要表 Assuming model 未限制模型 to be correct

维度	潜变量	Model	DF	CMIN	P
广告方面	广告态度—广告价值	限制模型	1	23.951	0.000
	广告态度—广告侵扰	限制模型	1	271.958	0.000
	广告态度—信息性	限制模型	1	50.194	0.000
	广告态度—娱乐性	限制模型	1	20.827	0.000
	广告态度—冒犯	限制模型	1	291.572	0.000
	广告价值—广告侵扰	限制模型	1	336.443	0.000
	广告价值—信息性	限制模型	1	126.581	0.000
	广告价值—娱乐性	限制模型	1	71.552	0.000
	广告价值—冒犯	限制模型	1	305.986	0.000
	广告侵扰—信息性	限制模型	1	287.941	0.000
	广告侵扰—娱乐性	限制模型	1	301.143	0.000
	广告侵扰—冒犯	限制模型	1	46.892	0.000
	信息性—娱乐性	限制模型	1	52.092	0.000
	信息性—冒犯	限制模型	1	248.668	0.000
	娱乐—冒犯	限制模型	1	278.457	0.000
媒体方面	便利性—关怀	限制模型	1	55.905	0.000
	便利性—参与	限制模型	1	32.586	0.000
	关怀—参与	限制模型	1	36.702	0.000

由表 6-9 和表 6-10 可知，对于电视组和网络视频组的每一对潜变量来说，两个模型的自由度差异为 1，卡方值差异量显著性检验的概率值 P 小于 0.05，表示未限制模型与限制模型有显著不同，与限制模型相比，未限制模型的卡方值显著较小，表示潜在变量之间的区别效度较佳。

此外，多元相关系数平方 R^2 的数值是观察变量的个别项目信度。R^2 的数值越大，表示测量指标的测量误差越小；R^2 的数值越小，表示测量指标的测量误差越大。[①] 在电视组中，R^2 的数值大于 0.5 的测量指标包括 X4（$R^2=0.534$）、X5（$R^2=0.524$）、X9（$R^2=0.734$）、X10（$R^2=0.721$）、X13（$R^2=0.601$）、X14（$R^2=0.510$）、X16（$R^2=0.567$）、X17（$R^2=0.583$）、X18（$R^2=0.654$）、X19（$R^2=0.531$）、X22（$R^2=0.736$）、X29（$R^2=0.560$）、Y1（$R^2=0.514$）、Y2（$R^2=0.643$）、Y3（$R^2=0.546$）、Y5（$R^2=0.756$）、Y6（$R^2=0.575$）、Y8（$R^2=0.637$）共 18 个，表示这 18 个测量指标的个别信度佳。

在网络视频组中，R^2 的数值大于 0.5 的测量指标包括 X2（$R^2=0.558$）、X3（$R^2=0.585$）、X4（$R^2=0.553$）、X5（$R^2=0.574$）、X8（$R^2=0.520$）、X9（$R^2=0.719$）、X10（$R^2=0.692$）、X13（$R^2=0.646$）、X15（$R^2=0.616$）、X16（$R^2=0.770$）、X17（$R^2=0.750$）、X24（$R^2=0.674$）、X25（$R^2=0.563$）、X28（$R^2=0.719$）、X29（$R^2=0.730$）、X30（$R^2=0.712$）、X32（$R^2=0.512$）、Y1（$R^2=0.613$）、Y2（$R^2=0.636$）、Y3（$R^2=0.596$）、Y5（$R^2=0.667$）、Y8（$R^2=0.586$），共 22 个，表示这 22 个测量指标的个别信度佳。

需要强调的是，R^2 反映的是个别测量变量受到潜在变量影响的程度，其余测量指标的 R^2 虽然没有达到 0.5 以上，但是，按照 Tabachnica 和 Fi-

---

① 参见吴明隆《结构方程模型——AMOS 的操作与应用》，重庆大学出版社 2010 年版，第 325 页。

dell 在 2007 年所提出的标准，其因素负荷量也是可以接受的，而因素负荷量既可以反映测量误差的影响，也可以反映个别测量指标能够反映潜在变量的程度。

组合信度（composite reliability）是检验潜在变量的信度指标，此种信度检验值也称为建构信度（construct reliability），它的计算要利用标准化回归加权值，其计算公式如下：

$$p_c = \frac{(\sum \lambda)^2}{[(\sum \lambda)^2 + \sum(\theta)]} = \frac{(\sum 标准化因素负荷量)^2}{[(\sum 标准化因素负荷量)^2 + \sum(\theta)]}$$

p_c 为组合信度，λ 为测量指标在其潜变量上的标准化参数估计值，它代表测量指标能测到潜在变量特质的程度。θ 为测量误差。在结构方程模型中，潜在变量的组合信度是模型内在质量的判别准则之一，若是潜在变量的组合信度值达到 0.6 以上，表示模型的内在质量理想，也有部分学者建议组合信度值高于 0.5 即可。[①]

另外一个与组合信度类似的指标是平均方差抽取量（p_v），它可以直接显示被潜在变量所解释的变异量有多少是来自测量误差，平均方差抽取量越大，测量变量被潜在变量解释的变异量越大，测量误差也就越小，一般的判别标准是平均方差抽取量要大于 0.5，其计算公式如下[②]：

$$p_v = \frac{(\sum \lambda^2)}{[(\sum \lambda^2) + \sum(\theta)]} = \frac{(\sum 标准化因素负荷量^2)}{[(\sum 标准化因素负荷量^2) + \sum(\theta)]}$$

根据组合信度和平均方差抽取量的含义和公式，计算电视组和网络视频组各个潜变量的数值见表 6-11。

[①] 参见吴明隆《结构方程模型——AMOS 的操作与应用》，重庆大学出版社 2010 年版，第 336、337 页。

[②] 同上书，第 337 页。

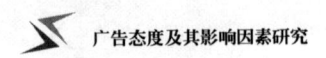

表 6-11　　　　　　　　电视组组合信度和平均方差抽取量

潜变量	测量指标	标准化载荷	组合信度	平均方差抽取量
广告态度	Y1	0.717	0.7973	0.5678
	Y2	0.802		
	Y3	0.739		
广告价值	Y4	0.656	0.8082	0.5873
	Y5	0.870		
	Y6	0.758		
广告侵扰	Y7	0.623	0.7415	0.423
	Y8	0.798		
	Y9	0.619		
	Y10	0.533		
广告信息性	X1	0.633	0.8383	0.4642
	X2	0.648		
	X3	0.688		
	X4	0.731		
	X5	0.724		
	X6	0.658		
广告娱乐性	X7	0.599	0.8397	0.5722
	X8	0.689		
	X9	0.857		
	X10	0.849		

续 表

潜变量	测量指标	标准化载荷	组合信度	平均方差抽取量
广告冒犯	X11	0.576	0.7866	0.4824
	X12	0.698		
	X13	0.775		
	X14	0.714		
电视媒体专业性	X16	0.753	0.8487	0.5842
	X17	0.764		
	X18	0.809		
	X19	0.729		
电视媒体责任心	X21	0.700	0.7954	0.567
	X22	0.858		
	X23	0.689		
电视媒体有用性	X27	0.653	0.7294	0.4743
	X28	0.661		
	X29	0.748		

表6-12　　网络视频组组合信度和平均方差抽取量

潜变量	测量题项	标准化载荷	组合信度	平均方差抽取量
广告态度	Y1	0.783	0.8275	0.6153
	Y2	0.798		
	Y3	0.772		

续 表

潜变量	测量题项	标准化载荷	组合信度	平均方差抽取量
广告价值	Y4	0.703	0.7685	0.5276
	Y5	0.817		
	Y6	0.649		
广告侵扰	Y7	0.624	0.7811	0.4729
	Y8	0.766		
	Y9	0.676		
	Y10	0.677		
广告信息性	X1	0.680	0.8719	0.532
	X2	0.747		
	X3	0.765		
	X4	0.743		
	X5	0.757		
	X6	0.679		
广告娱乐性	X7	0.593	0.8392	0.5707
	X8	0.721		
	X9	0.848		
	X10	0.832		
广告冒犯	X11	0.471	0.7507	0.4379
	X12	0.626		
	X13	0.804		
	X14	0.701		

续 表

潜变量	测量题项	标准化载荷	组合信度	平均方差抽取量
观赏的便利性	X15	0.785	0.8885	0.5745
	X16	0.877		
	X17	0.866		
	X18	0.687		
	X26	0.671		
	X27	0.624		
关 怀	X21	0.570	0.8022	0.5077
	X23	0.685		
	X24	0.821		
	X25	0.750		
参 与	X28	0.848	0.8891	0.6684
	X29	0.854		
	X30	0.844		
	X32	0.716		

在组合信度方面，电视组和网络视频组所有潜变量的组合信度都达到0.7以上，其中有相当一部分潜变量的组合信度达到0.8以上，可见，所

有潜变量的组合信度很理想。

在平均方差抽取量方面，电视组的广告侵扰、广告信息性、广告冒犯、电视媒体有用性四个潜变量的平均方差抽取量不到0.5，网络视频组的广告侵扰和广告冒犯的平均方差抽取量不到0.5，其余所有潜变量的平均方差抽取量都在0.5以上。如果平均方差抽取量达到了0.5以上，就表明潜在变量的聚敛能力十分理想。但是，对于不到0.5的潜变量，如果执行Tabachnica和Fidell在2007年所提出的关于因素载荷的标准，其因素负荷量也是可以接受的。

三　模型分析

在信度与效度检验之后，本书将运用AMOS 17.0对电视组和网络视频组的广告态度及其影响因素进行建模和分析，并对模型的适配度做出评价，同时，遵循模型修正原则进行数据调试，并对结果进行分析。

在建模方面，主要是依据本书第四章"理论基础与假设模型"所提出的假设关系以及第五章"预调研"所确定的测量指标来建立AMOS中的初始结构方程模型。

在模型的适配度方面，我们主要考察假设的理论模型与实际数据的一致性程度，也就是说，假设模型隐含的协方差矩阵$\hat{\Sigma}$应该尽可能接近样本的协方差矩阵S，两者越接近，表示适配度越佳。实际上，在整体模型适配度的检验上，结构方程模型要检验的是总体的协方差矩阵（Σ矩阵）与假设模型隐含的变量间的协方差矩阵[$\Sigma(\theta)$矩阵]之间的差异程度，其原假设为Σ矩阵 = $\Sigma(\theta)$矩阵。然而，在实际工作中，我们无法得知总体的方差与协方差，也无法得知根据总体导出的参数（θ）。所以，我们只能用样本数据导出的参数估计值（$\hat{\theta}$）来代替总体导出的参数（θ），根据样本适配的假设模型导出的协方差矩阵为 $\hat{\Sigma} = \Sigma(\hat{\theta})$，S 为实际样本数据导出的协方差矩阵，S 矩阵和 $\hat{\Sigma}$ 矩阵的差异越小，模型适配度越好。①

在具体的适配度评价方面，由于结构方程模型所处理的是整体模型契合度，关注的是整体模型的比较，因而，在评价模型适配度的时候，个别估计参数显著与否并不是分析的重点，我们必须参考多元的指标，才能对模型的适配度做出合理的判别。

对此，不同研究者提出了不同的主张，其中，属 1988 年 Bogozzi 和 Yi 所提出的论点较为周全。他们认为，假设模型与实际数据是否契合，必须同时考虑三个方面因素：第一是基本适配度指标；第二是整体模型适配度指标；第三是模型内在结构适配度指标。其中，在第二个因素，即整体模型适配度指标方面，Bogozzi 和 Yi 又将其划分为绝对适配指标、相对适配指标和简约适配指标。②

依据 Bogozzi 和 Yi 的观点，在模型的适配度评估方面，笔者将重点关注以下三个方面的指标：第一是模型基本适配指标，主要包括是否存在负的误差方差和很大的标准误。第二是整体模型适配度指标，也称为模型外在质量的评估，它主要关注绝对适配统计量、增值适配统计量以及简约适配统计量。第三是模型内在结构适配度的评估，也就是模型内在质量的检验，它关注测量指标的信度、效度、标准化残差、修正指数等问题。其中，测量指标的信度和效度问题已经在上文探讨完毕，下文的关注重点将是模型的修正问题。

模型的修正主要是根据 AMOS 提供的修正指数，即 MI 值对模型

---

① 参见吴明隆《结构方程模型——AMOS 的操作与应用》，重庆大学出版社 2010 年版，第 37 页。

② 同上书，第 39 页。

进行调整。从统计学的角度看,修正指标即是自由度为 1 时(即该固定参数被重新设定为自由估计时),前后两个估计模型卡方值之间的差异值,因此,最大的修正指标值即表示当某一固定参数被改设为自由参数而重新估计时,该参数可以降低整个模型卡方值的最大数值。学者 1998 年 Bagozzi 和 Yi 指出,修正指标高于 3.84 时就有必要加以修正。但也有学者认为修正指标高于 5 时才有修正必要。[①] 可见,依据 MI 值调整模型的主要目的是降低模型的卡方值,从而改善模型的适配程度。

总之,本书将遵循结构方程模型的发展策略,不断构建一个与样本数据可契合的理论模型。其大致步骤为:初始理论模型构建,模型估计,理论模型修正,重新估计,理论模型再修正,再重新估计模型,直到形成一个理论合理又适配良好的模型。可见,本书所使用的模型发展策略是一种探索性而非验证性的策略,该策略的最终目标是发展一个既有实质意义,又在统计上适配良好的理论模型,并不是检验模型。因此,本书的最终模型可能仅适用于特定样本,而无法推论至其他样本上。

(一) 电视组模型分析

本书使用极大似然法估计,电视组初始模型如图 6-1 所示,在模型基本适配指标方面:没有负的误差方差,而且都在 0.001 水平下达到显著;同时,也没有很大的标准误(见表 6-13),可见,模型基本适配良好。

[①] 参见吴明隆《结构方程模型——AMOS 的操作与应用》,重庆大学出版社 2010 年版,第 158 页。

第六章 正式调研与假设检验

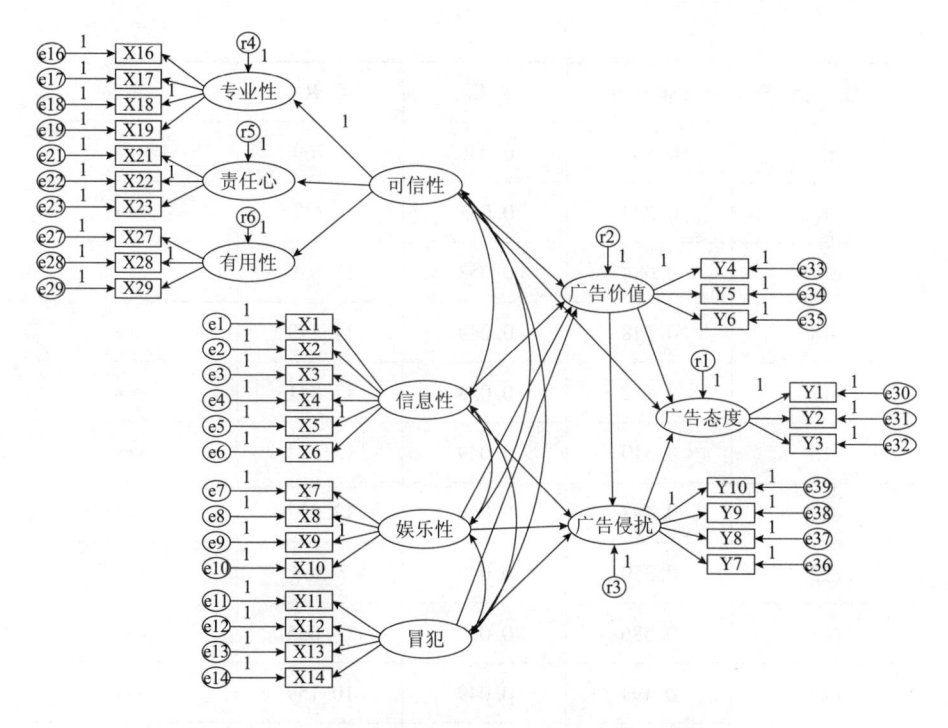

图 6-1　电视广告态度及其影响因素初始结构模型

表 6-13　　　　　　　　电视组初始模型的误差方差

误　差	Estimate	S. E.	C. R.	P
information	0.448	0.059	7.650	***
entertainment	1.049	0.095	11.082	***
offend	0.738	0.089	8.250	***
credibility	0.539	0.075	7.160	***
r2	0.310	0.043	7.222	***
r3	0.358	0.061	5.870	***
r1	0.504	0.071	7.108	***
r4	0.235	0.041	5.699	***

续 表

误 差	Estimate	S. E.	C. R.	P
r5	0.143	0.038	3.769	***
r6	0.224	0.042	5.322	***
e19	0.684	0.053	13.029	***
e18	0.548	0.049	11.179	***
e17	0.712	0.058	12.341	***
e16	0.619	0.049	12.613	***
e23	0.788	0.061	12.827	***
e22	0.350	0.046	7.567	***
e21	0.586	0.045	13.055	***
e29	0.494	0.049	10.159	***
e28	0.858	0.070	12.339	***
e27	0.528	0.043	12.421	***
e30	0.951	0.079	12.108	***
e31	0.365	0.039	9.330	***
e32	0.572	0.051	11.279	***
e5	0.602	0.048	12.528	***
e4	0.604	0.049	12.430	***
e3	0.660	0.050	13.138	***
e2	0.578	0.043	13.496	***
e1	0.710	0.052	13.681	***
e10	0.405	0.042	9.757	***
e9	0.390	0.042	9.269	***

续 表

误 差	Estimate	S. E.	C. R.	P
e8	0.741	0.057	12.989	***
e7	0.848	0.060	14.016	***
e14	0.707	0.060	11.802	***
e13	0.555	0.055	10.158	***
e12	0.664	0.056	11.757	***
e11	0.979	0.071	13.714	***
e33	0.698	0.052	13.441	***
e34	0.333	0.045	7.423	***
e35	0.370	0.031	11.983	***
e38	1.171	0.089	13.176	***
e37	0.553	0.064	8.701	***
e36	0.823	0.062	13.170	***
e39	1.028	0.073	14.103	***
e6	0.586	0.043	13.509	***

注：*** 表示概率值小于 0.001。

在整体模型适配度方面，模型绝对适配度指数卡方值达到显著，但是，卡方值对样本大小非常敏感，样本数量越大，卡方值越容易达到显著。1995 年 Rigdon 指出，使用真实世界的数据来评价理论模型时，卡方值的实质帮助不大。① 因此，我们还将综合参考其他指标对模型的适配度做出判断。模型绝对适配度指数 GFI、AGFI 比较接近 0.9，可以接受。RMSEA 小于 0.08 适配合理。增值适配度指数 NFI、RFI、TLI、IFI 和 CFI 中

---

① 参见吴明隆《结构方程模型——AMOS 的操作与应用》，重庆大学出版社 2010 年版，第 41 页。

有三个未达到 0.9 以上，但是接近 0.9，可以接受。有两个达到 0.9，适配良好。简约适配度指数 PGFI 达到 0.5 以上，模型简约程度较好。卡方自由度比小于 3，表示模型有简约适配程度。根据以上各项整体模型适配度指标来看，对模型外在质量的评估可以接受（见表 6-14）。

表 6-14　　　　　　　　电视组结构方程模型拟合结果

拟合指标	初始模型	删除两条不显著的路径后的模型	适配标准或临界值
卡方值 CMIN	1218.410	1224.180	
自由度 DF	507	509	
P	0.000	0.000	大于 0.05
CMIN/DF 卡方自由度比	2.403	2.405	小于 3
GFI	0.870	0.869	大于 0.90
AGFI	0.848	0.847	大于 0.90
PGFI	0.741	0.743	大于 0.50
NFI	0.842	0.841	大于 0.90
RFI	0.825	0.825	大于 0.90
IFI	0.901	0.901	大于 0.90
TLI	0.890	0.890	大于 0.90
CFI	0.900	0.900	大于 0.90
RMSEA	0.053	0.053	小于 0.08（适配合理）小于 0.05（适配良好）

从因果路径方面看，电视媒体可信性到广告价值的 P 值为 0.169，未达到显著。广告价值到广告侵扰的因果关系符号与理论假设的方向相反。广告信息性到广告侵扰的 P 值为 0.061，未达到显著，而且其方向也与理

论相反。对于未达到显著的两条路径，本书将其删除。对于广告价值与广告侵扰的关系，本书将从两者的含义出发，重新加以考察。

正如本书第二章所述，当广告妨碍了用户的持续认知过程时，用户对广告的心理反应就是广告侵扰，它描述的是广告唤起消极情感的机理，但并不是消极情感本身。也就是说，受众对于媒体的使用是有目的的，广告的出现中断了受众的媒体目标，此时，受众对于广告的心理反应就是广告侵扰。从广告侵扰的概念来看，它主要是指由广告带来的中断感知，包括广告打扰受众看节目，分散受众注意力等。此外，从它的测量指标来看，广告侵扰本身也带有一定的消极意味，包括受众的烦扰感知以及被强迫的感知。

如果感知的广告价值很大，也就是说，广告对于受众很重要，那么，受众就可能投入更多的注意力资源，深度加工广告信息。这在一定程度上可以用"精细加工可能性模式"来解释。

20世纪70年代末80年代初，社会心理学家佩蒂和卡西奥波在对广告说服进行深入研究的基础上提出了一种综合性的理论模式，即"精细加工可能性模式"（以下简称ELM）。该模式认为，广告说服存在中枢线路和边缘线路两条路径，如果受众具备加工信息的动机，比如广告信息与其有关系或对其重要，他们就有可能启动中枢线路对广告进行深度的、精细的加工。[1] 这显然与受众的媒体目标，即看节目是相悖的，因而，广告价值越大，受众对媒体目标的中断感知可能会越强烈。

回顾第三章，在最初构建广告价值和广告侵扰的假设关系时，我们仅仅考虑到了广告侵扰所包含的消极意味，并认为感知的广告价值会缓解这种消极意味，从而得出两者呈现反向关系的假设。然而，对于广告价值感知较大的受众，其对广告的加工动机可能比较强烈，这种精细加工使其对

---

[1] 参见黄合水编著《广告心理学》，厦门大学出版社2010年版，第169—171页。

广告卷入了更多的注意力资源，因而，其媒体目标的中断感知可能会大于消极感知的缓解，使得广告价值和广告侵扰呈现正向的关系。

基于上述讨论和AMOS的运算结果，本书推翻原假设H6：广告价值对广告侵扰具有负向影响，重新建立两者之间的关系，即广告价值对于广告侵扰具有正向影响，广告价值越大，受众的加工动机越强，越可能启动中枢路线深度加工，因此，其媒体目标的中断感知可能越强烈。

综上所述，本书将删除电视媒体可信性到广告价值和广告信息性到广告侵扰两条不显著的路径，保留广告价值到广告侵扰的路径，修改后的模型如图6-2所示。按此模型重新进行估计。在模型基本适配指标方面：没有负的误差方差，而且都在0.001水平下达到显著；同时，也没有很大的标准误（见表6-15），可见，模型基本适配良好。

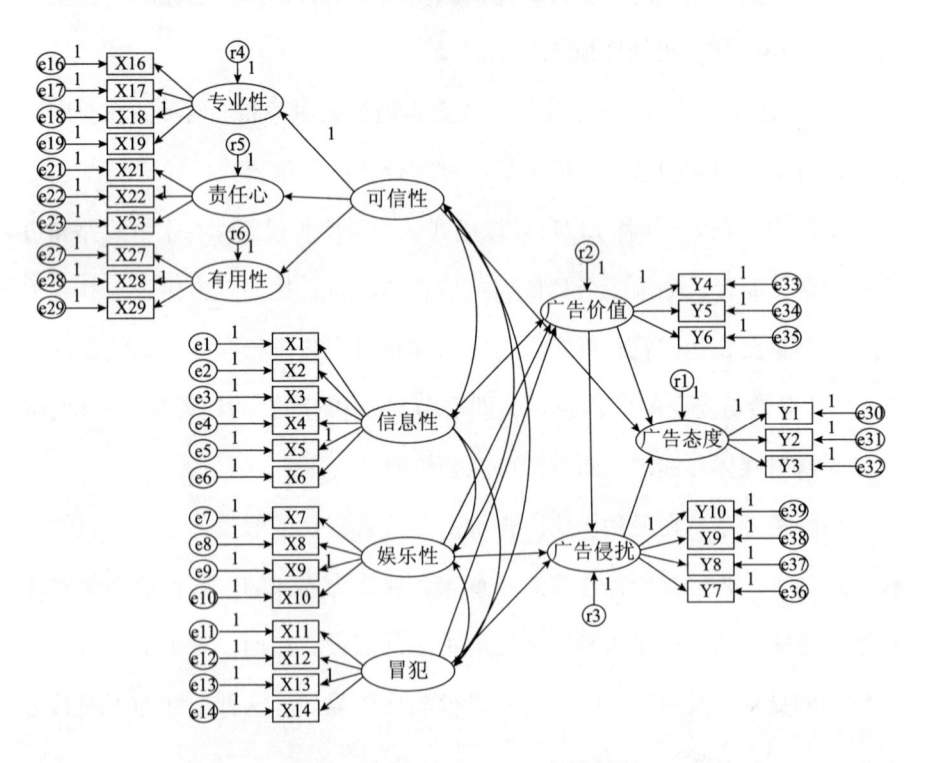

图6-2 电视组删除两条不显著的因果路径后的模型

表 6-15　　　　　　　　　电视组修改后模型的误差方差

误　差	Estimate	S. E.	C. R.	P
r2	0.309	0.043	7.222	***
r3	0.368	0.062	5.925	***
r1	0.504	0.071	7.111	***
r4	0.234	0.041	5.670	***
r5	0.143	0.038	3.773	***
r6	0.224	0.042	5.322	***
e19	0.685	0.053	13.032	***
e18	0.548	0.049	11.182	***
e17	0.711	0.058	12.333	***
e16	0.619	0.049	12.613	***
e23	0.788	0.061	12.828	***
e22	0.350	0.046	7.561	***
e21	0.585	0.045	13.053	***
e29	0.494	0.049	10.149	***
e28	0.858	0.070	12.342	***
e27	0.528	0.043	12.415	***
e30	0.951	0.079	12.110	***
e31	0.365	0.039	9.330	***
e32	0.572	0.051	11.288	***
e5	0.604	0.048	12.549	***
e4	0.605	0.049	12.447	***
e3	0.660	0.050	13.148	***

续 表

误 差	Estimate	S. E.	C. R.	P
e2	0.577	0.043	13.488	***
e1	0.709	0.052	13.684	***
e10	0.406	0.042	9.747	***
e9	0.389	0.042	9.224	***
e8	0.740	0.057	12.955	***
e7	0.847	0.061	13.999	***
e14	0.710	0.060	11.839	***
e13	0.553	0.055	10.137	***
e12	0.662	0.056	11.733	***
e11	0.983	0.071	13.756	***
e33	0.695	0.052	13.414	***
e34	0.336	0.045	7.508	***
e35	0.370	0.031	11.986	***
e38	1.168	0.089	13.130	***
e37	0.552	0.064	8.641	***
e36	0.822	0.063	13.146	***
e39	1.032	0.073	14.119	***
e6	0.585	0.043	13.509	***

注：*** 表示概率值小于0.001。

在整体模型适配度方面，模型绝对适配度指数卡方值达到显著。GFI和AGFI大于0.8，可以接受。RMSEA小于0.08适配合理。增值适配度指数：NFI、RFI、TLI、IFI和CFI中有三个未达到0.9以上，但是接近0.9，可以接受。有两个达到0.9，适配良好。简约适配度指数：PGFI达到0.5以上，模型简约程度较好。卡方自由度比小于3，表示模型有简约适配程度。根据以上各项整体模型适配度指标来看，对模型外在质量的评估可以接受（见表6-14），因此，我们认定此模型为电视组的最终模型。该模型中的因果路径全部达到显著。外因潜在变量之间的共变关系也全部达到显著（见表6-16和表6-17）。

表6-16　　　　　　电视组外因潜变量之间的协方差

外因潜变量			Estimate	S. E.	C. R.	P
information	<-->	credibility	0.231	0.034	6.865	***
entertainment	<-->	credibility	0.237	0.044	5.409	***
offend	<-->	credibility	-0.131	0.037	-3.545	***
information	<-->	entertaiment	0.302	0.042	7.133	***
entertainment	<-->	offend	-0.256	0.050	-5.115	***
information	<-->	offend	-0.080	0.032	-2.506	0.012

注：*** 表示概率值小于0.001。

表6-17　　　　　　电视组外因潜变量之间的相关系数

外因潜变量			Estimate
information	<-->	credibility	0.470
entertainment	<-->	credibility	0.315
offend	<-->	credibility	-0.208
information	<-->	entertaiment	0.439
entertainment	<-->	offend	-0.291
information	<-->	offend	-0.139

（二）网络视频组模型分析

网络视频组仍然使用极大似然法估计，其初始模型如图6-3所示，在模型基本适配指标方面：没有负的误差方差，而且都在0.001水平下达到显著；同时，也没有很大的标准误，可见，模型基本适配良好（见表6-18）。

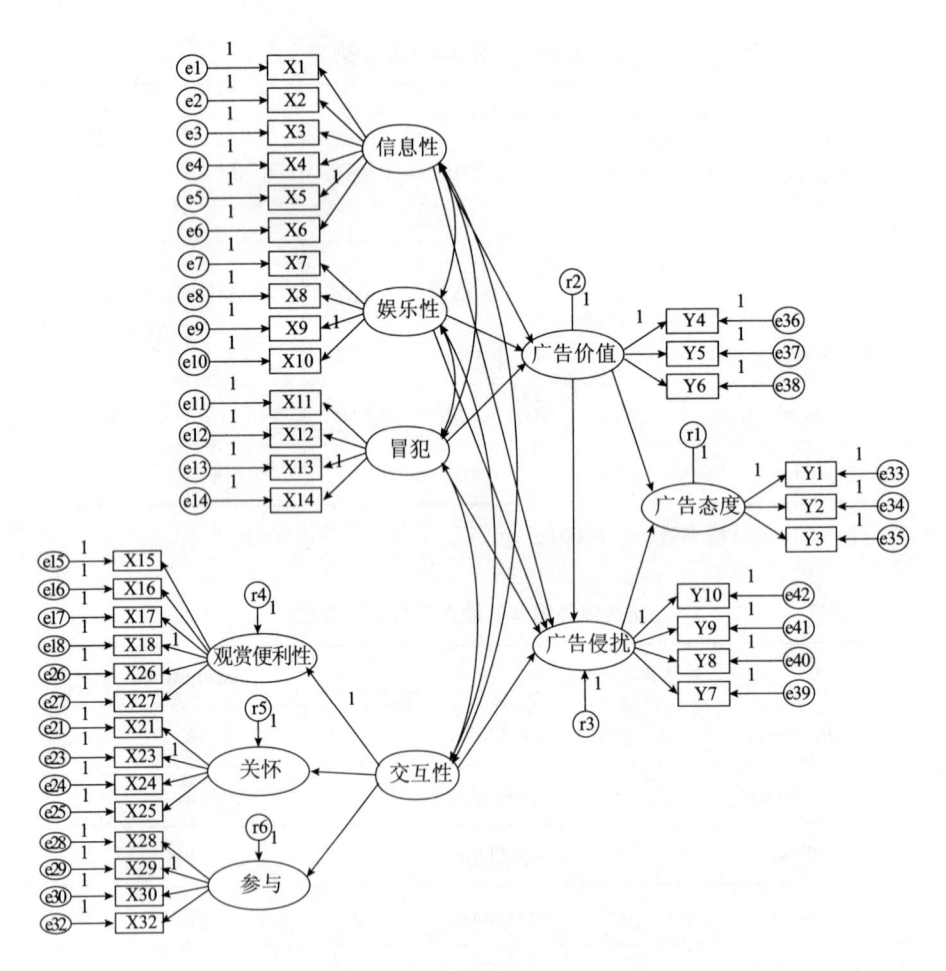

图6-3 网络视频广告态度及其影响因素初始结构方程模型

表 6-18　　网络视频组初始模型的误差方差

误　差	Estimate	S. E.	C. R.	P
r2	0.329	0.045	7.378	***
r3	0.282	0.049	5.805	***
r1	0.384	0.058	6.588	***
r4	0.139	0.036	3.906	***
r5	0.744	0.081	9.227	***
r6	0.323	0.050	6.419	***
e18	0.736	0.051	14.465	***
e17	0.304	0.027	11.414	***
e16	0.276	0.026	10.526	***
e15	0.468	0.035	13.279	***
e24	0.533	0.061	8.693	***
e23	0.836	0.067	12.506	***
e21	1.193	0.086	13.865	***
e30	0.392	0.034	11.532	***
e29	0.391	0.035	11.218	***
e28	0.401	0.035	11.352	***
e33	0.674	0.060	11.154	***
e34	0.485	0.045	10.700	***
e35	0.558	0.050	11.213	***
e6	0.777	0.056	13.903	***
e5	0.552	0.043	12.905	***
e4	0.608	0.046	13.086	***

续 表

误 差	Estimate	S. E.	C. R.	P
e3	0.572	0.045	12.731	***
e2	0.621	0.048	13.009	***
e1	0.787	0.057	13.820	***
e10	0.498	0.053	9.393	***
e9	0.441	0.050	8.765	***
e8	0.737	0.063	11.767	***
e7	0.954	0.071	13.467	***
e14	0.744	0.062	12.089	***
e13	0.483	0.056	8.566	***
e12	0.849	0.066	12.800	***
e11	1.117	0.077	14.544	***
e36	0.612	0.048	12.725	***
e37	0.442	0.046	9.525	***
e38	0.648	0.048	13.490	***
e41	0.896	0.070	12.870	***
e40	0.666	0.062	10.785	***
e39	0.868	0.064	13.485	***
e42	0.839	0.066	12.771	***
e26	0.673	0.047	14.188	***
e27	0.734	0.051	14.497	***
e25	0.677	0.059	11.523	***
e32	0.660	0.047	13.961	***

注：*** 表示概率值小于 0.001。

在整体模型适配度方面,模型绝对适配度指数:GFI 比较接近 0.9,可以接受。AGFI 小于 0.8,适配不好。RMSEA 小于 0.08 适配合理。增值适配度指数:NFI、RFI、TLI、IFI 和 CFI 都在 0.8 以上,可以接受。简约适配度指数:PGFI 达到 0.5 以上,模型简约程度较好。卡方自由度比小于 3,表示模型有简约适配程度。总体来说,模型拟合程度不是很理想(见表 6-19)。

因果路径方面,广告价值到广告侵扰 P 值为 0.100,不显著。广告信息到广告侵扰 P 值为 0.101,不显著。广告娱乐到广告侵扰 P 值为 0.098,不显著。删除这三条不显著的因果路径,其模型如图 6-4 所示,其拟合结果见表 6-19。

删除三条不显著路径后的模型拟合结果在卡方值、卡方自由度比、GFI、AGFI、NFI、RFI、IFI、TLI、CFI、RMSEA 上都略差于初始模型,因此,有必要对模型进行修正。

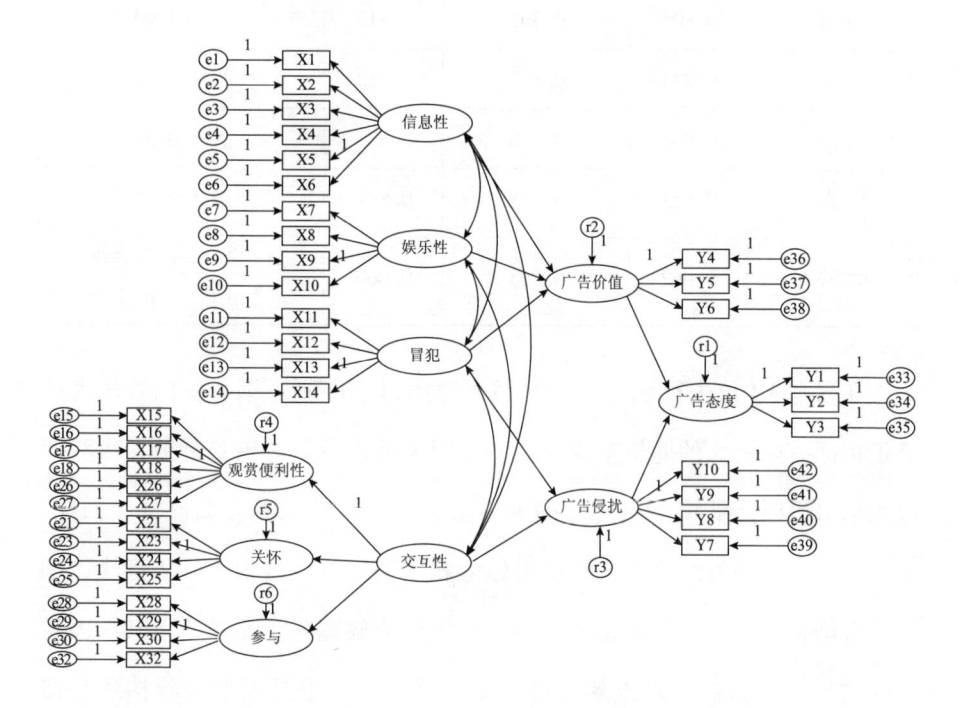

图 6-4　网络视频广告态度及其影响因素删除不显著的路径后的结构方程模型

表6-19　　　　　　　　网络视频组结构方程模型拟合结果

拟合指标	初始模型	删除三条不显著的路径后的模型	修正后的模型	适配标准或临界值
卡方值 CMIN	1877.457	1904.456	1807.731	
自由度 DF	646	649	648	
P	0.000	0.000	0.000	大于0.05
CMIN/DF 卡方自由度比	2.906	2.934	2.790	小于3
GFI	0.823	0.821	0.833	大于0.90
AGFI	0.797	0.796	0.809	大于0.90
PGFI	0.718	0.719	0.728	大于0.50
NFI	0.820	0.818	0.827	大于0.90
RFI	0.804	0.802	0.812	大于0.90
IFI	0.874	0.872	0.882	大于0.90
TLI	0.862	0.860	0.871	大于0.90
CFI	0.873	0.871	0.881	大于0.90
RMSEA	0.062	0.063	0.060	小于0.08（适配合理）小于0.05（适配良好）

在参考MI值进行修正时，本书将遵循以下原则：第一，倘若较大的修正指标搭配较大的期望参数改变值，则表示该参数应该被释放，因为释放的结果可以降低模型契合度的卡方值，并获得较大的参数改变。因此，在修正时，本书将综合参考修正指标值和期望参数改变值，从大到小，顺次进行修正。第二，在修正过程中，一次只能放宽一个参数，将其从固定参数改为自由参数后再重新估计模型。第三，无论是模型的建构还是修正，都必须有理论依据，以免陷入数据驱使的迷思。第四，如果模型已经

适配，不必为了追求更完美的适配度指标而继续修正模型，因为过多的增列参数会违反模型的简约原则，适时停止修正，获得一个既简约又适配的模型可能是更明智的选择。①

按照上述原则，本书增列了一个参数，它们是同一潜变量的测量误差之间的共变关系，是合乎情理的。同时，亦不违反模型的简约原则（如图6-5所示）。根据 MI 指修正后的模型在基本适配指标方面：没有负的误差方差，而且都在 0.001 水平下达到显著；同时，也没有很大的标准误，可见，模型基本适配良好（见表6-20）。

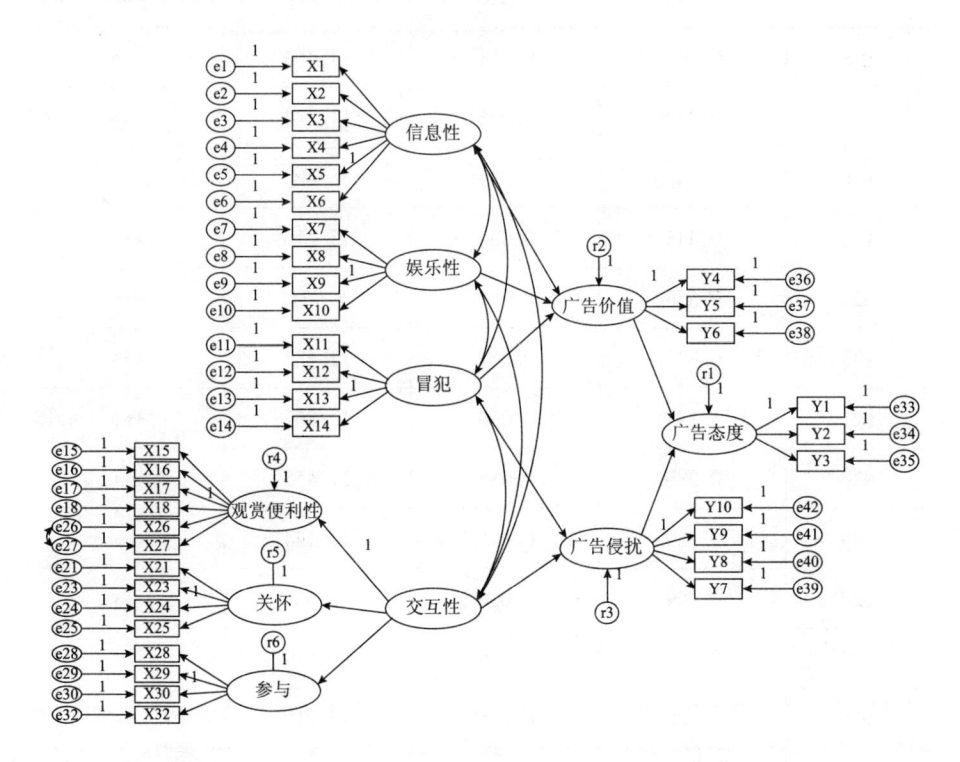

图6-5 网络视频广告态度及其影响因素修正后的结构方程模型

---

① 参见吴明隆《结构方程模型——AMOS 的操作与应用》，重庆大学出版社2010 年版，第31、32、158、159 页。

表 6-20　　　　　　　网络视频组修正后模型的误差方差

误　差	Estimate	S. E.	C. R.	P
r2	0.324	0.044	7.350	***
r3	0.303	0.052	5.809	***
r1	0.379	0.058	6.529	***
r4	0.160	0.039	4.049	***
r5	0.742	0.081	9.122	***
r6	0.333	0.056	5.988	***
e18	0.741	0.051	14.463	***
e17	0.290	0.026	11.224	***
e16	0.242	0.024	9.944	***
e15	0.448	0.034	13.216	***
e24	0.536	0.061	8.731	***
e23	0.834	0.067	12.482	***
e21	1.193	0.086	13.862	***
e30	0.389	0.034	11.455	***
e29	0.389	0.035	11.144	***
e28	0.404	0.036	11.363	***
e33	0.675	0.060	11.179	***
e34	0.485	0.045	10.710	***
e35	0.556	0.050	11.218	***
e6	0.779	0.056	13.909	***
e5	0.555	0.043	12.921	***
e4	0.608	0.047	13.081	***

续 表

误 差	Estimate	S. E.	C. R.	P
e3	0.571	0.045	12.710	***
e2	0.620	0.048	12.996	***
e1	0.785	0.057	13.803	***
e10	0.502	0.053	9.458	***
e9	0.438	0.051	8.664	***
e8	0.739	0.063	11.784	***
e7	0.950	0.071	13.420	***
e14	0.772	0.063	12.296	***
e13	0.525	0.056	9.343	***
e12	0.827	0.065	12.785	***
e11	1.108	0.076	14.526	***
e36	0.612	0.048	12.722	***
e37	0.444	0.047	9.556	***
e38	0.650	0.048	13.495	***
e41	0.897	0.070	12.796	***
e40	0.664	0.063	10.614	***
e39	0.848	0.064	13.335	***
e42	0.857	0.067	12.853	***
e26	0.728	0.050	14.585	***
e27	0.791	0.053	14.833	***
e25	0.676	0.059	11.497	***
e32	0.662	0.047	13.957	***

注：*** 表示概率值小于0.001。

从表6-19网络视频组修正后模型的拟合结果来看，模型绝对适配度指数：GFI和AGFI均没有达到0.9，但大于0.8，拟合程度可以接受。RMSEA小于0.08，适配合理。增值适配度指数：NFI、RFI、TLI、IFI和CFI都没有达到0.9，但是都超过了0.8，适配可以接受。简约适配度指数：PGFI和PNFI都达到0.5以上，模型简约程度较好。卡方自由度比小于3，表示模型有简约适配程度。总体来看，模型拟合程度可以接受，因此，该模型为网络视频组最终模型。其因果路径全部达到显著。外因潜变量之间的关系见表6-21和表6-22。除网络视频媒体交互性和网络视频广告冒犯之外，其他外因潜变量的共变关系都达到了显著。

表6-21　　　　网络视频组各个外因潜变量的协方差

外因潜变量			Estimate	S. E.	C. R.	P
information	<-->	entertainment	0.424	0.054	7.857	***
information	<-->	offend	-0.122	0.038	-3.161	0.002
information	<-->	interactivity	0.267	0.039	6.830	***
entertainment	<-->	offend	-0.316	0.053	-6.017	***
entertainment	<-->	interactivity	0.082	0.041	2.002	0.045
offend	<-->	interactivity	0.047	0.034	1.394	0.163
e26	<-->	e27	0.336	0.041	8.271	***

注：*** 表示概率值小于0.001。

表6-22　　　　网络视频组各个外因潜变量的相关系数

外因潜变量			Estimate
information	<-->	entertainment	0.493
information	<-->	offend	-0.180
information	<-->	interactivity	0.466
entertainment	<-->	offend	-0.360
entertainment	<-->	interactivity	0.111
offend	<-->	interactivity	0.081
e26	<-->	e27	0.443

(三) 两组模型之间的关系分析

在分别探索电视模型和网络视频模型之后，本书试图对两个模型之间的共变关系进行考察。具体而言，我们将利用结构方程模型来探索电视组和网络视频组在广告态度、广告价值、广告侵扰、广告信息性、广告娱乐性以及广告冒犯方面的关系；同时，我们还将探索电视媒体可信性和网络视频媒体交互性之间是否存在共变关系。

1. 电视广告态度和网络视频广告态度之间的关系分析

电视广告态度和网络视频广告态度共变关系的初始模型如图 6-6 所示，拟合结果见表 6-23。

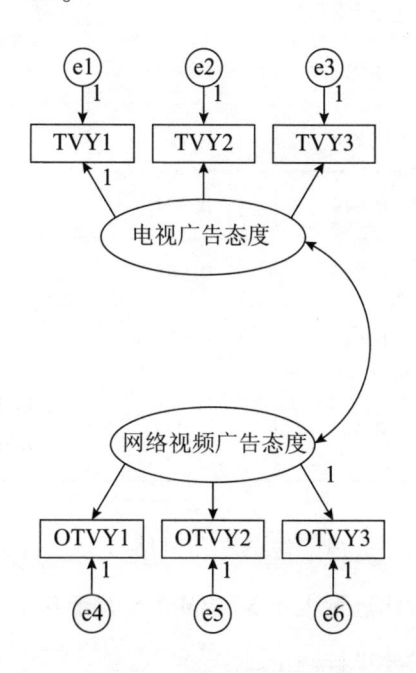

图 6-6 电视广告态度和网络视频广告态度共变关系初始结构模型

表6-23 电视广告态度和网络视频广告态度共变关系模型拟合结果

拟合指标	初始模型	修正后的模型	适配标准或临界值
卡方值 CMIN	106.851	13.102	
自由度 DF	8	6	
P	0.000	0.041	大于0.05
CMIN/DF 卡方自由度比	13.356	2.184	小于3
GFI	0.936	0.991	大于0.90
AGFI	0.831	0.969	大于0.90
PGFI	0.356	0.283	大于0.50
NFI	0.913	0.989	大于0.90
RFI	0.838	0.973	大于0.90
IFI	0.919	0.994	大于0.90
TLI	0.848	0.985	大于0.90
CFI	0.919	0.994	大于0.90
RMSEA	0.158	0.049	小于0.08（适配合理） 小于0.05（适配良好）

由表6-23可知，电视广告态度和网络视频广告态度共变关系初始结构模型的卡方自由度比远远大于3，RMSEA大于0.1，这说明初始模型的拟合程度很差，有必要进行修正。

根据MI值修正后，其结果如图6-7所示，在模型基本适配指标方面：没有负的误差方差，而且都在0.001水平下达到显著；同时，也没有很大的标准误，可见，模型基本适配良好（见表6-24）。

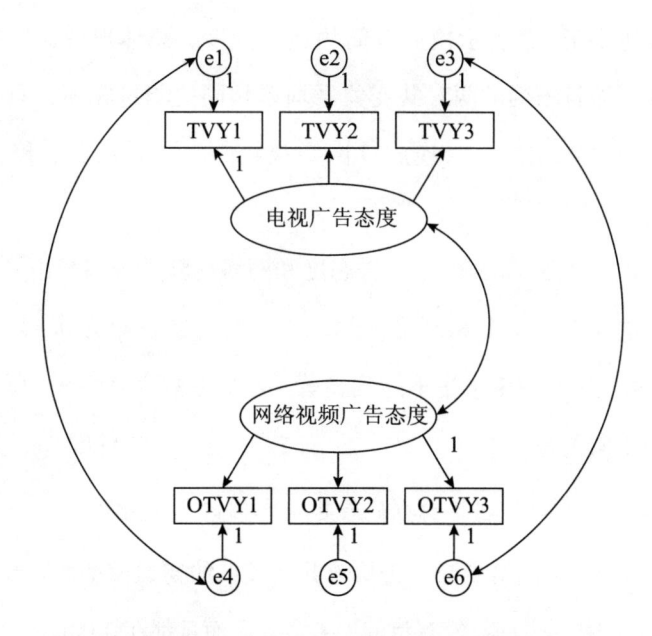

图 6-7　电视广告态度和网络视频广告态度共变关系修正后结构模型

表 6-24　　　　　　两组广告态度共变关系模型的误差方差

误　差	Estimate	S. E.	C. R.	P
e1	0.955	0.081	11.720	***
e2	0.294	0.043	6.896	***
e3	0.642	0.054	11.919	***
e6	0.660	0.054	12.231	***
e5	0.373	0.050	7.457	***
e4	0.690	0.066	10.437	***

注：*** 表示概率值小于 0.001。

根据表 6-23 可知，模型修正后，在整体模型适配度方面，模型绝对适配度指数：GFI 和 AGFI 都大于 0.9，适配良好。RMSEA 小于 0.05，适配良好。增值适配度指数：NFI、RFI、TLI、IFI 和 CFI 都在 0.9 以上，适配良好。简约适配度指数：PGFI 未达 0.5 以上，模型简约程度不够好，但卡方自由度比小于3，表示模型有简约适配程度。总体来说，模型拟合程度可以接受，而且增列的两对共变关系均系相同的测量题项，只是媒体做了变换（如将"电视广告"换成"网络视频广告"），因此，修正行为具有合理性。

综上所述，图6-7为电视广告态度和网络视频广告态度相关性分析的最终模型。电视广告态度和网络视频广告的协方差系数为0.439，标准误为0.058，而且在0.001水平下达到显著。相关系数为0.519。可见，两者呈现显著的正向关系。

2. 电视广告价值和网络视频广告价值之间的关系分析

电视广告价值和网络视频广告价值共变关系的初始模型如图6-8所示，在模型基本适配指标方面：没有负的误差方差，而且都在0.001水平下达到显著；同时，也没有很大的标准误，可见，模型基本适配良好（见表6-25）。

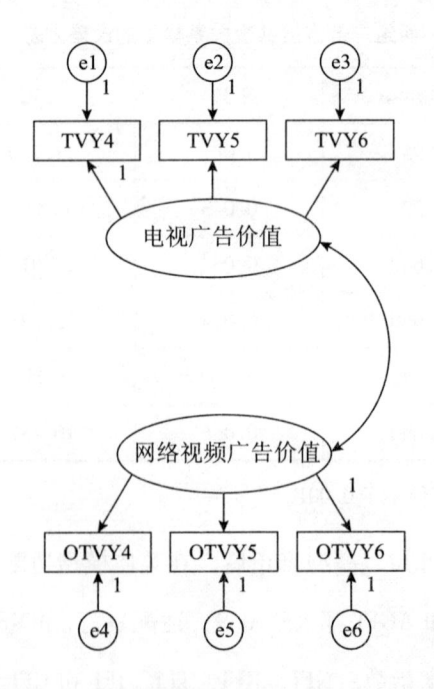

图6-8 电视广告价值和网络视频广告价值共变关系初始结构模型

表 6-25　两组广告价值共变关系模型的误差方差

误差	Estimate	S. E.	C. R.	P
e1	0.704	0.054	13.074	***
e2	0.346	0.055	6.275	***
e3	0.347	0.034	10.223	***
e6	0.635	0.050	12.805	***
e5	0.383	0.061	6.312	***
e4	0.616	0.054	11.300	***

注：*** 表示概率值小于 0.001。

表 6-26　电视广告价值和网络视频广告价值共变关系模型拟合结果

拟合指标	初始模型	适配标准或临界值
卡方值 CMIN	32.919	
自由度 DF	8	
P	0.000	大于 0.05
CMIN/DF 卡方自由度比	4.115	小于 3
GFI	0.980	大于 0.90
AGFI	0.947	大于 0.90
PGFI	0.373	大于 0.50
PNFI	0.571	大于 0.50
NFI	0.968	大于 0.90
RFI	0.941	大于 0.90
IFI	0.976	大于 0.90
TLI	0.955	大于 0.90
CFI	0.976	大于 0.90
RMSEA	0.079	小于 0.08（适配合理） 小于 0.05（适配良好）

由表6-26可知，电视广告价值和网络视频广告价值共变关系初始结构模型在整体模型适配度方面，模型绝对适配度指数：GFI和AGFI都大于0.9，适配良好。RMSEA小于0.08，适配合理。增值适配度指数：NFI、RFI、TLI、IFI和CFI都在0.9以上，适配良好。简约适配度指数：PGFI未达0.5以上，但PNFI超过0.5，达到0.571。卡方自由度比大于3，但小于5，如果在较宽松的要求下，此值可以接受。总体来说，模型拟合程度可以接受。

综上所述，图6-8即为电视广告价值和网络视频广告价值共变关系的最终模型。电视广告价值和网络视频广告价值的协方差系数为0.254，标准误为0.036，而且在0.001水平下达到显著，相关系数为0.507，可见，两者呈现显著的正向关系。

3. 电视广告侵扰和网络视频广告侵扰之间的关系分析

电视广告侵扰和网络视频广告侵扰共变关系的初始模型如图6-9所示，模型拟合结果见表6-27，电视广告侵扰和网络视频广告侵扰共变关系的初始模型的卡方自由度比远远大于3，RMSEA大于0.1，这说明初始模型的拟合程度很差，有必要进行修正。

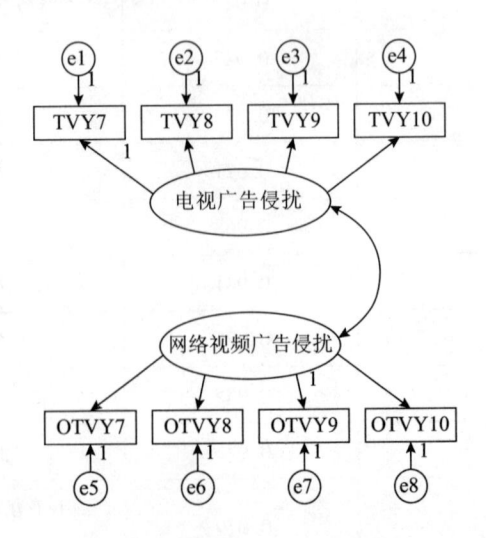

图6-9　电视广告侵扰和网络视频广告侵扰共变关系初始结构模型

表6-27 电视广告侵扰和网络视频广告侵扰共变关系模型拟合结果

拟合指标	初始模型	修正后模型	适配标准或临界值
卡方值 CMIN	165.302	67.271	
自由度 DF	19	17	
P	0.000	0.000	大于0.05
CMIN/DF 卡方自由度比	8.700	3.957	小于3
GFI	0.929	0.968	大于0.90
AGFI	0.865	0.933	大于0.90
PGFI	0.490	0.457	大于0.50
PNFI	0.592	0.575	大于0.50
NFI	0.872	0.948	大于0.90
RFI	0.811	0.914	大于0.90
IFI	0.885	0.960	大于0.90
TLI	0.829	0.934	大于0.90
CFI	0.884	0.960	大于0.90
RMSEA	0.125	0.077	小于0.08（适配合理） 小于0.05（适配良好）

根据 MI 值修正后，其结果如图 6-10 所示，在模型基本适配指标方面：没有负的误差方差，而且都在 0.001 水平下达到显著；同时，也没有很大的标准误，可见，模型基本适配良好（见表 6-28）。

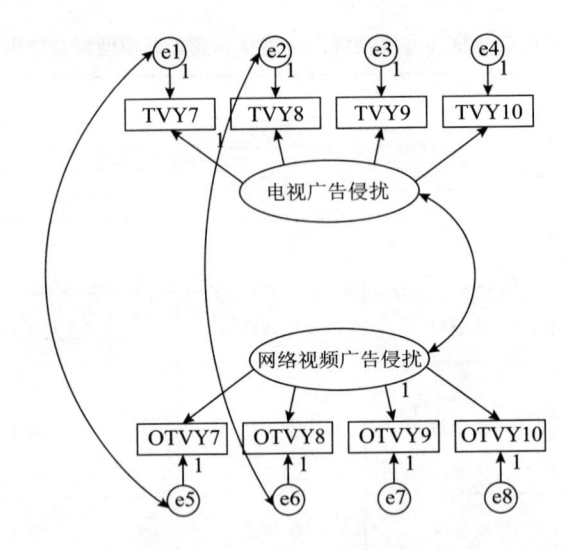

图 6-10　电视广告侵扰和网络视频广告侵扰共变关系修正后模型

表 6-28　电视广告侵扰和网络视频广告侵扰共变关系模型的误差方差

误　差	Estimate	S. E.	C. R.	P
e1	0.834	0.064	13.010	***
e2	0.663	0.068	9.724	***
e3	1.062	0.089	11.956	***
e7	0.806	0.071	11.430	***
e6	0.691	0.066	10.503	***
e5	0.861	0.065	13.186	***
e4	0.968	0.072	13.461	***
e8	0.877	0.069	12.623	***

注：*** 表示概率值小于 0.001。

由表 6-27 可知，在整体模型适配度方面，模型绝对适配度指数：GFI 和 AGFI 都大于 0.9，适配良好。RMSEA 小于 0.08，适配合理。增值适配度指数：NFI、RFI、TLI、IFI 和 CFI 都在 0.9 以上，适配良好。简约适配度指数：PGFI 未达 0.5 以上，但 PNFI 超过 0.5，达到 0.575。卡方自由度比大于3，但小于5，如果在较宽松的要求下，此值可以接受。① 总体来说，模型拟合程度可以接受，而且增列的两对共变关系均系相同的测量题项，只是媒体做了变换（如将"电视广告"换成"网络视频广告"），因此，修正行为具有合理性。

总之，图6-10为电视广告侵扰和网络视频广告侵扰共变关系的最终模型。电视广告侵扰和网络视频广告侵扰的协方差系数为0.419，标准误为0.054，而且在0.001水平下达到显著，相关系数为0.650，可见，两者呈现显著的正向关系。

4. 电视广告信息性和网络视频广告信息性之间的关系分析

电视广告信息性和网络视频广告信息性共变关系的初始模型如图6-11所示，模型拟合结果见表6-29。卡方自由度比为4.750，大于3，RMSEA为0.087，大于0.08，可见模型适配较差，有必要进行修正。

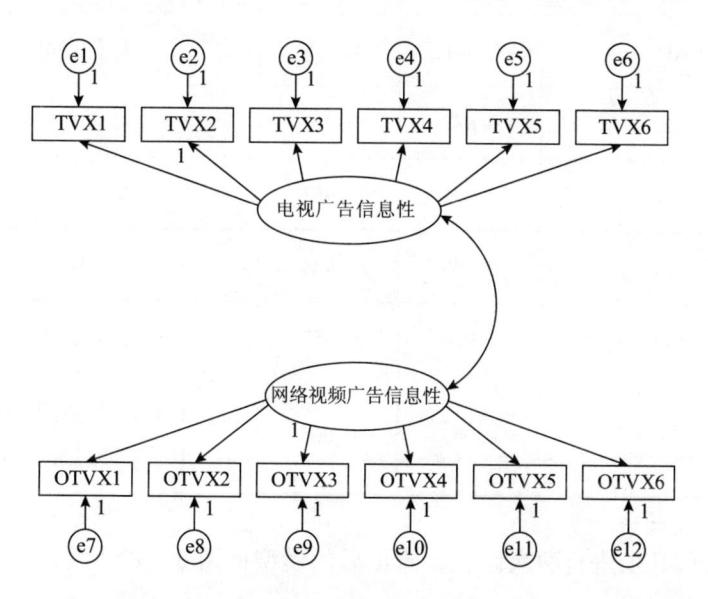

图6-11 电视广告价值和网络视频广告价值共变关系初始结构模型

---

① 参见吴明隆《结构方程模型——AMOS的操作与应用》，重庆大学出版社2010年版，第43页。

表6-29 电视广告信息性和网络视频广告信息性共变关系模型拟合结果

拟合指标	初始模型	修正后模型	适配标准或临界值
卡方值 CMIN	251.725	158.580	
自由度 DF	53	51	
P	0.000	0.000	大于0.05
CMIN/DF 卡方自由度比	4.750	3.109	小于3
GFI	0.921	0.950	大于0.90
AGFI	0.883	0.923	大于0.90
PGFI	0.625	0.621	大于0.50
PNFI	0.724	0.725	大于0.50
NFI	0.901	0.938	大于0.90
RFI	0.877	0.920	大于0.90
IFI	0.921	0.957	大于0.90
TLI	0.900	0.944	大于0.90
CFI	0.920	0.957	大于0.90
RMSEA	0.087	0.065	小于0.08（适配合理） 小于0.05（适配良好）

根据MI值进行两次修正，修正后的模型如图6-12所示。新增列的两个参数是同一潜变量的测量误差，因此具有合理性。在模型基本适配指标方面：没有负的误差方差，而且都在0.001水平下达到显著；同时，也没有很大的标准误，可见，模型基本适配良好（见表6-30）。

第六章 正式调研与假设检验

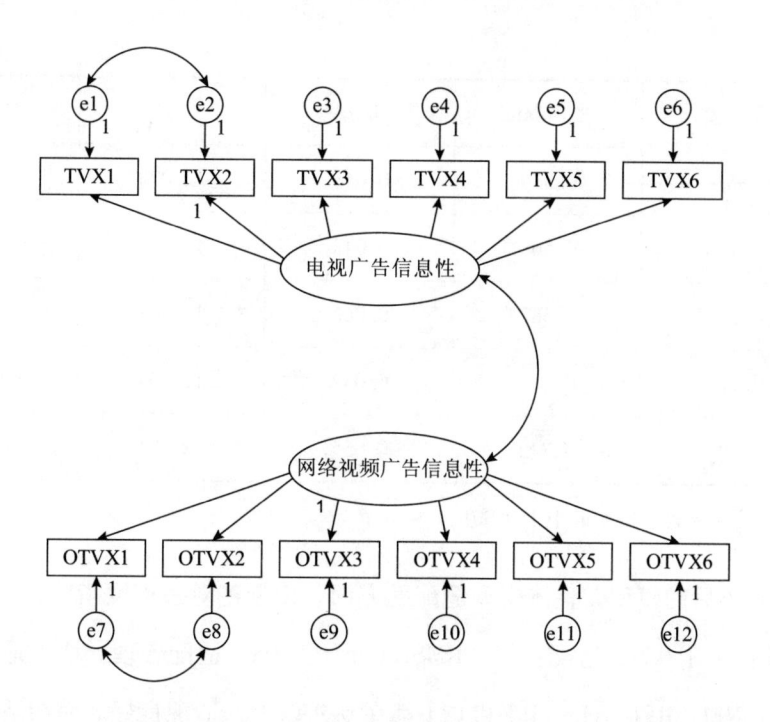

图6-12 电视广告信息性和网络视频广告信息性共变关系修正后模型

表6-30 电视广告信息性和网络视频广告信息性共变关系模型的误差方差

误差	Estimate	S. E.	C. R.	P
e1	0.798	0.056	14.189	***
e2	0.652	0.046	14.065	***
e3	0.656	0.051	12.968	***
e9	0.528	0.044	11.880	***
e8	0.718	0.054	13.387	***
e7	0.908	0.064	14.149	***
e4	0.543	0.047	11.509	***

续 表

误 差	Estimate	S. E.	C. R.	P
e5	0.576	0.048	12.090	***
e6	0.566	0.043	13.223	***
e10	0.567	0.046	12.403	***
e11	0.540	0.044	12.404	***
e12	0.742	0.055	13.494	***

注：*** 表示概率值小于 0.001。

修正后的模型在整体模型适配度方面，模型绝对适配度指数：GFI 和 AGFI 都大于 0.9，适配良好。RMSEA 小于 0.08，适配合理。增值适配度指数：NFI、RFI、TLI、IFI 和 CFI 都在 0.9 以上，适配良好。简约适配度指数：PGFI 和 PNFI 都超过了 0.5，卡方自由度比略大于 3，但小于 5，如果在较宽松的要求下，此值可以接受。[1] 总体来说，模型拟合程度可以接受（见表 6-29）。

综上所述，图 6-12 为电视广告信息性和网络视频广告信息性共变关系的最终模型。两者的协方差系数为 0.280，标准误为 0.039，而且在 0.001 水平下达到显著，相关系数为 0.488，可见两者呈现显著的正向关系。

5. 电视广告娱乐性和网络视频广告娱乐性之间的关系分析

电视广告娱乐性和网络视频广告娱乐性共变关系的初始模型如图 6-13 所示，模型拟合结果见表 6-31。卡方自由度比为 18.194，远远大于 5，RMSEA 为 0.187，远远大于 0.08，可见，模型适配很差，必须进行修正。

---

[1] 参见吴明隆《结构方程模型——AMOS 的操作与应用》，重庆大学出版社 2010 年版，第 43 页。

第六章 正式调研与假设检验

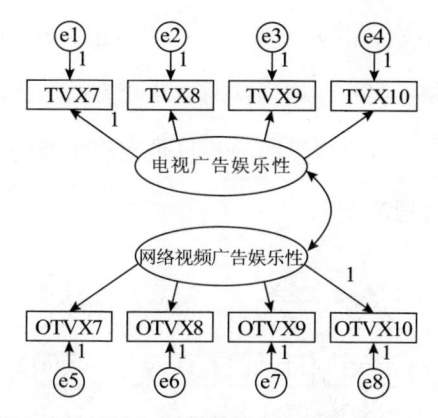

图 6-13 电视广告娱乐性和网络视频广告娱乐性共变关系的初始模型

表 6-31 电视广告娱乐性和网络视频广告娱乐性共变关系模型拟合结果

拟合指标	初始模型	修正后模型	适配标准或临界值
卡方值 CMIN	345.681	44.422	
自由度 DF	19	14	
P	0.000	0.000	大于 0.05
CMIN/DF 卡方自由度比	18.194	3.173	小于 3
GFI	0.853	0.979	大于 0.90
AGFI	0.722	0.945	大于 0.90
PGFI	0.450	0.381	大于 0.50
PNFI	0.570	0.490	大于 0.50
NFI	0.840	0.979	大于 0.90
RFI	0.764	0.959	大于 0.90
IFI	0.847	0.986	大于 0.90
TLI	0.774	0.971	大于 0.90
CFI	0.847	0.986	大于 0.90
RMSEA	0.187	0.066	小于 0.08（适配合理） 小于 0.05（适配良好）

根据 MI 值修正五次，其模型如图 6-14 所示。e1 与 e2，e5 与 e6 都是测量同一潜变量的测量误差，增列这两个共变关系是合理的。e1 与 e5，e2 与 e6，e4 与 e8 都是相同的测量题项，只是变换了媒体而已，因此增列这三个共变关系也是合理的。

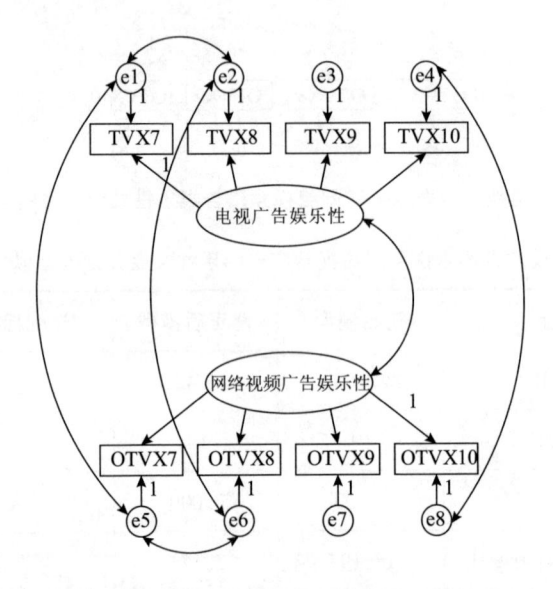

图 6-14　电视广告娱乐性和网络视频广告娱乐性共变关系修正后模型

修正后的模型在模型基本适配指标方面：没有负的误差方差，而且都在 0.001 水平下达到显著，同时也没有很大的标准误，可见，模型基本适配良好（见表 6-32）。

表 6-32　电视广告娱乐性和网络视频广告娱乐性共变关系模型的误差方差

误　差	Estimate	S. E.	C. R.	P
e1	0.932	0.062	14.992	***
e2	0.860	0.059	14.620	***
e3	0.308	0.045	6.815	***
e4	0.374	0.045	8.340	***

续 表

误 差	Estimate	S. E.	C. R.	P
e8	0.421	0.050	8.503	***
e7	0.330	0.047	6.967	***
e6	0.870	0.061	14.372	***
e5	1.101	0.073	15.139	***

注：*** 表示概率值小于 0.001。

修正后的模型在整体模型适配度方面，模型绝对适配度指数：GFI 和 AGFI 都大于 0.9，适配良好。RMSEA 小于 0.08，适配合理。增值适配度指数：NFI、RFI、TLI、IFI 和 CFI 都在 0.9 以上，适配良好。简约适配度指数：PGFI 和 PNFI 都小于 0.5，简约适配度不理想。卡方自由度比略大于 3，但小于 5，如果在较宽松的要求下，此值可以接受。① 总体来说，模型拟合程度可以接受（见表 6-31）。

综上所述，图 6-14 为电视广告娱乐性和网络视频广告娱乐性共变关系最终模型，两者的协方差为 0.419，标准误为 0.051，而且在 0.001 水平下达到显著。相关系数为 0.629。

6. 电视广告冒犯和网络视频广告冒犯之间的关系分析

电视广告冒犯和网络视频广告冒犯共变关系的初始模型如图 6-15 所示，模型的卡方自由度比为 19.498，远远大于 5，RMSEA 为 0.193，远远大于 0.08，可见模型适配很差，必须进行修正。根据 MI 值修正数次，模型拟合结果仍然不理想，也就是说，对于本研究的样本数据，电视广告冒犯和网络视频广告冒犯之间的共变关系无法得到验证。

---

① 参见吴明隆《结构方程模型——AMOS 的操作与应用》，重庆大学出版社 2010 年版，第 43 页。

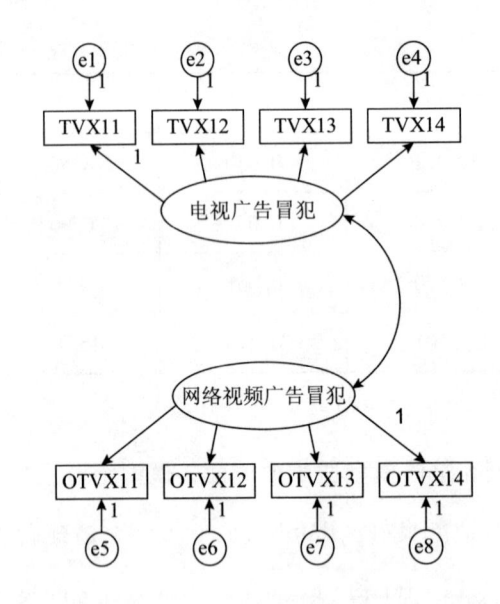

图 6-15 电视广告娱乐性和网络视频广告娱乐性共变关系初始模型

7. 电视媒体可信性和网络视频媒体交互性之间的关系分析

电视可信性和网络视频交互性共变关系的初始模型如图 6-16 所示，在模型基本适配指标方面：没有负的误差方差，而且都在 0.001 水平下达到显著，同时也没有很大的标准误，可见模型基本适配良好（见表 6-33）。

在整体模型适配度方面，模型绝对适配度指数：GFI 和 AGFI 都接近 0.9，适配可以接受。RMSEA 小于 0.08，适配合理。增值适配度指数：NFI、RFI、TLI、IFI 和 CFI 中有两项超过 0.9，三项接近 0.9，适配可以接受。简约适配度指数：PGFI 和 PNFI 都大于 0.5，简约适配度理想。卡方自由度比略大于 3，但小于 5，如果在较宽松的要求下，此值可以接受。[①] 总体来说，模型拟合程度可以接受（见表 6-34）。

---

① 参见吴明隆《结构方程模型——AMOS 的操作与应用》，重庆大学出版社 2010 年版，第 43 页。

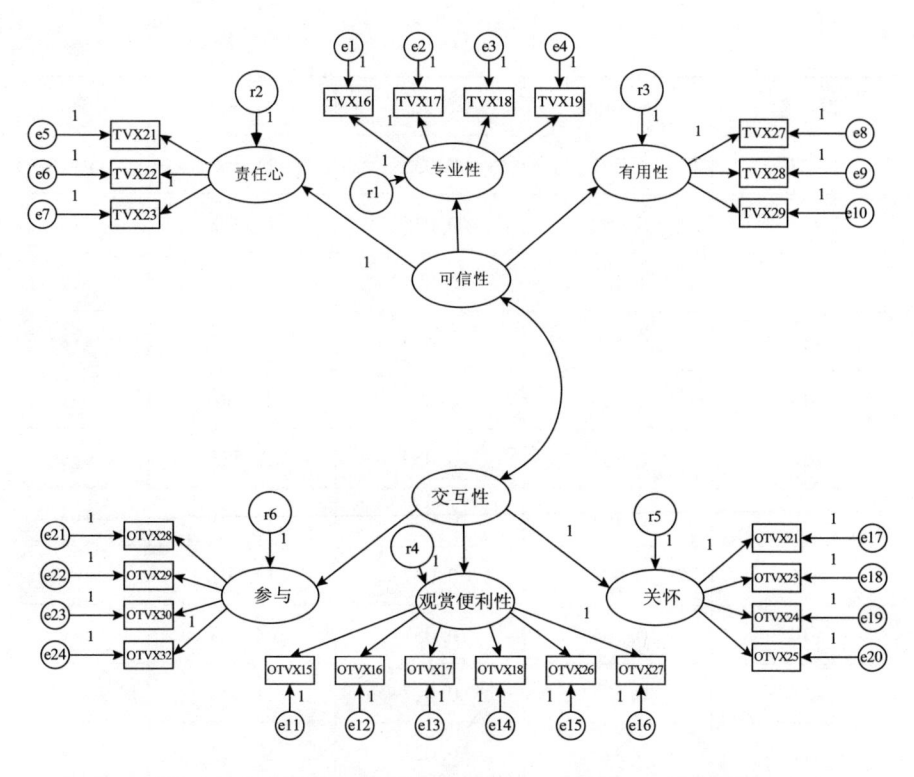

图 6-16　电视可信性和网络视频交互性共变关系初始模型

表 6-33　电视可信性和网络视频交互性共变关系模型的误差方差

误　差	Estimate	S. E.	C. R.	P
r2	0.160	0.038	4.189	***
r1	0.247	0.043	5.735	***
r3	0.127	0.026	4.860	***
r6	0.246	0.040	6.130	***
r4	0.105	0.026	4.055	***
r5	0.366	0.061	6.039	***
e24	0.661	0.047	13.999	***
e23	0.390	0.034	11.535	***

续表

误　差	Estimate	S. E.	C. R.	P
e22	0.391	0.035	11.158	***
e21	0.402	0.035	11.412	***
e17	1.185	0.084	14.168	***
e18	0.829	0.065	12.814	***
e19	0.538	0.059	9.136	***
e20	0.684	0.059	11.538	***
e16	0.743	0.050	14.861	***
e15	0.679	0.047	14.601	***
e14	0.734	0.051	14.465	***
e13	0.305	0.027	11.473	***
e12	0.275	0.025	10.934	***
e11	0.457	0.034	13.376	***
e1	0.618	0.049	12.611	***
e2	0.725	0.058	12.514	***
e3	0.543	0.049	11.181	***
e4	0.677	0.052	12.999	***
e7	0.788	0.060	13.224	***
e6	0.332	0.044	7.562	***
e5	0.599	0.045	13.181	***
e8	0.542	0.042	12.785	***
e9	0.866	0.069	12.535	***
e10	0.472	0.048	9.849	***

注：*** 表示概率值小于 0.001。

表6-34 电视可信性和网络视频交互性共变关系模型拟合结果

拟合指标	初始模型	适配标准或临界值
卡方值 CMIN	862.769	
自由度 DF	245	
P	0.000	大于0.05
CMIN/DF 卡方自由度比	3.522	小于3
GFI	0.865	大于0.90
AGFI	0.835	大于0.90
PGFI	0.707	大于0.50
PNFI	0.773	大于0.50
NFI	0.871	大于0.90
RFI	0.854	大于0.90
IFI	0.904	大于0.90
TLI	0.891	大于0.90
CFI	0.903	大于0.90
RMSEA	0.071	小于0.08（适配合理） 小于0.05（适配良好）

综上所述，图6-16为电视可信性和网络视频交互性共变关系最终模型，两者协方差为0.195，标准误0.031，并在0.001水平下达到显著。两者相关系数为0.564。

第三节 假设检验与研究结果

一 假设检验

根据本章的计算结果，对第四章提出的假设进行检验，其检验结果和效应分析见表6-35、表6-36、表6-37和表6-38。

表6-35　　　　　　　　电视组假设检验结果

路径关系	标准化系数	S.E.	C.R.	P	检验结果
H1:广告价值—广告态度	0.569	0.088	8.872	***	支持
H2:广告侵扰—广告态度	-0.159	0.058	-3.204	0.001	支持
H3:信息性—广告价值	0.322	0.063	5.561	***	支持
H4:娱乐性—广告价值	0.291	0.040	5.174	***	支持
H5:冒犯—广告价值	-0.272	0.045	-5.165	***	支持
H6:广告价值—广告侵扰	0.210	0.075	3.268	0.001	不支持
H7:信息性—广告侵扰	—	—	—	—	不支持
H8:娱乐性—广告侵扰	-0.316	0.050	-5.232	***	支持
H9:冒犯—广告侵扰	0.640	0.074	8.609	***	支持
H10:可信性—广告价值	—	—	—	—	不支持
H11:可信性—广告态度	0.188	0.070	3.655	***	支持

注：*** 表示概率值小于0.001。

表 6-36　　　　电视组标准化直接效应、间接效应和总效应

因变量	效　应	信息	娱乐	冒犯	可信性	广告价值	广告侵扰
广告价值	标准化直接效应	0.322	0.291	-0.272	0.000	0.000	0.000
	标准化间接效应	0.000	0.000	0.000	0.000	0.000	0.000
	标准化总效应	0.322	0.291	-0.272	0.000	0.000	0.000
广告侵扰	标准化直接效应	0.000	-0.316	0.640	0.000	0.210	0.000
	标准化间接效应	0.068	0.061	-0.057	0.000	0.000	0.000
	标准化总效应	0.068	-0.255	0.583	0.000	0.210	0.000
广告态度	标准化直接效应	0.000	0.000	0.000	0.188	0.569	-0.159
	标准化间接效应	0.172	0.206	-0.247	0.000	-0.033	0.000
	标准化总效应	0.172	0.206	-0.247	0.188	0.536	-0.159

表 6-37　　　　网络视频组假设检验结果

路　径　关　系	标准化系数	S.E.	C.R.	P	检验结果
H1:广告价值—广告态度	0.774	0.085	12.121	***	支　持
H2:广告侵扰—广告态度	-0.107	0.054	-2.355	0.019	支　持
H3:信息性—广告价值	0.461	0.059	7.440	***	支　持
H4:娱乐性—广告价值	0.218	0.042	3.798	***	支　持
H5:冒犯—广告价值	-0.190	0.049	-3.636	***	支　持
H6:广告价值—广告侵扰	—	—	—	—	不支持

续 表

路径关系	标准化系数	S.E.	C.R.	P	检验结果
H7:信息性—广告侵扰	—	—	—	—	不支持
H8:娱乐性—广告侵扰	—	—	—	—	不支持
H9:冒犯—广告侵扰	0.689	0.071	10.124	***	支持
H10:交互性—广告侵扰	0.298	0.064	5.721	***	支持

注：***表示概率值小于0.001。

表6-38　网络视频组标准化直接效应、间接效应和总效应

因变量	效应	信息	娱乐	冒犯	交互性	广告价值	广告侵扰
广告价值	标准化直接效应	0.461	0.218	-0.190	0.000	0.000	0.000
	标准化间接效应	0.000	0.000	0.000	0.000	0.000	0.000
	标准化总效应	0.461	0.218	-0.190	0.000	0.000	0.000
广告侵扰	标准化直接效应	0.000	0.000	0.689	0.298	0.000	0.000
	标准化间接效应	0.000	0.000	0.000	0.000	0.000	0.000
	标准化总效应	0.000	0.000	0.689	0.298	0.000	0.000
广告态度	标准化直接效应	0.000	0.000	0.000	0.000	0.774	-0.107
	标准化间接效应	0.357	0.169	-0.221	-0.032	0.000	0.000
	标准化总效应	0.357	0.169	-0.221	-0.032	0.774	-0.107

二　研究结果

至此，正式调研、数据统计分析以及假设检验工作已经全部完成，现将研究结果总结如下：

第一，两组共同得到验证的假设有：广告价值—广告态度（电视组总效应0.536，网络视频组总效应0.774）、广告侵扰—广告态度（电视组总效应-0.159，网络视频组总效应-0.107）、信息性—广告价值（电视组总效应0.322，网络视频组总效应0.461）、娱乐性—广告价值（电视组总效应0.291，网络视频组总效应0.218）、冒犯—广告价值（电视组总效应-0.272，网络视频组总效应-0.190）、冒犯—广告侵扰（电视组总效应0.583，网络视频组总效应0.689）。

第二，电视组单独验证的假设：可信性—广告态度（总效应0.188）、娱乐性—广告侵扰（-0.255）。网络视频组单独验证的假设：交互性—广告侵扰（0.298）。

第三，两组共同推翻的假设有：广告价值—广告侵扰、信息性—广告侵扰。其中，电视组的广告价值对广告侵扰具有正向关系，其总效应为0.210。

第四，电视组被单独推翻的假设为：可信性—广告态度，网络视频组被单独推翻的假设为：娱乐性—广告侵扰。

第五，两组的广告态度、广告价值、广告侵扰、广告信息性、广告娱乐性都在0.001水平下呈现显著的正向关系。同时，电视媒体可信性和网络视频媒体交互性也在0.001水平下呈现显著的正向关系。

第四节　本章小结

在第五章预调研的基础上，本章运用结构方程模型，使用 AMOS 17.0 软件对 495 份样本数据进行了统计分析，其大致步骤如下：

第一，本章对测量模型进行了信度和效度的检验，结果表明，每一个潜变量的测量量表都是可信的，它测到了试图测量的特征。同时，量表也是可靠的，它测到的结果相对稳定。之所以将测量模型的检验置于结构模型检验之前，是因为只有测量模型是可靠的、有效的，对潜变量之间的因果关系的验证才有意义。

第二，本章根据 AMOS 的数据结果，在 0.05 显著性水平下，删除了不显著的路径。电视组被删除的因果路径是广告信息性到广告侵扰，电视媒体可信性到广告价值。网络视频组被删除的因果路径是广告信息性到广告侵扰，广告娱乐性到广告侵扰以及广告价值到广告侵扰。

第三，根据 AMOS 提供的修正指数对网络视频组进行修正，以便降低模型的卡方值，提高模型的适配度。在修正的过程中，以下两点是十分重要的：其一，修正要适度，如果模型已经适配，为了追求更高的适配度继续修正可能不合适，因为较高的模型适配度也只能适用于特定样本，如果换成总体中的其他样本，其适配度可能就不一定高了。其二，修正模型和构建模型一样，一定要有理论依据，完全的数据导向是不可取的。

第四，对两组的广告态度、广告价值、广告侵扰、信息性、娱乐性和冒犯之间的关系一一进行了考察。研究发现，两组的广告态度、广告价值、广告侵扰、信息性和娱乐性都呈现显著的正向关系。但是，两组之间冒犯感知的共变关系并未得到验证。

第五，对所有的数据分析结果进行总结，从而清晰地展示出各个潜变量之间的路径系数和影响关系。

第七章 结论与展望

第一节 对广告态度及其影响因素研究结果的讨论

对于电视广告和网络视频广告这两种异同并存的事物，受众的评价既有相同之处也有不同之处。总体来看，受众对于广告价值的评价比较相似，而对广告侵扰和广告态度的评价则不甚相同。究其原因，广告价值是受众对广告的理性评价，它可能更多地受制于广告本身（如内容、创意、信息量、画面、声音等），电视广告和网络视频广告在内容和形式上比较相似，有的甚至是相同的，因此，受众对广告价值的评价比较相似。广告侵扰描述的是广告的出现方式，广告态度体现了受众对特定媒体广告的情感，它们可能会受到媒体情景和媒体特征的影响，因此，呈现出一定的差异性。

一 关于广告价值的讨论

总体来看，受众对于两组广告价值的评价比较相似。无论是电视广告还是网络视频广告，信息性和娱乐性都对广告价值具有显著的正向影响，冒犯则具有显著的负向影响，这和 Ducoffe 在 1995 年和 1996 年的研究结果基本一致。无论对于电视广告还是网络视频广告，信息性到广告价值的标准化系数的绝对值都是最大的，也就是说，信息性是影响广告价值的最重要因素。这可能是由于信息性满足的是受众的理性需求，而娱乐性满足的是情感需求，广告价值是一种偏向理性的评价，因此，信息性的预测能力强于娱乐性。

需要注意的是，大同中有小异，在预测电视广告价值时，信息性和娱乐性之间的差别不大，娱乐性和冒犯之间的差别也不大。而在预测网络视频广告价值时，信息性和娱乐性之间的差别较大，娱乐性和冒犯之间的差别也较大。这说明，对于电视广告价值来说，信息性、娱乐性和冒犯的预测能力比较均衡，而对于网络视频广告价值来说，信息性的预测能力明显大于娱乐和冒犯。

二 关于广告侵扰的讨论

受众对于电视广告侵扰的评价和网络视频广告侵扰的评价既有相同之处，也有不同之处。相同之处体现为：冒犯都显著正向影响广告侵扰，对于电视组来说，冒犯既直接影响广告侵扰，又通过广告价值间接地影响广告侵扰。对于网络视频组来说，冒犯仅对侵扰具有直接影响。同时，两组的总效应绝对值都很高，电视组为 0.583，网络视频组为 0.689，可见，无论对于电视广告还是网络视频广告，其内容的虚假、夸大以及不得体都会给消费者带来强烈的侵扰感受。

不同之处主要表现在，对于电视广告来说，娱乐性对广告侵扰具有显著的负向影响，这可能是由于，如果受众感知的娱乐性较大，那么，他们很可能是在启动边缘线路对广告信息进行加工，也就是说，受众并不是在仔细思考，而是以非理性依据边缘线索（如音乐、景物、广告模特等）对广告信息进行加工，在这种情况下，广告的出现并不会占用太多的注意力资源，因此，其中断感知可能并不强烈。另外，感知的广告娱乐性可能会给受众带来愉快的情绪，这有助于缓解侵扰中的消极感知，因此，娱乐性与广告侵扰呈现出较强的负向关系。此外，正如上文所述，电视广告价值对广告侵扰具有显著的正向影响（0.210），信息性通过广告价值也对广告侵扰产生微弱的正向影响（0.068）。

而对于网络视频广告来说，网络视频媒体交互性对广告侵扰具有显著的正向影响（0.298），也就是说，媒体交互性感知越强，广告侵扰感知也越强，这可能是因为在交互式的媒体环境中，用户的自主意识比较强烈，强制插播的广告会更加激发其抵触心理和厌烦感知，因此，从业者应该以更加人性化、更具有创新性的方式来安置网络视频广告。

需要强调的是，网络视频广告的信息性、娱乐性和广告价值对广告侵扰的影响都不显著，也就是说，在 0.05 的显著性水平下，我们不能拒绝零假设（零假设为广告信息性、娱乐性和广告价值对广告侵扰没有影响），这可能与网络视频媒体的交互性特征有关，或许，媒体交互性对广告侵扰的影响在某种程度上掩盖了广告本身的影响，总之，我们需要谨慎的推测，它们之间的因果关系不一定不存在，这有待今后的进一步研究。

三　关于广告态度的讨论

受众的电视广告态度和网络视频广告态度既有相同之处，也有不同之处。相同之处在于：广告价值都对广告态度具有显著正向的直接影响，而广告侵扰都对广告态度具有显著负向的直接影响。同时，信息性和娱乐性都对广告态度具有间接的、正向的影响，冒犯都具有间接的、负向的影响。

不同之处体现为两点：其一，对于电视广告态度来说，娱乐性（0.206）的影响大于信息性（0.172）。而对于网络视频广告态度来说，信息性（0.357）的影响明显大于娱乐性（0.169）。其原因可能有二，第一，电视机屏幕大、距离远、画面清晰流畅，因此，它可以将广告的娱乐性更好地发挥出来。同时，电视是联结家庭成员的纽带，也是家庭生活的背景媒体，看电视往往是一件轻松、舒适的事，因此，受众可能更容易感受到广告中的娱乐性。第二，网络视频媒体的终端设备比较小，观看距离比较近，用户更加专注，目的性更强，因此，信息性可能会更好地满足用户的需要，使其产生积极的情感和评价。

其二，媒体因素对于广告态度的影响并不相同。电视媒体可信性对电视广告态度具有显著的正向影响，其标准化路径系数为0.188，网络视频交互性对广告态度具有间接影响，其系数较小，为 -0.032。

需要指出的是，对于电视媒体，可信性对广告态度的影响达到了显著，但对广告价值的影响并不显著，这可能是由于广告态度包含情感意味，而广告价值则是一种理性评价，电视可信性可能会促使受众对其广告形成积极的情感，但对于理性的评价，可能还要归因于广告本身（如广告内容、形式、创意等）。

此外，虽然在本研究中，网络视频媒体交互性通过广告侵扰对广告态度具有间接的负向影响，但它也很可能会通过媒体态度这一中介变量对广告态度产生正向影响，因此，我们不能简单地评价媒体交互性和广告态度之间的关系，这有待于今后的进一步研究。

四 关于两组关系的讨论

在广告态度方面，两种媒体的广告态度呈现显著的正向关系，其相关系数为0.519，也就是说，受众的电视广告态度越积极，网络视频广告态度也越积极。这可能是受到一般意义广告态度的影响，1968 年 Bauer 和 Greyser[①]，1989 年 MacKenzie 和 Lutz[②] 以及 1995 年 Mehta 和 Purvis[③] 都发现，一般意义的广告态度对具体广告的评价具有一定影响。由此可以推断，如果消费者对于一般意义的广告态度是积极的，那么，他对于特定媒体的广告态度也可能是积极的。

在广告价值方面，两组的广告价值呈现显著的正向关系，其相关系数为 0.507。这可能是受到一般意义广告价值的影响。也就是说，如果消费者对于一般意义广告的评价是重要的、必要的、有价值的，那么，他对于特定媒体广告的评价也可能如此。

在信息性和娱乐性方面，可能由于电视广告和网络视频广告的传播符号相同，而且很多广告的内容也相同，因此，两组的广告信息性和娱乐性都呈现显著的正向关系，其相关系数分别是 0.488 和 0.629。

在广告侵扰方面，可能由于电视广告和网络视频广告都是以插播的方式强制出现的，而且都打断了受众的媒体使用目标，因此，两组的广告侵扰也呈现显著的正向关系，其相关系数为 0.650。

在媒体特征方面，电视可信性和网络视频交互性呈现显著的正向关系，其相关系数为 0.564。这说明，消费者并没有因为网络视频的交互性而降低对传统电视可信性的评价，也就是说，虽然很多消费者喜爱并追捧网络视频带来的便捷性体验，但他们并没有遗忘传统电视的影响力，或许，对于消费者来说，同属于大视频领域的电视和网络视频本来就具有不同的功能和定位，两者不能相互取代。

[①] MacKenzie S. B., Lutz R. J., "An empirical examination of the structural antecedents of attitude toward the ad in an advertising pretesting context", *The Journal of Marketing*, 1989, pp. 48 – 65.

[②] Kelty Logan, "And now a word from our sponsor: Do consumers perceive advertising on traditional television and onlinestreaming video differently?", *Journal of Marketing Communications*, 2012, pp. 1 – 19.

[③] Chung-Chuan Yang, "Taiwanese students' attitudes towards and beliefs about advertising", *Journal of Marketing Communications*, 2000, 6 (3), pp. 171 – 183.

第二节 广告态度及其影响因素研究的主要贡献

一 理论创新

（一）理论模型的构建

在模型的构建过程中，本书借鉴了 Kelty Logan、Ducoffe、Steven M. Edwards 等人的研究成果，构建了广告态度、广告价值、广告侵扰、信息性、娱乐性以及冒犯之间的假设关系。同时，还将电视媒体可信性以及网络视频媒体交互性两个变量分别融入理论模型，突出了两个媒体之间的比较，体现了本研究的特点（详见本书第四章）。

本书研究相同的受众对于传统电视广告和网络视频广告的评价问题，这主要是借鉴了 Kelty Logan 的思路。2012 年 Kelty Logan 针对 18—34 岁年轻人，研究他们对电视广告和网络视频广告的看法。结果表明，尽管广告相同，但受众对两者的评价并不相同。因此，广告主应该将网络视频看作与传统电视不同的媒体，并采用不同的广告策略应对之。[1]

在参考 Kelty Logan 的基础上，本书从三方面对其进行了改进。首先，Kelty 使用了 Ducoffe 的广告价值模型和一个回归模型（如图 7-1 和图 7-2 所示），它们具有普适性，并没有体现出电视媒体和网络视频媒体的特点。

---

[1] Kelty Logan, "And Now a Word From Our Sponsor: Do Consumers Perceive Advertising on Traditional Television and Online Streaming Video Differently?", *Journal of Marketing Communications*, 2012, pp. 1–19.

针对这一不足，本书在比较电视媒体和网络视频媒体的基础上，提炼出"电视媒体可信性"和"网络视频媒体交互性"两个变量；同时，本书将这些变量分别融入模型，以期更好地体现电视媒体和网络视频媒体之间的比较。

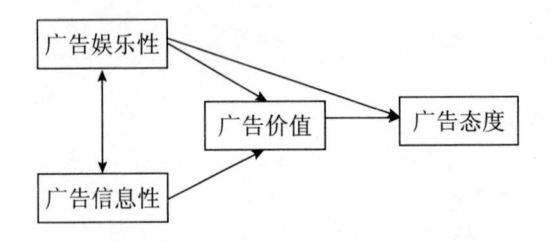

图 7-1　2012 年 Kelty 使用的 Ducoffe 模型

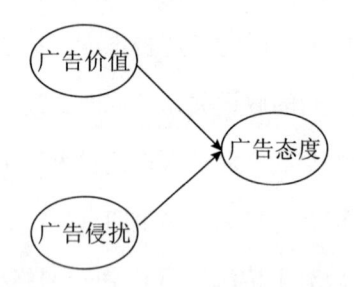

图 7-2　2012 年 Kelty 使用的回归模型

其次，Kelty Logan 的研究并没有建立广告侵扰与广告价值以及广告侵扰与广告信息性、娱乐性和冒犯之间的因果关系，而本研究在理论指导和前人研究基础上建立了这些假设关系。

再次，不同于 Kelty 的被试间设计，本书采用了同源样本，这有助于排除被试间的个体差异对结果的影响，从而提高研究效果。

最后，Kelty Logan 采用在线调查，调查范围是美国。本书采用传统的面对面调查，调查地点是吉林省长春市。可见，无论是理论模型、研究设计，还是执行方法，本书都不同于 Kelty Logan 的研究，因此，本书是一次关于电视和网络视频广告效果的全新探索。

(二) 探索并验证了电视媒体可信性和网络视频媒体交互性的二阶因子结构

在文献梳理、探索性因子分析、验证性因子分析的基础上，本书确立了电视媒体可信性和网络视频媒体交互性的二阶因子结构，并为六个二阶潜变量（电视媒体专业性、责任心、有用性以及网络视频媒体的观赏便利性、关怀和参与）确立了测量题项，为今后的研究提供了参考。

(三) 确立了电视和网络视频广告态度及其影响因素的最终模型

在模型的验证方面，本书不仅确立了各个潜变量（广告态度、广告价值、广告侵扰、信息性、娱乐性、冒犯、电视媒体专业性、责任心、有用性、网络视频媒体观赏便利性、关怀性和参与）的测量题项，并对各个潜变量之间的因果关系进行了检验，其中，比较核心的发现包括：(1) 无论是电视广告还是网络视频广告，在预测广告价值方面，信息性的作用都大于娱乐性。而预测广告态度时，电视广告娱乐性的作用超过了信息性，而网络视频广告的信息性则超过了娱乐性。(2) 电视广告价值对广告侵扰具有正向影响，而电视广告娱乐性对广告侵扰具有负向影响。(3) 电视媒体可信性对广告态度具有正向影响。(4) 网络视频媒体交互性对广告侵扰具有正向影响。(5) 两组的广告态度、广告价值、广告侵扰、广告信息性和娱乐性呈现显著的正向关系。同时，电视媒体可信性和网络视频媒体交互性也呈现显著的正向关系。从上述核心发现可知，本书所得出的两组最终模型也具有一定的创新性（如图6-2和图6-5所示）。

二 实践意义

电视广告和网络视频广告都是媒体营收的重要来源，关于其用户体验和广告效果的问题一直是广告业的焦点话题,在此背景下,笔者将前文的实证研究与行业发展情况相结合,探讨研究结果对于广告业的启发和意义,以期为相关机构提供参考。

(一) 电视广告应该更加注重娱乐性

对于电视媒体来说,娱乐性对广告价值的总效应是 0.291,对广告侵扰的总效应是 -0.255,对广告态度的总效应是 0.206,对于网络视频媒体来说,娱乐性对广告价值的总效应是 0.218,对广告侵扰的总效应是 0,对广告态度的总效应是 0.169,可见,与网络视频广告相比,电视广告娱乐性所起的作用更大,影响力更强。

另外,电视广告娱乐性对于广告侵扰和广告态度的总效应都明显高于信息性,对广告价值的总效应略低于信息性,可见,仅就电视广告本身来说,其娱乐性的作用也是不容忽视的。

究其原因,除了上文谈到的终端特点和家庭仪式之外,电视所具有的"伴随性"收视特征也可能起到很重要的作用。具体而言,人们在看电视的过程中常常会伴随做家务、吃饭、聊天、使用其他智能屏端等行为,这可能会在一定程度上影响人们对电视媒体的卷入。根据精细加工可能性模型,在信息加工动机不强或有其他外界干扰的情形下,受众可能会依据边缘线索,包括背景音乐、产品外观、模特外貌、场景等对广告信息进行非理性的简单加工,这为娱乐元素的发挥提供了良好的条件,因此,对于电视广告来说,以情动人有时可能会比以理服人更加有效。

在电视广告创意方面,运用幽默诉求、使用广受欢迎的明星、提升画面的视觉美感、注重音乐的使用、展示产品的外观、营造美好的生活场景、设计拟人化的卡通形象等都可能成为提高广告娱乐性的有效手段,对此,电视广告从业者已经在数十年的市场锻炼中积累了丰富的经验,并生产了很多优秀作品。

例如，CCTV公益广告《环保搭档A、B篇》运用纯真可爱的儿童形象，介绍了自带水壶、使用布包、收集废纸盒、自带餐具等环保方法，具有很好的教育意义。"牛栏山"广告借助王刚声情并茂的讲解，配合幽默的背景音乐，在轻松愉快的氛围中传达了"正宗二锅头，地道北京味儿"，牛栏山"真牛"的品牌信息。"焙朗早餐饼"广告运用青春靓丽的陈意涵和井柏然，赋予"焙朗"阳光活力的品牌形象。"衡水老白干"电视广告运用胡军俊朗的硬汉形象，传达了"喝出男人味"的品牌概念。"旺旺O泡"广告中，一群青春男女用钢琴、大提琴、手鼓、吉他等乐器为"O泡"演奏了一支优美浪漫的旋律，为品牌增添了"爱的味道"。

总之，合理使用娱乐元素有助于促进广告的效果，早在1989年，施德曼等人在对855则黄金时段电视广告进行研究时就发现，几乎一半的广告可以被归类为温暖的、有趣的和愉悦的[1]，娱乐性在电视广告中的作用可见一斑。

不过，娱乐并不是万能的，在创意广告时，我们要始终保持科学严谨的态度。比如，人们通常会凭直觉认为幽默广告是受人欢迎的，但是，幽默诉求的效果却不那么简单。实际上，在广告心理学领域，学者们对广告中幽默元素的研究结果并不一致，1976年，佩蒂、威尔斯和布鲁克的研究表明，由于幽默分散了消费者的注意力，因而会减少其产生反对性意见。1985年，邓肯（Duncan）等人发现，幽默会增加受众对广告的注意，积极地影响其对广告、产品和品牌的态度。[2] 然而，1984年邓肯等人也发现，幽默广告因分散消费者注意力而影响其对情报性信息的理解。1984年马登

---

[1] Stayman D M, Aaker D. A. & Bruzzone D. E., "The Incidence of Commercial Types Broadcast in Prime Time: 1976 – 1986", *Journal of Advertising Research*, 1989, 29 (3), pp. 26 – 33.

[2] 参见黄合水编著《广告心理学》，厦门大学出版社2010年版，第205页。

和温伯格对负责创意和研究活动的高级广告人员进行调查,结果显示,大多数被调查者认为幽默有助于吸引注意、理解广告产品,但并不是促进购买的最佳方法。总之,幽默可能有助于提高注意,提高广告接触率,促进受众对广告和品牌形成良好的态度。但是,它可能会妨碍受众对于情报性信息的理解和记忆[1],也未必会带来更好的销售业绩,因此,我们需要根据具体情况谨慎使用之。

此外,运用明星代言人也是提高广告娱乐性的有效途径。社会心理学的研究发现,当一个人喜欢另一个人时,会比较信任对方的话。因此,利用受人喜爱的明星介绍产品会增加广告的说服力。关于什么样的明星代言人受人喜欢的问题,需要考虑以下因素:第一,外貌吸引力。许多研究发现,外貌好的人比外貌差的人更容易得到好的评价。这为电视广告青睐俊男靓女提供了合理的解释。但是,过犹不及,研究还发现,长得很美或很帅的人常常被认为是花瓶或臭皮囊,人们对其人格的评价不会太高。1989年卡波雷罗(Caballero)还发现,外貌吸引力对于产品购买意愿来说并不是很重要。因此,广告主要谨慎地利用代言人的外貌特征,以便更好地发挥广告效果。[2]

第二,广告代言人与说服对象的相似程度。许多研究证明,两人之间有越多的相似之处,他们之间相互喜欢的程度越高,也就是说,得到消费者认同的产品代言人会起到比较理想的广告宣传效果。[3] 这为鹿晗代言全球时尚运动品牌"PUMA(彪马)",郭采洁代言"一叶子"面膜,胡歌代言"美汁源果粒橙"等提供了解释,可见,只有准确定位目标消费者,并选择其认可的明星代言人才能更好地发挥广告的娱乐效果。

---

[1] 参见黄合水编著《广告心理学》,厦门大学出版社2010年版,第204、205页。
[2] 同上书,第189页。
[3] 同上。

第三，广告代言人与目标消费者的熟悉程度。根据低认知卷入模式中的熟悉性模式，广告接触会产生熟悉，熟悉就会引起喜欢。研究者在商标、食物以及诗歌、歌曲的研究中都发现了这种现象，即人们喜欢那些他们熟悉的事物。1985年心理学家奥波米勒（Obermiller）随机选择一些音乐旋律做研究，结果发现，与以前没有听过的旋律相比，受试者更喜欢以前听过的旋律。①

根据熟悉性模式，在广告费允许的情况下，广告主应该尽量选择目标消费者熟悉的、知名度高的明星为其代言。例如，"雅培婴幼儿奶粉"选择年轻妈妈熟悉的孙燕姿，小儿补锌药"三精牌葡萄糖酸锌口服液"选择年轻父母熟悉的田亮父女，"太太乐鸡精"选择中年女性熟悉的蒋雯丽，"新盖中盖高钙片"选择老年人熟悉的著名表演艺术家李丁，女性妇科药"金鸡胶囊"选择中老年女性喜爱的倪萍，"全球通"选择商务人士熟悉的成功企业家代表王石，"雅客天天棒"选择青少年熟悉的TFBOYS等。这些为消费者所熟悉的明星代言人拉近了品牌与消费者之间的距离，促进了广告效果的发挥。

音乐也是广告中一个很重要的娱乐元素。优美的旋律不仅会减轻受众的侵扰感知，给他们带来一些美好的感受，而且还可能影响受众的品牌态度和购买意向。1986年，广告心理学家Park和Young研究发现，在低卷入条件下，有音乐的广告对品牌态度和购买意向的积极影响比没有音乐的广告更大。② 这一发现对电视来说是一个好消息。因为通常情况下，电视是一种家庭伴随式媒体，观众的卷入程度不高，所以，音乐可能会对电视广告效果产生比较积极的影响。

若想发挥音乐的积极效果，广告主应该注意以下问题：第一，避免使

---

① 参见黄合水编著《广告心理学》，厦门大学出版社2010年版，第164、165页。
② 同上书，第366页。

用竞争品牌使用过的旋律，否则，你的广告就可能是在为他人做宣传。第二，在使用现成的曲子时，要选择那些大众熟悉的、知名度高的。创作新乐曲也应该易学、易唱、易传播。第三，广告音乐要与广告的情感气氛相契合，与品牌形象相吻合，只有这样，才能起到有效的烘托作用。①

总之，在科学调研的基础上合理地使用娱乐元素，不仅能给消费者带来积极愉快的情感体验，还能为广告带来更好的效果。

需要注意的是，电视广告在发挥娱乐性的同时，应该始终注意导向问题。习近平同志强调："广告宣传也要讲导向。"国家工商行政管理总局广告监督管理司司长张国华在第十二届中国广告论坛上也指出，广告里面是有文化的，有导向的，是低俗的还是健康的，都需要有指导思想。他建议广告界不要用低俗的、噱头式的宣传来博眼球，而是用正确的导向、健康的思想、奇特的创意来提升广告的影响和质量。

（二）网络视频广告应该更加注重信息性

对于网络视频媒体来说，广告信息性对广告价值的总效应是0.461，对广告侵扰的总效应是0，对广告态度的总效应是0.357。而对于电视媒体来说，广告信息性对广告价值的总效应是0.322，对广告侵扰的总效应是0.068，对广告态度的总效应是0.172。可见，与电视广告相比，网络视频广告信息性所起的作用更大，影响力更强。

另外，网络视频广告信息性对于广告价值和广告态度的总效应都明显高于娱乐性，可见，仅就网络视频广告本身来说，其信息性的作用也是不容忽视的。

网络视频广告的信息性之所以如此重要，可能是受其终端和收视环境

---

① 参见黄合水编著《广告心理学》，厦门大学出版社2010年版，第366、367页。

的影响。与电视广告不同，网络视频广告拥有台式电脑、笔记本电脑、平板电脑和智能手机四种收视终端，这四种设备都具有屏幕小、观赏距离近和收视空间私人化的特点，而用户收视则呈现出前倾式和专注的特点，在这种情境下，插播广告的出现可能给用户带来较强的侵扰感知，不过，如果插播式广告能为用户提供有价值的信息，则有可能在一定程度上弥补其心理和情感的损失，对广告效果起到促进作用。同时，根据精细加工可能性模式，如果广告能够提供消费者所感兴趣的信息，而且广告加工环境比较安静、干扰较少，那么，消费者就可能启动中枢线路对广告信息进行深度加工，而深度加工所带来的说服效果是比较持久的，相对于边缘加工线路，其对消费者的行为变化也具有较强的预测能力。

1. 利用互联网技术提高信息性

实际上，广告的信息性反映的是广告满足消费者信息需求的能力，对于以互联网技术为基础的网络视频广告来说，提高信息性的探索方向大致有两个。第一，提高广告与节目的相关性，使其与消费者的媒体目标更加一致。2013年，华扬联众推出"视线"产品，该产品可以将广告与特定的媒体内容绑定，实现以内容为导向的跨平台广告投放，从而提高广告资源的利用率和精准性。

此外，从视频网站的方面来看，优酷可以将企业代言人广告投放在出现该代言人的节目中，更好地吸引目标消费者。比如由汪涵代言的"统一老坛酸菜牛肉面"插播于汪涵主持的"火星情报局"之前，这对于喜爱汪涵的消费者来说，可能会起到不错的说服效果。

在视频网站中，爱奇艺的贴片广告与其节目的关联度比较高。例如，爱奇艺推出一档名为《大学生来了》的"极致青春观点秀"节目，在该节目之前插播的贴片广告有：雀巢即饮咖啡丝滑拿铁，顺滑一下做自己，乐事薯片陪你看欧冠，肯德基过瘾炸鸡桶，和主播交朋友上"抱抱"直播

APP 等，这些广告与《大学生来了》这档综艺节目的风格比较吻合，而且广告形式轻松活泼，符合大学生的审美标准。另外，在说话达人秀节目《奇葩说》之前插播的贴片广告有："有范"时尚购物 APP、AK－47 男人的鸡尾酒、"废话就像头皮屑，消灭就用海飞丝"等，这些广告不仅为消费者带来潮流前沿的消费信息，还充满了幽默和智慧，与《奇葩说》新锐、幽默、时尚的节目风格比较一致。

凡此种种，皆是有益之举。然而，反观现实，广告与节目无关的现象亦比比皆是。同样的广告插播在不同类型的节目中。同一个节目前面连续插播几条风格完全不同的广告。这种现象既是技术局限和成本压力造成的，也是以收视率为导向的传统电视广告投放思维的写照。可见，在互联网环境下，如何将网络视频看作与传统电视不同的媒体并利用互联网的传播规律投放广告将是一件值得深思的事。

第二，在大数据的基础上挖掘消费者信息，直接提高广告与消费者的关联，以便更好地满足他们的信息需求。2013 年爱奇艺推出"一搜百映"。该产品能够分析百度用户的搜索数据，并通过对关键词等数据的分析，确定用户对某产品的购买意向，从而有针对性地向目标受众投放广告。

比如，京万红软膏与"一搜百映"产品合作，在投放广告之前，资深 SEO 专员针对药品的特性为企业量身定制了关键词，具体包括品牌词：京万红、京万红软膏、京万红怎么样、京万红软膏价格；竞品词：百多邦、龙珠软膏、湿润烧伤膏、百多邦好不好；人群行为词：烫伤怎么办、烧伤怎么处理、烫伤药、烧伤治疗；症状词：皮肤溃烂、伤口感染、带状疱疹、脓包等。如果有人在最近 30 天内搜索了这些词语，那么，在他随后观看爱奇艺视频节目时，即可看到京万红软膏的广告。经过近两个月的投放，京万红软膏"一搜百映"贴片广告的点击率达到了 1.1%，是普通贴片点击率的 2 倍左右。看过广告后，返回百度搜索京万红软膏等关键词的用户量是普通贴片的 153%。同时，艾瑞市场咨询报告显示，京万红软膏广告的命中率到达了 97.26%[①]，其精准效果得到了认可。

同时，兰蔻、奔驰、天狮儿钙等品牌与"一搜百映"的合作也都取得了不错的效果。投放于 PC 端和移动端的兰蔻小黑瓶精华肌底液 20 秒广告命中率[②]为 97.7%，回搜比值[③] 10.3%，点击率[④] 3.1%。投放于 PC 端的奔驰 15 秒广告，其命中率为 97.7%，回搜比值 7.6%，点击率 4.3%。投放于 PC 端和移动端的天狮儿钙 15 秒广告，其命中率为 98.4%，回搜比值 13.3%，点击率为 4.7%。[⑤]

此外，爱奇艺的"众里寻 TA"也是一款致力于视频精准营销的产品。该产品主要是根据用户的性别和年龄进行定向的贴片广告投放，其主要数据来源是百度和爱奇艺 PPS 用户的社交信息、搜索信息、浏览信息、APP 信息、观影信息和团购信息。而且该产品只对注册信息和行为信息相符的用户进行投放。比如，某用户百度注册为男性，但是 TA 经常去女性网站，搜索化妆品和日韩服装，看韩剧和青春偶像剧，那么，"众里寻 TA"将判定其注册信息和行为信息不符，因此，不会对其投放广告。"众里寻 TA"曾经与某奶粉品牌合作，结果，根据尼尔森的调研数据显示，与常规投放相比，"众里寻 TA"使广告目标受众的占比提高了 33%。[⑥]

除了爱奇艺之外，其他视频网站也在精准营销方面展开了积极的探索。比如，优酷土豆推出"启明星"产品，该产品可以融合多方数据，从

[①] 广告主杂志：《看爱奇艺"一搜百映"如何玩转药企营销》，2015 年 3 月 5 日，搜狐（http://mt.sohu.com/20150305/n409378867.shtml.）。
[②] 命中率是经第三方验证的，体现精准达到程度的比率，"一搜百映"承诺命中率为 95% 以上。
[③] 回搜比值是在线搜索行为的比对，即看过广告后搜索品牌和广告内容的行为与之前的对比，体现品牌知名度和偏好度的变化。
[④] 点击率体现转化效果，据艾瑞估计，总体来说，"一搜百映"点击率比常规广告高 20%。
[⑤] 艾瑞咨询集团：《2016 年中国在线视频企业创新营销研究报告》，第 21 页。
[⑥] 同上书，第 22、23 页。

兴趣关注、消费属性、生活态度等多种维度洞察用户的行为特征，除基础人口属性标签外，还可以按行业偏好聚类，打造 N 型人群（包括汽车、母婴、美妆、旅游、备婚、运动健身），从而帮助广告主定向挖掘潜在的目标受众，实现贴片广告的规模化精准投放。①

2015 年腾讯视频推出"图灵：TA 智能优化系统"，该系统将人工智能运用在广告投放中，并通过社交人脉标签（如 QQ 群、微信等）、内容标签（如剧集偏好）等偏好关联到更多的潜在消费者，从而优化投广告投放效果。②

总之，各大视频网站纷纷运用大数据为消费者画像，力求提高广告的精准性，优化广告效果。然而，从目前的实际市场应用情况看，一些大数据分析尚处于地理位置、性别、年龄等较为初级的细分阶段，数据挖掘能力有待提高。同时，随着数据量的加大，其存储成本和分析难度也将提高，这在一定程度上阻碍了大数据的商业化进程。而且大数据很难解读受众瞬息万变的神经学指标和深刻复杂的心理状态，也很难在每一个时空场景都准确契合多元易变的消费者需求。可见，尽管程序化购买、大数据和人工智能都为精准投放提供了一定的技术条件，然而，对于我国网络视频广告来说，若想真正做到精准，还有很长的路要走。

2. 从广告内容本身着手，提高其信息性

在提高广告的信息性方面，除了运用先进技术提高广告与节目的关联性和精准定位目标消费者之外，传统广告所积累的内容策略并不失效，它们对于网络视频广告仍然具有很重要的借鉴意义。比如，在广告内容的安排上，网络视频广告可以采取以下方法来提高广告的信息性：第一，对产

---

① 艾瑞咨询集团：《2016 年中国在线视频企业创新营销研究报告》，第 27、28 页。
② 腾讯视频"图灵"智能系统亮剑：再造"现象级"营销，2014 年 12 月 4 日，牛华网（http：//news.newhua.com/2014/1204/286240.shtml）。

品的具体功能进行介绍。产品功能是其满足消费者的关键因素，特别是对于新产品来说，功能的介绍显得更为重要。艾克和诺里斯（Aaker & Norris）曾经对524则黄金时段的电视广告进行分析，结果发现，观众认为，信息性的广告是值得记忆的、值得相信的、有效的和有趣的。[1] 在当下的广告投放案例中，"清扬"男士利用球星克里斯蒂亚诺·罗纳尔多将"控油、去屑"这一具体功能清晰地传达给男性消费者，"Mamonde 梦妆光彩裸透气垫霜"利用韩国明星朴信惠，通过"透亮无瑕，一拍即现"的广告语将产品遮瑕和透气的具体功能传递给女性消费者，这些传达具体功能的广告有助于满足消费者的信息需求，提高其对广告的评价。

第二，向消费者介绍他人由商品得到的利益或好处。事实上，许多广告都采取了这样的手段，比如，士力架广告用夸张的方式展示了各种人物吃了士力架之后的变化，从而传达"横扫饥饿，做回自己"的品牌利益点。

第三，直接向消费者进行利益承诺。1980年，霍尼克（Hornik）对印刷广告的研究发现，读者偏好在语言或插图上强调消费者利益的广告。因此，他提出，将利益清楚地描绘在标题、插图和文案中的广告是最有效的。奥格威也曾指出，你怎么来说明产品，你承诺什么好处，这是最重要的工作。[2] 对于网络视频广告来说，向消费者承诺利益或好处也是一件创意工作者不容忽视的事。"中国乔丹轻透系列跑鞋"利用青春舞者伊一介绍了跑鞋使用4D工程网布，具有轻便透气的特点。"鸿星尔克"承诺采用气爽科技面料，能够保持透气干爽，并传达了"感受酷爽，对抗酷热"的品牌信息。新版"农夫山泉"广告利用瑞士日内瓦大学临床营养学教授提出了矿物元素对生物细胞非常重要的理念，并承诺农夫山泉是"含有天然

---

[1] Aaker D. A. & Norris D., "Characteristics of TV Commercials Perceived as Informative", *Journal of Advertising Research*, 1982, 22 (2), pp. 61–70.

[2] 参见黄合水编著《广告心理学》，厦门大学出版社2010年版，第181、182页。

矿物元素的水"，这些强调产品利益的广告都有助于更好地说服消费者。

　　此外，在广告信息本身的说服力上，应该注意以下几个问题：第一，在论点的呈现方式上，如果广告要呈现一系列论点，最好依据论点的重要性顺序呈现。此外，在论证方面，如果广告运用了双面论证，那么，要先呈现反面观点，后呈现正面观点，这不仅会给人客观、诚实的感觉；同时，还能增加广告的说服效果。在论据方面，论据要易于理解。早期的说服心理学认为，说服的关键在于对论据的学习，能让消费者学得又快又多的材料是有说服力的。因此，广告的论据要简单明了，只有这样才能增加广告的说服力。同时，论据的数量要适度。社会心理学的研究发现，论据的数量并非越多越好，如果论据多而有力，那么，广告的说服力会增强。但是，如果广告提供了很多无力的证据，可能结果会适得其反。①

　　第二，关于是否要呈现结论，社会心理学的研究结果并不一致。1952年，社会心理学家霍夫兰和曼德尔研究发现，与自己得出结论的被试组相比，被告知结论的受试组改变看法的人数比前者多一倍。然而，著名的人本主义心理学家罗杰斯认为，让被试者自己得出结论的效果更佳。呈现结论可以给消费者明确的信息，但是，当消息来源被认为是不可靠的时候，消费者可能会拒绝接受结论。同时，如果问题十分浅显，消费者的智力水平又比较高，他们就可能讨厌别人向其解释如此简单的事情。另外，呈现结论有时候也会限制产品被广泛接纳。比如，如果某产品在广告中宣传它是为年轻群体设计的，那么，一些喜欢该产品的，年龄稍大的消费者就会产生被排斥的感觉。一些暧昧性的广告宣传反而有助于产品广泛的市场主义，使新产品被自然而然地接受，因为它允许消费者按照自己个人的信念来理解广告所说。②

---

① 参见黄合水编著《广告心理学》，厦门大学出版社2010年版，第185—188页。
② 同上书，第188页。

总之，关于是否呈现结论，研究者的意见并不统一，不过，如果广告中出现以下情形，呈现结论的效果可能要比不呈现的好：第一，广告产品的专业性较强，且其功能比较复杂。第二，广告产品拥有单一而明确的用途。第三，目标消费者的教育水平比较低，缺乏相关的商品知识。第四，广告或产品不属于高卷入的。[①]

需要注意的是，对于网络视频广告来说，其信息性的导向应该是直接购买，而不是像电视广告那样仅仅引发注意、理解、兴趣和记忆，因此，在广告创作方面，网络视频广告不应该直接照搬电视广告的版本，它应该更加具有说服力和感染力，从而更好地促进消费者点击和购买产品。

（三）电视广告和网络视频广告都应该努力降低消费者的冒犯感知

对于电视广告来说，感知冒犯对广告价值的总效应是 -0.272，对广告侵扰的总效应是 0.583，对广告态度的总效应是 -0.247。对于网络视频广告来说，感知冒犯对广告价值的总效应是 -0.190，对广告侵扰的总效应是 0.689，对广告态度的总效应是 -0.221。可见，无论是对于电视广告还是网络视频广告，感知冒犯都会比较强烈地降低广告价值和广告态度，并大幅度地增加消费者对广告侵扰的感知，因此，降低冒犯感知是电视和网络视频广告共同面对的挑战。

冒犯是消费者对于广告内容的负面评价，广告内容虚夸、表意不清楚、言辞不得体、亵渎宗教、图腾等都可能引发消费者的冒犯感知。改革开放以后，受驱于市场经济的强烈需求，中国广告业在三十多年里高速发展，在其追逐经济收益的同时，一定程度上忽视了对自身专业素养的反

[①] 参见黄合水编著《广告心理学》，厦门大学出版社2010年版，第188页。

省，加之数字技术来势汹涌，广告从业者鱼龙混杂，这使得广告行业更加浮躁不安，其作品也呈现出良莠不齐的状况。

概观当下的电视广告和网络视频广告，不良现象仍然存在：药品广告表现不雅，儿童用品广告使用威胁性语言和挑逗性语言，食品广告运用特效夸大产品外观的吸引力，化妆品或洗护用品夸大产品功效、误导消费者。同时，还有一些广告过度使用性感诉求，将重要的提示性文字安放在不显眼的位置，呈现危险的画面，简单粗暴的重复等，这些现象都可能引起消费者的反感，贬损广告效果。因此，广告人应该努力提升专业水平和道德修养，以诚恳、负责的精神对待广告内容和广告创意，未来，无论时代如何变换，技术如何更迭，这都是广告界不应遗弃的圭臬。

从国家层面看，出台相应的法律规范加强对广告行业的管理是减少不良广告现象、维护消费者利益的一个有效途径。实际上，早在新中国成立之初，中国共产党就十分重视对广告行业的管理和规范。1949年4月，天津市公用局率先公布了《管理广告商规则》。1949年12月，上海市人民政府公布了《广告管理规则》。1950年，北京市人民政府公布了商业局拟定的《管理广告暂行办法草案》。1950年，西安市公用局印发了《广告管理暂行办法》。1951年年底，重庆市人民政府发布了《重庆市广告管理暂行办法》，并成立了广告管理所。1951年5月，广州市人民政府也颁布了《广州市广告管理暂行办法》。这一时期各地所发布的广告管理法规强调广告内容必须纯正，"凡工厂、商店推销商品之广告宣传必须以品质、效能、使用方法做纯正之介绍，不得虚伪夸大"[①]。

1995年，《中华人民共和国广告法》颁布实行，《广告法》的立法核心就在于维护广告的真实性，其总则第三条规定："广告应当真实、合法，

[①] 陈培爱：《中外广告史新编》，高等教育出版社2009年版，第94、95页。

符合社会主义精神文明建设的要求。"第四条规定:"广告不得含有虚假的内容,不得欺骗和误导消费者。"第五条规定:"广告主、广告经营者、广告发布者从事广告活动,应当遵守纪律、行政法规,遵循公平、信用、诚实的原则。"同一法律连续三次规范同一问题,可见其重要性。

时隔20年,2015年9月,新版《中华人民共和国广告法》颁布实行,新法对于广告做出了更加严格、细致的规定,比如,要"以健康的表现形式表达广告内容",广告要"弘扬中华民族优秀传统文化"等。同时,新法还进一步加强了对"医、药、健"字广告、烟酒类广告以及教育培训广告的管理,并加强了对虚假广告的处罚力度,这都为提高广告水平、净化广告环境提供了保障。

根据张国华司长在第十二届中国广告论坛上的介绍,2015年第一季度,全国广告市场监测数据显示,传统广告(电视、广播、报纸等)违法率在6%—8%,违法时长占广告总时长的比例为36.5%,也就是说,当时广告市场的秩序是比较混乱的。新法颁布以后,经过一年的努力,现在最新的监测成果是:违法率不到1%,违法时长1%左右,整个全国传统媒体广告市场的虚假违法广告下降了95%以上[①],可见,在国家和广告行业的共同努力下,我国的广告正在向着更加健康的方向发展。

(四)电视应该持续发挥其可信性的媒体优势

根据本书第六章的研究结果,电视媒体可信性对电视广告态度具有显著的正向影响,其路径系数为0.188。同时,其与广告信息性和娱乐性呈正相关,相关系数分别为0.470和0.315。可见,电视媒体可信性对于电

---

① 媒介杂志:《第十二届中国广告论坛精彩内容分享》,2016年4月22日(http://mp.weixin.qq.com/s?__biz=MjM5MjY2MDA5Mw==&mid=2653162919&idx=1&sn=dd8ce698f049eac7bba493266f4c5928&scene=23&srcid=0422Amasz73O4fZzllsSP6lA#rd)。

视广告具有积极的效应。这与黄合水等人在 2007 年的研究结果较为一致。2007 年，黄合水在电视媒体广告效应系数研究中发现，媒体公信力是直接驱动媒体广告效应系数的重要因素，其影响仅次于广告印象。① 可见，与网络视频媒体相比，可信性是电视媒体的优势所在，因此，电视从业者应该始终重视电视可信性的发挥，努力提高新闻专业水平，推出有品位、有深度的电视节目，为人民群众奉献有指导意义的生活信息，从而方便人民的生活，推动社会的发展。

我国电视媒体可信性是其固有的媒体特质。它既是国家赋予的，也是人民期待的；它既是岁月的积淀，也是社会的需求；同时，它还是电视媒体经济来源的重要保障。具体而言，《焦点访谈》《中国汉字听写大会》《开讲啦》《法治进行时》《养生堂》《大爱庐山》等都是优秀电视节目的代表，这些节目有的具有二十多年的历史，有的则是最近几年应社会需求的变化而产生的，它们体现了电视媒体的权威性、影响力以及专业素质和道德水平，是电视媒体可信性的生动表现。

基于互联网的技术优势，网络视频媒体在互动、精准、便捷等方面远远优于传统电视，然而，如果传统电视在转型的过程中将注意力过度地集中于技术，可能会导致高额的费用负担，还可能在技术的飞速更迭中迷茫困惑，因此，无论技术如何发展，市场如何变换，传统电视媒体在转型升级的过程中都不应该忽视自身的权威性和可信性建设，否则的话可能就是舍本逐末、事倍功半了。

对于广告主来说，广告主应该运用好电视媒体的可信性优势，更好地发挥电视广告的效果。具体而言，在广告预算允许的情况下，广告主应该尽量选择那些可信性度高、影响力大的电视平台进行广告投放。

---

① 黄合水、周文、曹晓东、丘永梅、冯赛洁：《2007 电视媒体广告效应系数研究报告》，2007 年 8 月 14 日，搜狐新闻（http://news.sohu.com/20070814/n251575476.shtml）。

2007年，黄合水等人对不同的电视媒体施加在广告上的作用进行了研究，结果发现，中央电视台的CMEA，即媒体广告效应系数最大，为2.15，东方卫视、北京卫视和湖南卫视分别为1.37、1.27和1.25，也比较高。但一些卫视的系数还不足1，比如，内蒙古卫视的系数是0.88，吉林卫视是0.74，云南卫视是0.63。[①] 可见，其媒体建设和品牌影响力有待提升。

此外，对于广告主来说，本研究结果也表明了将广告与专业的、有责任感的、有影响力的节目结合起来会取得更好的广告效果。2016年11月CCTV-3综艺频道将推出大型原创传统文化普及节目《国家宝藏》，该节目体现了电视媒体的文化传承意识和社会责任意识，在流行文化和综艺节目泛滥的时代，《国家宝藏》凸显了电视媒体主流、大气、端庄、沉稳的品牌形象，将广告与这样的节目结合，将有助于提升品牌形象，树立品牌权威。而从单独一期的广告报价来看，《国家宝藏》的5秒广告是20.3万，10秒是30.4万，15秒是38万[②]，其广告价值可见一斑。

另外，CCTV-1《开讲啦》是一档颇具影响力的青年公开课节目，它不仅包含了时代领跑者的先进思想，还体现了当下年轻人的困惑与成长，将广告与这样的节目结合，将有助于提升品牌的内涵和情怀，获得消费者的好感。

（五）网络视频广告应该提升交互性

前文的研究表明，网络视频媒体的交互性对广告侵扰具有正向影响，对广告态度具有负向效应。也就是说，在一个交互性的媒体环境中，强制

---

① 参见黄合水编著《广告心理学》，厦门大学出版社2010年版，第310—312页。
② 央视广告经营管理中心：《央视大型原创文化普及节目〈国家宝藏〉招商方案》，2016年6月（http://mp.weixin.qq.com/s?__biz=MjM5MDg2MTA4MA==&mid=2651781139&idx=2&sn=81ea04b4a651e56c909df1e9b69ddc58&scene=23&srcid=06052aDTz0e8SHLMLfQMtnU7#rd）。

式的广告可能会带来更大的侵扰感知，从而损害人们对于广告的态度，这给从业者的启示是，对于网络视频广告，只有提高其交互性，才有可能缓解这种负面影响。

目前，我国网络视频广告的交互性主要体现为两方面：第一，设置交互式按钮，吸引用户点击。第二，添加静音和倒计时功能，缓解用户的焦虑。这些功能虽然体现了一定的交互性，但并没有充分发挥出互联网的技术优势，今后，我们可以从以下六个方面综合发力，更好地提升网络视频广告的交互性。

其一，主动征求用户意见，为下一步的努力打下基础。比如，Hulu 会在广告的右上角询问用户，此广告是否符合需求，如果用户回答"No"，Hulu 则表示将尊重用户的选择，并会努力做得更好。

其二，在交互中增添趣味性，满足用户的娱乐需求。2011 年年底，爱奇艺推出"浮屏技术"，该技术允许用户在广告悬浮窗内写下祝福，并发送给好友，这是趣味互动的有益尝试，收到了不错的广告效果。

其三，利用社交媒体扩大贴片广告的影响力。Hulu、Youtube 等都设有"分享贴片广告"的功能。其实，如果广告具有足够的吸引力，主动分享并不是不可能的。

其四，《2015 年中国网络视听发展研究报告》指出，手机视频用户在过去三年上升了 27.3 个百分点，达到 3.54 亿人，目前，76.7% 的视频用户都使用手机看视频[①]，这意味着移动市场已经成为网络视频广告的主要战场，因此，从业者应该重视移动终端的交互技术，如 VR、LBS、光线传感器、声音识别、摇一摇、扫一扫等，更好地提高广告的交互性。

---

① 媒介杂志：《〈2015 年中国网络收听发展研究报告〉发布——手机成为网络视频"第一终端"》，2015 年 12 月（http：//mp. weixin. qq. com/s？_ _ biz = MjM5MjY2MDA5Mw = = &mid = 401173338&idx = 3&sn = 82175f424d95cd2119e2c57c669b6f4f&scene = 23&srcid = 1202do-QcsPa73u-Rq-56LlJtXg#rd）。

其五，赋予用户主动选择的权力。2010 年，美国视频网站 YouTube 引入 TrueView 系统，该系统允许用户在观看广告 5 秒后选择"跳过广告"。2012 年 Max Pashkevich 等人研究发现，可跳过的广告与传统的插播广告在信息传播效果方面旗鼓相当，而且前者更受用户的偏爱。到 2012 年 7 月，YouTube70% 的广告都采取了可跳过方式。[①] 同时，此方式还被延伸到移动端，保证了用户的选择权。

相比之下，我国在此领域进展十分缓慢。2011 年阳狮锐奇对中国消费者的研究发现，"广告选择器"可以兼顾消费者和广告商的利益，是一种比较有效的广告投放模式。2014 年搜狐视频在其移动端推出了"语音去广告"的功能，只要用户喊出品牌商的名字，就可以自动跳过广告。上述探索体现了商业利益与用户体验的博弈，其成果很有启发意义，遗憾的是，很少有广告主采用之，强制广告仍然是网络视频广告的主流。过去的研究表明，强制式广告在吸引注意和加强记忆方面确实具有不错的效果。然而，它对广告态度有比较强的负面影响。[②] 尤其是在互联网媒体环境下，广告主更应该谨慎采用之。

其六，随着大数据挖掘技术的发展，有针对性地提供交互功能也是未来的努力方向。在此方面，跨终端 ID 识别技术、跨屏程序化购买、精准营销等方面的探索都为实现"千人千面"的广告投放效果提供了保障。

[①] Max Pashkevich etc. "Empowering Online Advertisements by Empowering Viewers with the Right to Choose The Relative Effectiveness of Skippable Video Advertisements on YouTube", *Journal of Advertising Research*, 2012 (12), pp. 451 – 457.

[②] Steven M. Edwards, Hairong Li, Joo-Hyun Lee, "Forced Exposure and Psychological Reactance: Antecedents and Consequences of the Perceived Intrusiveness of Pop-Up Ads", *Journal of Advertising*, 2002, 31 (3), pp. 83 – 95.

（六）多屏环境下，广告主仍然不能忽视电视广告

根据本书第六章的研究结果，电视广告态度、广告价值、广告信息性和娱乐性与网络视频媒体广告态度、广告价值、广告信息性和娱乐性之间呈现显著的正向关系，也就是说，那些对网络视频广告持积极态度和评价的用户，对电视广告的反应也是积极的，这说明两者并不是此消彼长、相互排斥的，而是共同发展的正向关系，这对于电视媒体来说应该是个好消息。

同时，《2015年中国网络视听发展研究报告》发现，尽管79.8%的视频用户几乎每天都上网，但是传统电视和广播的媒体地位仍然"屹立不倒"，60.8%的视频用户几乎每天都看电视，它是网民生活不可替代的一部分。[1] 可见，电视依然具有广泛的影响力，在整合营销中，广告主不应该忽视它。

一些关于广告主的研究也支持了上述观点。近期，美国知名媒体公司A+E Networks 和 Turner 赞助了一项研究，该研究随机抽取了 15 个在2013—2014年间减少了电视广告投放的品牌进行分析。这些品牌来自饮料、零食、糖果和原料等领域，并且与上一年相比，他们都在不同程度上（29%—75%）减少了电视广告的投放。研究发现，在15个品牌中，有11个品牌的销售额下降了，其下降总额为9400万美元，这相当于他们2013年电视广告投放所带来的销售增量的69%。基本上，这11个品牌每少花1美元在电视媒体上，他们的销售额就会减少3美元。TiVo估计这些品牌平均在电视媒体上少花了310万美元，这在销售额上给他们带来了平均860

---

[1] 媒介杂志：《〈2015年中国网络收听发展研究报告〉发布——手机成为网络视频"第一终端"》，2015年12月（http://mp.weixin.qq.com/s?__biz=MjM5MjY2MDA5Mw==&mid=401173338&idx=3&sn=82175f424d95cd2119e2c57c669b6f4f&scene=23&srcid=1202doQcsPa73uRq56LlJtXg#rd）。

第七章 结论与展望

万美元的损失。

对于另外 4 个销量没有下滑的品牌，研究发现，其中 2 个品牌，由于它们的竞争对手以更大的幅度削减了电视广告的预算，因此，其在电视广告上减少的花费所带来的负面影响被抵消；另外 2 个品牌则把它们在电视广告上的花费，用来购买具有高精准性的广播电视网。总之，正如 A + E Networks 的主席兼 CRO MelBerning 所说："在所有这些媒体平台中，电视能为广告合作伙伴持续提供更好的投资回报和权益。"①

此外，2016 年 5 月，美国 ABC 电视台发布了一份报告，这份报告研究了过去三年内广告主的广告花费及回报率后向广告主宣称：由于电视的光环效应，网络广告的效果被大大高估，大部分由搜索引擎、长短视频等网络广告渠道取得的回报率是受了同时期相应电视广告而提升的，也就是说，只有当同时有电视广告在播时，这些网络广告才会有更大的效果。②

国内也得出了相似的结论。CTR 媒介智讯《2016 年广告主营销趋势调查报告》显示：在 2013—2015 年实际使用的媒介选择中，电视一直有着较高的被选择比例。即使在新媒体广告快速发展的 2015 年，依然有 86% 的广告主使用了电视。65% 的被访企业认为，电视仍然是 2016 年最重要的媒体。

而对 2016 年的媒介费用分配调查显示，电视媒体仍然是广告主花费最高的重要媒体，被访企业中电视占整体营销预算的平均比例为 37%，高于 PC 互联网与移动互联网的分配比例总和（如图 7 – 3 所示）。

---

① 央视广告经营管理中心：《美国调研报告显示：在电视上减少投放将导致品牌销量下滑》，2016 年 4 月 11 日(http://mp.weixin.qq.com/s?__biz=MjM5MDg2MTA4MA==&mid=403373947&idx=1&sn=48b38216cad75da312379ff4fd169537&scene=23&srcid=04122HqSEnHWLr09MKr227jJ#rd)。

② 央视广告经营管理中心：《电视平台有光环效应，网络广告效果沾了电视的光》，2016 年 5 月 30 日（http://mp.weixin.qq.com/s?__biz=MjM5MDg2MTA4MA==&mid=2651781012&idx=3&sn=ea70daeff2e6c9c5fb9938868d314ef8&scene=23&srcid=0605VtwW1p1LXN5SAfYnzOJ9#rd)。

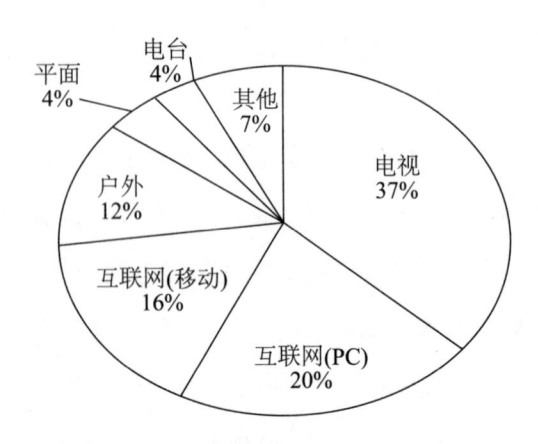

图 7-3 2016 年各媒介营销费用的分配比例

同时,《2016 年广告主营销趋势调查报告》还显示,快消品和医药类企业在 2016 年营销预算中分别将 49% 和 54% 的比例分配给了电视。这种分配策略符合这两个行业的传播需求。快消品和药品是相对成熟的品类,整体市场需求比较稳定,这些行业的广告传播目的更多的是维护品牌形象,稳定市场份额。而电视拥有的高覆盖率与权威可信性则成为这些行业广告主看重的因素,他们愿意使用电视广告进行全国辐射,也期待利用电视的公信力提升其品牌形象。[1]

2016 年第一季度,食品、药品、饮料、化妆品/浴室用品、酒精类饮品五个行业居电视广告花费前五位。其中,药品行业在电视广告花费同比增长 23.8%。食品、饮料、化妆品/浴室用品这三大电视广告快消行业中,食用油、方便食品行业广告花费增幅较大,分别为 24.4% 和 17.9%。酒精类饮品行业中,鸿茅、金星、茅台、古井贡、百威、洋河、哈尔滨、五粮液、宣酒、红星这些品牌位列电视广告花费前十位,其中,金星同比增长

---

[1] 央视广告经营管理中心:《65% 的被访企业认为:电视是 2016 年最重要的媒体》,2016 年 4 月 18 日(http://mp.weixin.qq.com/s?__biz=MjM5MDg2MTA4MA==&mid=2651780408&idx=1&sn=000048a370f3b4b59ac000cc8d446b44&scene=23&srcid=0418wDvrhJv6OQnd9bDcfI1R#rd)。

514.7%，茅台同比增长 242.3%。此外，在 2016 年 Q1 电视广告花费 TOP10 品牌增幅排行榜中，鸿茅、汇仁、欧莱雅、脑白金等品牌位列 2016 年一季度电视广告花费前十（如图 7-4 所示）[①]。

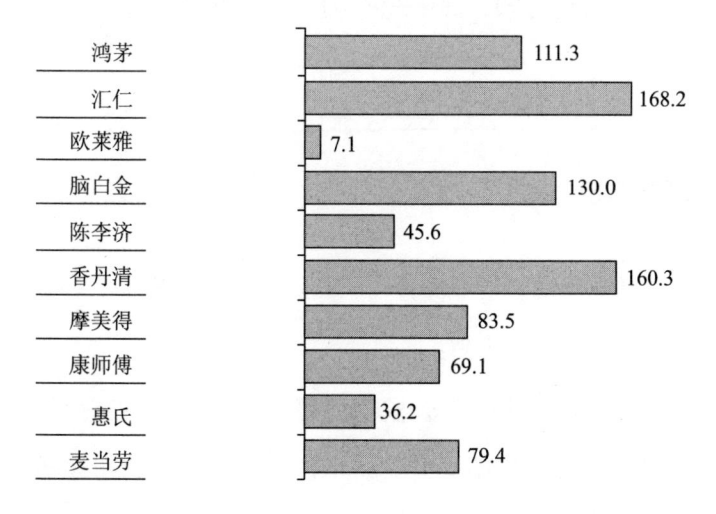

品牌	增幅（%）
鸿茅	111.3
汇仁	168.2
欧莱雅	7.1
脑白金	130.0
陈李济	45.6
香丹清	160.3
摩美得	83.5
康师傅	69.1
惠氏	36.2
麦当劳	79.4

数据来源：CTR媒介智讯。同比增长按前一年基准计算。

图 7-4 2016 年 Q1 电视广告花费 TOP10 品牌增幅（%）

可见，无论是从用户的角度还是广告主的角度，电视媒体都具有不可替代的影响力，对于广告主来说，应该将电视和网络视频结合起来，共同为品牌服务。比如，电视媒体在迅速提升品牌知名度和塑造品牌形象方面具有数十年的经验，而网络视频广告则在点击、互动以及促使消费者采取购买行为方面具有先天的技术优势，因此，广告主可以根据营销目标和广告目标，合理地配置电视广告和网络视频广告资源，更好地发挥两者的整合效应。

---

① 央视广告经营管理中心：《2016 年一季度，哪些品牌青睐电视广告》，2016 年 5 月 13 日（http：//mp.weixin.qq.com/s？__biz=MjM5MDg2MTA4MA==&mid=2651780789&idx=4&sn=31b5aecdd3e063c79aa87101c84e8d38&scene=23&srcid=0527cP4CblycDXtKv3ipV1he#rd）。

第三节 研究不足及未来展望

一 研究不足

尽管笔者倾数年之力精心准备，规范操作，但此书仍然存在诸多不足之处，这主要表现在以下方面：

第一，本书没有进行复核效化。复核效化是指模型的跨样本有效性，具体而言，就是指某个从样本甲生成并获得支持的模型在样本乙中也适用。其具体做法是，选择两组样本，一组是标定样本，另一组是校验样本，结构方程模型先在标定样本上进行估计，然后，将结果套入校验样本中，如果其拟合程度也比较理想，那就说明该模型具有跨样本的效度稳定性。[①] 由于时间所限，笔者并没有进行此项工作，因此，本书属于一种探索性的研究，其结果的稳定性还有待验证。

第二，以下路径：电视广告信息性—广告侵扰，电视媒体可信性—广告价值，网络视频广告价值—广告侵扰，网络视频广告信息性—广告侵扰，网络视频广告娱乐性—广告侵扰在本研究中被证明是不显著的，但是，它们之间的因果关系不一定不存在，可能只是没有被发掘出来，这有待今后进一步的探索。

第三，由于时间和篇幅所限，在进行统计分析时并没有考虑具体的广

---

① 申跃：《基于满意度的顾客抱怨模型研究》，博士学位论文，清华大学经济管理学院，2005 年。

告因素，如广告的产品类型、广告代言人、广告时长等，而这些具体的广告因素必然会对受众的广告态度产生影响。同时，由于态度是个体在生活中不断习得的心理倾向，个体的人口统计学特征（如年龄、性别、学历、收入、职业等）必然也会对其广告评价产生影响，在今后的研究中，应该对这些因素加以考察，以便我们更好地了解消费者的广告态度。

第四，建立一个简约而全面的理论模型并不是一件容易的事情，就广告态度而言，媒体态度、广告交互性、广告混乱等因素都可能对其产生影响，但本书的模型并未关注这些因素。

第五，就本次研究而言，尽管前期已经做了很多的准备，但是，问卷在语言表述上还是存在一些不足，这可能会使一些被访者产生理解偏差，并影响最终调研结果的准确性。

第六，经济的发展水平和传媒的发达程度将在某种程度上影响受众的广告态度。本书的调研地点是长春，因此，所得结论可能只适用于解释长春的受众认知，毕竟，地域差异会对传媒发展和受众认知产生较大的影响，因此，本研究结果可能无法推及其他地区。未来，为了更全面地了解消费者的广告态度，我们应该在不同的地域开展此项研究，并结合当地的传媒环境对研究结果进行解读。同时，我们还有必要将不同地域的研究结果进行对比和分析，从而获得一个更加科学、更加全面的理解。

第七，本书采用的是方便样本，这是受到执行能力、调研成本等多种条件限制的结果，如若条件允许，运用更加科学的抽样方法会更好地提高研究质量。

二 未来展望

对于上述不足，我们应该在今后的研究中努力弥补。与此同时，我们还应该在未来的研究中把握住媒体的发展趋势和技术的发展动向，从以下方面展开努力，从而获得更加有价值的研究成果。

第一，广告态度具有习得性，它是人们在长期的社会生活中逐渐形成的一种心理倾向，也就是说，社会环境、经济水平、现代文化以及传媒环境的发展变化都会在不同程度上影响着人们对于广告的看法和态度，因此，将历时研究与共时研究结合起来，在不同的社会发展阶段对该课题进行新的探索将会有助于我们更好地了解消费者的广告态度，并掌握其发展演变的规律。

第二，就本书的研究结果来看，人们对电视广告和网络视频广告的评价是有同、有异的。而此前，业界曾将两者视为一样的事物来进行跨屏的量化评估（量化指标包括到达率、到达频次、广告费用等），这一做法虽然有一定的道理，也有助于为广告主的跨屏投放提供直观、便利的参考，但是，其结果不一定能十分准确地反映真实的广告效果，存在一定的局限性。未来，将大数据下的跨屏量化评估和心理学领域的调研结果结合起来可能会有助于营销者更好地洞察消费者。

大数据是指那些无法在一定时间内用常规软件工具对其内容进行抓取、管理和处理的数据集合。而从各种各样类型的数据中，快速获得有价值信息的能力就是大数据技术，它主要包括数据的采集、数据的存取、数据的分析等内容。大数据有四个"V"字开头的特征：Volume（容量）、Variety（种类）、Velocity（速度）和 Value（价值）。[①] 运用大数据技术有助于广告主从多个维度、多个层面获得海量复杂的消费者信息，如若能将它与心理学的研究成果结合起来，可能会帮助广告主更好地判断消费者的心理和行为动向，从而更加有效地指导广告投放。

第三，在研究方法上，本书运用的是传统的问卷调研法，这一方法本

[①] 杨秀：《大数据时代定向广告中的个人信息保护——〈中国互联网定向广告用户信息保护行业框架标准〉分析》，《国际新闻界》2015年第5期。

身存在一定的局限性,比如,被调查者可能会因为不愿意表达自己的真实想法而制造谎言,这就在一定程度上影响了研究结果的精确性和研究质量。关于这一缺陷,神经学提供了一定的解决办法,未来,我们应该借助神经学的技术手段和研究方法更好地了解跨屏、同源受众对于广告的反应。

神经科学是一种探索大脑奥秘的科学。神经科学中的脑成像技术有助于对消费者如何回应广告刺激做出更为直接的观察和更为客观的解释,因此,将它引进广告领域是广告效果研究的一个重要突破。具体而言,当被试者观看某部广告片时,相关仪器可以同时记录下其脑部工作的彩色图像,并依次进行比较,如大脑的哪个功能区域对哪种形式的刺激产生反应,刺激与脑内部哪些功能区有所关联等,从而真实地了解大脑"黑箱"的信息加工过程。[1]

神经科学的研究设备主要包括脑电图描记(EEG)、脑磁描记(MEG)、正电子发射断层成像(PET)以及功能性磁共振成像(FMRI)。脑电图描记和脑磁描记可以直接测量神经活动的电磁信号,记录与某一特定事件相关的脑电事件相关电位和脑磁事件相关磁场,具有毫秒级的高时间分辨率优势。与 EEG 相比,MEG 的突出优点是源定位更为突出和准确。PET 是直接对脑功能造影的技术,可以测量区域脑代谢率和区域脑血流的变化,从而了解大脑的功能活动的变化,但是,其存在成像时间较长,具有伤害性的问题。FMRI 是当前最先进的脑成像技术,它成像时间短,空间分辨率高,能同时提供大脑的结构图像和功能图像,而且可以无创性多次重复实验。[2]

总之,神经科学中的脑成像技术有助于我们更真实、更客观地了解消

---

[1] 张子旭:《神经科学与广告传播效果研究》,《国际新闻界》2011 年第 1 期。
[2] 同上。

费者的大脑活动,未来,将神经学的研究成果与心理学成果结合起来,更好地了解消费者对于广告的反应是我们的努力方向。

第四,一般来说,网络视频媒体的使用终端包括台式电脑、笔记本电脑、智能手机以及平板电脑等。本书在研究网络视频广告时,并没有对使用屏端进行区分,但实际上,不同使用终端的物理属性、观赏环境以及受众的观赏状态并不相同,这会在一定程度上影响受众对于广告的评价,因此,在未来的研究中,我们有必要区别对待之。

在网络视频媒体的各种终端设备中,智能手机是发展较快的一种。艾瑞咨询集团调查显示,2015年第三季度,中国智能手机出货量为11877万台,环比增长4.7%。虽然其增长率相比于第二季度增速有所放缓,但总体看来依旧保持着稳步的增长态势。伴随智能手机终端的普及和移动互联网技术的发展,移动广告也得到了快速的发展。2015年第三季度,中国移动广告规模达到234亿元,同比增长157.4%,环比增长36.7%,同比和环比均保持稳定的高速增长。① 可见,今后有针对性地对智能手机加以研究是符合行业发展需求之举。

第五,在大视频媒体格局中,智能电视是一个正在蓬勃发展的新屏端,它融合了传统电视和互联媒体的优势和特征,具有较强的市场竞争优势。未来,伴随着家庭互联网成为继PC互联网和移动互联网之后的新热点,客厅智能大屏也逐渐成为广告主关注的新市场,因此,在未来的研究中,将智能电视大屏广告纳入研究视野是十分必要的。

2012年以后,智能电视行业连续三年保持着高速的增长势头,特别是2014年,智能电视产销量迅速扩大,创维、康佳、TCL、海尔、海信等传统电视机厂商品牌都纷纷推出了自己的智能电视机,智能电视机的销售量

---

① 艾瑞咨询集团:《2015年第三季度中国移动互联网核心数据发布》,2016年2月,艾瑞网(http://news.iresearch.cn/zt/258242.shtml)。

在 2014 年超过了 3500 万台。

随着终端的迅速普及，智能电视得到了快速的发展。研究发现，中国智能电视激活率及用户活跃度不断提升，截至 2014 年 3 月，智能电视激活率为 77%，用户活跃率为 50%。智能电视日均开机 1 次的占比 46%，接近半数。智能电视日均运行 2 小时以上的占比达 53%，超过整体半数。

同时，年轻、高学历、高收入群体是智能电视用户的主要特点。志精科技和奥维咨询发布的《2014 年中国首份智能大屏媒介数据报告》显示，智能电视受众的地域分布主要集中在智能电视销售量较大的省市以及互联网普及度较高的经济发达地区，如广东、山东、河南、浙江、江苏、北京、上海。同时，智能电视用户人群的年龄分布主要以 25—34 岁人群为主，占比 48%，其次是 35—44 岁占比为 29%。从智能电视用户学历分布来看，大学以上学历的受众使用率远远高于其他群体，占比近一半，高达 44%。而且智能电视用户以高收入群体为主，家庭个人用户平均收入在 5001—10000 元的占比最高，达到 37%。[1]

可以想象，这些年轻、高学历、高收入的消费人群选择回归客厅电视将给智能电视广告市场带来蓬勃发展的新气象。

第四节 本章小结

本章是对电视和网络视频广告态度及其影响因素研究所做出的结论，具体包括以下几部分：

---

[1] 志精科技和奥维咨询:《2014 年中国首份智能大屏媒介数据报告》，第 2 页。

首先，本章根据第六章的实证研究结果对电视组和网络视频组的广告态度、广告价值、广告侵扰等变量做了对比和分析，结果发现，相同的受众对于两组广告价值的评价较为相似，但对于广告态度和广告侵扰的评价却不甚相同，这说明对于受众来说，电视广告和网络视频广告有同有异，将两者简单等同起来可能并不科学。

其次，本章论述了电视和网络视频广告态度及其影响因素研究的理论贡献和实践意义，并为广告从业者提出了具体的广告投放策略，包括电视广告应该注重娱乐性，网络视频广告应该注重信息性，电视和网络视频广告都应该降低冒犯，电视媒体要继续发挥可信性优势，网络视频广告应该在技术推动下提升其交互性。

最后，本章还指出，尽管电视独霸一屏的局势已经不复存在，但是广告主仍然不应该忽略对电视广告的投放。

附　　录

关于电视和网络视频广告态度及其影响因素的调查问卷

尊敬的女士/先生您好！

我是某大学广告专业的一名学生，问卷调研是我们的一项作业，烦请您抽出宝贵的时间，填答一份问卷，帮助我们顺利完成学习任务，衷心感谢您！祝您平安、健康、幸福！

一、筛选题（调查员注意：被访者一定要符合我们的条件！）

1. 最近半年，您是否在家看过传统电视（即被动收看，不能主动点播的电视）？

是：（　）继续访问

否：（　）中断访问

2. 您收看最多的电视台是_____

3. 在看电视的过程中，您收看过插播广告吗？

收看过：（　）继续访问

没看过：（　）中断访问

4. 最近半年，您是否在视频网站上看过节目？

是：（　）继续访问

否：（　）中断访问

5. 您访问最多的视频网站是_____

6. 在视频网站上看节目，您收看过节目前、中、后的插播广告吗？

收看过：（　） 继续访问

没看过：（　） 中断访问

7. 在视频网站看节目，您使用最多的设备是（　　　）（可以单选也可以多选）

  A. 台式电脑　　　　B. 笔记本电脑

  C. 智能手机　　　　D. 平板电脑

二、调查概况（以下由调查员填写）

访问地点：　　　　访问时间：

调查员姓名：　　　问卷编号：

三、引导语：

问卷中的电视广告是指<u>电视节目前、中、后插播的视频广告</u>；网络视频广告是指<u>在视频网站看节目时，节目前、中、后插播的视频广告</u>。本问卷分别将电视广告和网络视频广告视为整体，不对个别广告做单独研究。

四、问卷的主体部分

电视组

广告态度

Y1. 总体来说，我觉得电视广告……

坏处远远比好处多	坏处比好处多一些	好处和坏处差不多	好处比坏处多一点儿	好处比坏处多一些	好处远远比坏处多

Y2. 总体来说，我觉得电视广告……

非常消极	比较消极	没感觉	比较积极	很积极	非常积极

Y3. 总体来说，我觉得电视广告……

非常令人不快	很令人不快	比较令人不快	没感觉	比较讨人喜欢	很讨人喜欢	非常讨人喜欢

网络视频组

广告态度

Y1. 总体来说，我觉得网络视频广告……

坏处远远比好处多	坏处比好处多一些	好处和坏处差不多	好处比坏处多一点儿	好处比坏处多一些	好处远远比坏处多

Y2. 总体来说，我觉得网络视频广告……

非常消极	很消极	比较消极	没感觉	比较积极	很积极	非常积极

Y3. 总体来说，我觉得网络视频广告……

非常令人不快	很令人不快	比较令人不快	没感觉	比较讨人喜欢	很讨人喜欢	非常讨人喜欢

广告价值

Y4. 对我来说，电视广告是有价值的。

非常不同意	很不同意	比较不同意	没感觉	比较同意	很同意	非常同意

Y5. 电视广告对我有用。

非常不同意	很不同意	比较不同意	没感觉	比较同意	很同意	非常同意

Y6. 电视广告是重要的。

非常不同意	很不同意	比较不同意	没感觉	比较同意	很同意	非常同意

信息性

X1. 在获得产品信息方面，电视广告为我提供了一个好渠道。

广告价值

Y4. 对我来说，网络视频广告是有价值的。

非常不同意	很不同意	比较不同意	没感觉	比较同意	很同意	非常同意

Y5. 网络视频广告对我有用。

非常不同意	很不同意	比较不同意	没感觉	比较同意	很同意	非常同意

Y6. 网络视频广告是重要的。

非常不同意	很不同意	比较不同意	没感觉	比较同意	很同意	非常同意

信息性

X1. 在获得产品信息方面，网络视频广告为我提供了一个好渠道。

附　录

X2. 网络视频广告能够提供与我相关的产品信息。

非常不同意	很不同意	比较不同意	没感觉	比较同意	很同意	非常同意

X3. 网络视频广告能及时地为我提供信息。

非常不同意	很不同意	比较不同意	没感觉	比较同意	很同意	非常同意

X4. 网络视频广告能为我提供最新的产品信息。

非常不同意	很不同意	比较不同意	没感觉	比较同意	很同意	非常同意

X2. 电视广告能够提供与我相关的产品信息。

非常不同意	很不同意	比较不同意	没感觉	比较同意	很同意	非常同意

X3. 电视广告能及时地为我提供信息。

非常不同意	很不同意	比较不同意	没感觉	比较同意	很同意	非常同意

X4. 电视广告能为我提供最新的产品信息。

非常不同意	很不同意	比较不同意	没感觉	比较同意	很同意	非常同意

广告态度及其影响因素研究

X5. 通过网络视频广告，我能够方便地获得产品信息。

非常不同意	很不同意	比较不同意	没感觉	比较同意	很同意	非常同意

X6. 网络视频广告能为我提供全面的产品信息。

非常不同意	很不同意	比较不同意	没感觉	比较同意	很同意	非常同意

娱乐性

X7. 网络视频广告拍得有意思。

非常不同意	很不同意	比较不同意	没感觉	比较同意	很同意	非常同意

X8. 网络视频广告能给人带来享受。

非常不同意	很不同意	比较不同意	没感觉	比较同意	很同意	非常同意

X5. 通过电视广告，我能够方便地获得产品信息。

非常不同意	很不同意	比较不同意	没感觉	比较同意	很同意	非常同意

X6. 电视广告能为我提供全面的产品信息。

非常不同意	很不同意	比较不同意	没感觉	比较同意	很同意	非常同意

娱乐性

X7. 电视广告拍得有意思。

非常不同意	很不同意	比较不同意	没感觉	比较同意	很同意	非常同意

X8. 电视广告能给人带来享受。

非常不同意	很不同意	比较不同意	没感觉	比较同意	很同意	非常同意

X9. 电视广告令人愉快。

非常 不同意	很 不同意	比较 不同意	没感觉	比较 同意	很同意	非常 同意

X10. 电视广告令人兴奋。

非常 不同意	很 不同意	比较 不同意	没感觉	比较 同意	很同意	非常 同意

冒犯

X11. 电视广告侮辱我的智商。

非常 不同意	很 不同意	比较 不同意	没感觉	比较 同意	很同意	非常 同意

X12. 电视广告的内容令人不舒服。

非常 不同意	很 不同意	比较 不同意	没感觉	比较 同意	很同意	非常 同意

X9. 网络视频广告令人愉快。

非常 不同意	很 不同意	比较 不同意	没感觉	比较 同意	很同意	非常 同意

X10. 网络视频广告令人兴奋。

非常 不同意	很 不同意	比较 不同意	没感觉	比较 同意	很同意	非常 同意

冒犯

X11. 网络视频广告侮辱我的智商。

非常 不同意	很 不同意	比较 不同意	没感觉	比较 同意	很同意	非常 同意

X12. 网络视频广告的内容令人不舒服。

非常 不同意	很 不同意	比较 不同意	没感觉	比较 同意	很同意	非常 同意

X13. 电视广告带有欺骗性。

非常不同意	很不同意	比较不同意	没感觉	比较同意	很同意	非常同意

X14. 电视广告会误导我。

非常不同意	很不同意	比较不同意	没感觉	比较同意	很同意	非常同意

广告侵扰

Y7. 电视广告分散我的注意力。

非常不同意	很不同意	比较不同意	没感觉	比较同意	很同意	非常同意

Y8. 电视广告的出现令人烦恼。

非常不同意	很不同意	比较不同意	没感觉	比较同意	很同意	非常同意

X13. 网络视频广告带有欺骗性。

非常不同意	很不同意	比较不同意	没感觉	比较同意	很同意	非常同意

X14. 网络视频广告会误导我。

非常不同意	很不同意	比较不同意	没感觉	比较同意	很同意	非常同意

广告侵扰

Y7. 网络视频广告分散我的注意力。

非常不同意	很不同意	比较不同意	没感觉	比较同意	很同意	非常同意

Y8. 网络视频广告的出现令人烦恼。

非常不同意	很不同意	比较不同意	没感觉	比较同意	很同意	非常同意

Y9. 网络视频广告强迫我收看。

非常不同意	很不同意	比较不同意	没感觉	比较同意	很同意	非常同意

Y10. 网络视频广告打扰我看节目。

非常不同意	很不同意	比较不同意	没感觉	比较同意	很同意	非常同意

X17. 电视媒体能够完整地报道新闻事件。

非常不同意	很不同意	比较不同意	没感觉	比较同意	很同意	非常同意

X18. 电视新闻报道是客观的。

非常不同意	很不同意	比较不同意	没感觉	比较同意	很同意	非常同意

Y9. 电视广告强迫我收看。

非常不同意	很不同意	比较不同意	没感觉	比较同意	很同意	非常同意

Y10. 电视广告打扰我看节目。

非常不同意	很不同意	比较不同意	没感觉	比较同意	很同意	非常同意

电视媒体可信性

X15. 电视媒体在新闻报道方面是真实的。

非常不同意	很不同意	比较不同意	没感觉	比较同意	很同意	非常同意

X16. 电视媒体在新闻报道方面是准确的。

非常不同意	很不同意	比较不同意	没感觉	比较同意	很同意	非常同意

X19. 电视媒体关注广大人民的利益。

非常不同意	很不同意	比较不同意	没感觉	比较同意	很同意	非常同意

X20. 电视媒体关心弱势群体，如农民、下岗职工、残疾人等。

非常不同意	很不同意	比较不同意	没感觉	比较同意	很同意	非常同意

X21. 电视节目有品位。

非常不同意	很不同意	比较不同意	没感觉	比较同意	很同意	非常同意

X22. 电视新闻有深度。

非常不同意	很不同意	比较不同意	没感觉	比较同意	很同意	非常同意

X23. 电视新闻是及时的。

非常不同意	很不同意	比较不同意	没感觉	比较同意	很同意	非常同意

X24. 电视能够报道独家新闻。

非常不同意	很不同意	比较不同意	没感觉	比较同意	很同意	非常同意

X25. 电视是值得民众依靠的一个投诉渠道。

非常不同意	很不同意	比较不同意	没感觉	比较同意	很同意	非常同意

X26. 媒体的批评性报道十分有效，能够有力地促使问题得到解决。

非常不同意	很不同意	比较不同意	没感觉	比较同意	很同意	非常同意

X27. 电视能够提供对生活有用的信息。

非常不同意	很不同意	比较不同意	没感觉	比较同意	很同意	非常同意

X28. 电视代表党和政府的声音,具有权威性。

非常不同意	很不同意	比较不同意	没感觉	比较同意	很同意	非常同意

X29. 电视媒体的报道有助于社会发展。

非常不同意	很不同意	比较不同意	没感觉	比较同意	很同意	非常同意

网络视频媒体互动性

X15. 在视频网站上,我能通过栏目分类找到想要的内容。

非常不同意	很不同意	比较不同意	没感觉	比较同意	很同意	非常同意

X16. 在视频网站上,我能够选择想看的内容。

非常不同意	很不同意	比较不同意	没感觉	比较同意	很同意	非常同意

X17. 在视频网站上,我能够控制播放的进度。

非常不同意	很不同意	比较不同意	没感觉	比较同意	很同意	非常同意

X18. 在视频网站上,我一次想看几集看几集。

非常不同意	很不同意	比较不同意	没感觉	比较同意	很同意	非常同意

X23. 视频网站将我的利益放在心上。

非常不同意	很不同意	比较不同意	没感觉	比较同意	很同意	非常同意

X24. 视频网站能为我提供个性化的内容。

非常不同意	很不同意	比较不同意	没感觉	比较同意	很同意	非常同意

X25. 视频网站给予我个别的关注。

非常不同意	很不同意	比较不同意	没感觉	比较同意	很同意	非常同意

X26. 视频网站能为我提供观看记录。

非常不同意	很不同意	比较不同意	没感觉	比较同意	很同意	非常同意

X19. 视频网站能对我的点击或输入迅速做出反应。

非常不同意	很不同意	比较不同意	没感觉	比较同意	很同意	非常同意

X20. 视频网站总是乐意响应我的点击或输入。

非常不同意	很不同意	比较不同意	没感觉	比较同意	很同意	非常同意

X21. 视频网站不管多忙都能响应我的点击或输入。

非常不同意	很不同意	比较不同意	没感觉	比较同意	很同意	非常同意

X22. 视频网站能处理我的特定需求。如调整清晰度、画幅比例、开关灯等。

非常不同意	很不同意	比较不同意	没感觉	比较同意	很同意	非常同意

X27. 视频网站能为我提供"播放记忆"功能。

非常不同意	很不同意	比较不同意	没感觉	比较同意	很同意	非常同意

X28. 在视频网站上看节目，我可以发表评论。

非常不同意	很不同意	比较不同意	没感觉	比较同意	很同意	非常同意

X29. 在视频网站上看节目，我可以发"弹幕"。

非常不同意	很不同意	比较不同意	没感觉	比较同意	很同意	非常同意

X30. 在视频网站上，我可以为节目点"赞"或"不赞"。

非常不同意	很不同意	比较不同意	没感觉	比较同意	很同意	非常同意

X31. 在视频网站上，我可以"转发"或"分享"视频。

非常不同意	很不同意	比较不同意	没感觉	比较同意	很同意	非常同意

X32. 在视频网站上，我可以上传视频。

非常不同意	很不同意	比较不同意	没感觉	比较同意	很同意	非常同意

X33. 在视频网站上，我可以下载视频。

非常不同意	很不同意	比较不同意	没感觉	比较同意	很同意	非常同意

五、背景资料

1. 性别　男（　）女（　）

2. 年龄

18—23 岁（　）24—29 岁（　）30—39 岁（　）40—49 岁（　）50 岁及以上（　）

3. 职业

学生（　）企业/公司一般职员（　）专业技术人员（　）

企业/公司管理者（　）个体户/自由职业者（　）

农村进城务工人员（　）工人（　）农、林、牧、渔劳动者（　）

退休（　）无业、下岗、失业（　）其他（　）

4. 文化程度

初中及以下（　）高中/中专/技校（　）大专（　）

大学本科（　）硕士及以上（　）

5. 媒体使用程度

（1）我看电视的频率是

从来不看（　）偶尔看（　）有时候看（　）经常看（　）

（2）我在视频网站看节目的频率是

从来不看（　）偶尔看（　）有时候看（　）经常看（　）

注：问卷采用七点李克特量表，从"非常不同意"到"非常同意"依次计分为1、2、3、4、5、6、7。

参考文献

[1] 艾瑞咨询集团：《2016年中国在线视频企业创新营销研究报告》。

[2] 艾瑞咨询集团：《中国在线视频行业发展报告简版2009—2010》。

[3] 艾瑞咨询集团：《中国在线视频行业年度监测报告简版2015》。

[4] 艾瑞咨询集团：《中国在线视频行业年度监测报告简版2011—2012》。

[5] 白穆玄：《电视观众跨媒体使用的多维度研究》，《广告主市场观察》2010年第11期。

[6] 常昕、商光辉：《"广电+"与广电媒体发展形势刍议》，《电视研究》2015年第12期。

[7] 陈国平、王瑛浔：《城市青少年的广告态度与消费心理分析》，《青年研究》2008年第4期。

[8] 陈友庆：《对消费者广告态度的调查与思考》，《江苏教育学院学报》2000年第4期。

[9] 陈跃刚、吴艳：《基于网络交互性的广告理论》，《江苏商论》2006年第8期。

[10] 《大视频时代，跨屏整合营销提高媒介投放ROI》，《广告大观》（综合版）2013年第1期。

[11] 高杰：《2011年上半年上海跨屏研究报告》，《中国广告》2011年第12期。

[12] 古安伟：《基于消费者关系视角的品牌资产概念模型及其驱动关系研究》，博士学位论文，吉林大学，2012年。

[13] 侯德林、蔡淑琴、夏火松、张星：《视频服务满意度与使用意愿实证研究》，《工业工程与管理》2011年第3期。

[14] 胡正荣、段鹏、张磊：《传播学总论》，清华大学出版社2008年版。

[15] 黄合水主编：《品牌与广告的实证研究》，北京大学出版社2006年版。

[16] 黄合水、周文、曹晓东、丘永梅、冯赛洁：《2007电视媒体广告效应系数研究报告》，2007年8月14日，搜狐新闻（http：//news.sohu.com/20070814/n251575476.shtml）。

[17] 黄合水：《广告心理学》，厦门大学出版社2010年版。

[18] 黄京华：《网络视频与电视：受众的分流和共享》，《中国广播电视学刊》2012年第4期。

[19] 黄正伟、冯翠、何伟军：《心理抗拒理论下顾客在线购物体验研究》，《商业时代》2015年第26期。

[20] 柯惠新、沈浩编著：《调查研究中的统计分析法》，中国传媒大学出版社2005年版。

[21] 雷莉、马谋超：《品牌延伸中母品牌的作用机制》，《心理科学进展》2003年第3期。

[22] 雷跃捷、刘年辉：《提升电视媒体公信力的三部曲》，《新闻与写作》2008年第10期。

[23] 李锐、王卫红：《当代大学生的广告态度研究》，《苏州城市建设环境保护学院学报》2001年第2期。

[24] 李欣：《高科技品牌广告效果影响因素实证分析研究》，博士学位论文，山东大学，2009年。

[25] 林幽兰：《媒介情境对广告效果的影响之研究综述》，硕士学位论文，

厦门大学，2009 年。

[26] 刘海龙：《透视媒体公信力之四——解析"公信力"神话》，《新闻与写作》2008 年第 10 期。

[27] 秒针系统：《视频投放十大发现》，2012 年 Q4，豆丁（http：//www.docin.com/p-834426105.html）。

[28] 慕玲：《多屏传播背景下的受众收视研究》，《现代传播》2015 年第 4 期。

[29] 尼尔森：《中美跨屏媒介消费比较研究》，2011 年 10 月，百度文库(http：//wenku.baidu.com/view/85696a8cd0d233d4b04e6907.html）。

[30] 邱皓政、林碧芳：《结构方程模型的原理与应用》，中国轻工业出版社 2012 年版。

[31] 任健、丁婉星：《国外交互性广告传播效果及其评价：2003—2013 年》，《重庆社会科学》2013 年第 12 期。

[32] 申跃：《基于满意度的顾客抱怨模型研究》，博士学位论文，清华大学，2005 年。

[33] 石永军、王卓、石永东、周莉：《忠实电视观众网络视频使用调查——以湖北地区为例》，《南方电视学刊》2012 年第 3 期。

[34] 王艳萍、程岩：《在线用户对弹出式广告的心理抗拒分析》，《工业工程与管理》2013 年第 1 期。

[35] 文春英、顾远萍：《当代中国的大众传媒》，中国传媒大学出版社 2012 年版。

[36] 吴明隆：《结构方程模型——AMOS 的操作与应用》，重庆大学出版社 2010 年版。

[37] 吴垠、吴超荣：《中国居民广告态度的解构与地域性的比较研究》，豆丁（http：//www.docin.com/p-791228207.html）。

[38] 熊雁、王明伟编译：《网络广告》，《现代传播》1998年第3期。

[39] 杨明品、贺筱玲：《网络视频发展的政策选择》，《电视研究》2009年第7期。

[40] 《阳狮锐奇"The Pool"第二泳道调研成果发布》，2011年12月20日，腾讯科技（http：//tech.qq.com/a/20111220/000454.html）。

[41] 《阳狮锐奇"The Pool"第三泳道调研计划落幕》，2013年4月5日，梅花网（http：//www.meihua.info/today/post/post_3dfdec4f-514f-4336-b942-0269cc2a36e6.aspx）。

[42] 《阳狮锐奇"The Pool"第四泳道调研计划落幕》，2014年3月27日，新华科技（http：//news.xinhuanet.com/tech/2014-03/27/c_126322549.html）。

[43] 喻国明、李彪、丁汉青、王菲、胥琳佳：《媒介即信息：一项基于MMN的实证研究》，《国际新闻界》2010年第11期。

[44] 喻国明：《大众媒介公信力理论探讨》（上），《新闻与写作》2005年第1期。

[45] 喻国明、张洪忠、靳一：《媒介公信力：判断维度量表之研究——基于中国首次传媒公信力全国性调查的建模》，《新闻记者》2007年第6期。

[46] 喻国明、靳一：《给北京主要媒介公信力打多少分》，《新闻与写作》2007年第6期。

[47] 张海潮、郑维东：《大视频时代：中国视频媒体生态考察报告：2014—2015》，中国民主法制出版社2014年版。

[48] 张红霞、王晨、李季：《青少年对广告的态度及影响因素》，《心理学报》2004年第5期。

[49] 张红霞、李佳嘉、郭贤达：《中国城区青少年对广告价值的评价：前

因和后果》,《心理学报》2008 年第 2 期。

[50] 张天莉、王京:《融合的受众及其媒介习惯的新特征》,《电视研究》2013 年第 4 期。

[51] 张天莉、郑维东:《网络视频发展及其对电视媒体影响的不断深化》(上),《电视研究》2012 年第 11 期。

[52] 赵霞、徐瑞青:《2012 年全国电视观众网络收视调研报告》,《电视研究》2013 年第 2 期。

[53] 郑维东、张天莉:《重聚差异化观众:深入理解媒介环境与观众收视变化》,《新闻大学》2010 年第 1 期。

[54] 中国互联网络信息中心:《2010 年中国网民网络视频应用研究报告》(http://www.cnnic.net.cn/hlwfzyj/hlwxzbg/201102/P020120709345288134708.pdf)。

[55] 中国互联网络信息中心:《中国互联网络发展状况统计报告》,2012 年 7 月(http://www.cnnic.cn/research/bgxz/tjbg/201207/P020120719489935146937.pdf)。

[56] 中国互联网络信息中心:《2011 年中国网民网络视频应用研究报告》(http://www.cnnic.cn/hlwfzyj/hlwxzbg/spbg/201206/P020120612483949295297.pdf)。

[57] 中国互联网络信息中心:《2012 年中国网民网络视频应用研究报告》(http://wreport.iresearch.cn/uploadfiles/reports/635101784804531250.pdf.)。

[58] 中国互联网络信息中心:《中国互联网络发展状况统计报告》,2013 年 7 月(http://www.cnnic.cn/hlwfzyj/hlwxzbg/hlwtjbg/201307/P020130717505343100851.pdf.)。

[59] 中国互联网络信息中心:《2013 年中国网民网络视频应用研究报告》

（http：//www. cnnic. cn/hlwfzyj/hlwxzbg/spbg/201406/P02014060939-2906022556. pdf）。

[60] 中国互联网络信息中心：《中国互联网络发展状况统计报告》，2016年1月。

[61] 媒介杂志：《〈2015年中国网络收听发展研究报告〉发布——手机成为网络视频"第一终端"》，2015年12月2日(http：//mp. weixin. qq. com/s?__biz = MjM5MjY2MDA5Mw = = &mid = 401173338&idx = 3&sn = 82175f424d95cd2119e2c57c669b6f4f&scene = 23&srcid = 1202doQcsPa73uRq56LlJtXg#rd）。

[62] 朱新梅：《关注传统媒体的"四个流失"现象》，《中国广播电视学刊》2016年第1期。

[63] Akbari M., "Different Impacts of Advertising Appeals on Advertising Attitude for High and Low Involvement Products", *Global Business Review*, 2015, 16 (3).

[64] Bellman S., Varan D., "Get the Balance Right Commercial Loading in Online Video Programs", *Journal of Advertising*, 2012, 41 (41).

[65] Bevan-Dye A. L., "Black Generation Y Students' Attitudes towards Web Advertising Value", *Mediterranean Journal of Social Sciences*, 2013.

[66] Bucy E. P., "Media Credibility Reconsidered: Synergy between On-Air and Online News", *Journalism & Mass Communication Quarterly*, 2003, 80 (2).

[67] Chungchuan Yang, "Taiwanese Students' Attitudes towards and Beliefs about Advertising", *Journal of Marketing Communications*, 2010, 6 (3).

[68] Dan P., Paliwoda S., "An Empirical Examination of Public Attitudes towards Advertising in A Transitional Economy", *International Journal of*

Advertising, 2007, 26 (2).

[69] Darrel D. Muehling, "An Investigation of Factors Underlying Attitude-Toward-Advertising-in-General", *Journal of Advertising*, 1987, 16 (1).

[70] Darrel D. Muehling, MichelleMcCann, "Attitude toward the Ad: A Review", *Journal of Current Issues & Research in Advertising*, 1993, 15(2).

[71] Donaton S., "New Consumer Revolution Shatters Intrusive AD Model", *Advertising Age*, 2004 (8).

[72] Ducoffe R. H., "Advertising Value and Advertising on the Web", *Journal of Advertising Research*, 1996, 36 (5).

[73] Ducoffe R. H., "How Consumers Assess the Value of Advertising", *Journal of Current Issues & Research in Advertising*, 1995, 17 (1).

[74] Ewing M. T., "The Good News About Television: Attitudes Aren't Getting Worse. Tracking Public Attitudes toward TV Advertising", *Journal of Advertising Research*, 2013, 53 (1).

[75] Galletta D. F., Henry R. M., Mccoy S., et al., "When the Wait Isn't So Bad: The Interacting Effects of Website Delay, Familiarity, and Breadth", *Information Systems Research*, 2006, 17 (1).

[76] Guohua Wu, "Perceived Interactivity and Attitude toward WebSite", *Proceedings of the Conference-American Academy of Advertising*, 1999 (3).

[77] Guohua Wu, "Conceptualizing and Measuring the Perceived Interactivity of Websites", *Journal of Current Issues & Research in Advertising*, 2006, 28 (1).

[78] Guy J. Golan, Sherry Baker, "Perceptions of Media Trust and Credibility Among Mormon College Students", *Journal of Media and Religion*,

2012, 11 (1).

[79] Hamdy N. N., "Prediction of Media Credibility in Egypt's Post-Revolution Transitional Phase", *Global Media Journal American Edition*, 2013.

[80] Hammer P., Riebe E., Kennedy R., et al., "How Clutter Affects Advertising Effectiveness", *Journal of Advertising Research*, 2009, 49 (2).

[81] Hongzhong Zhang, Shuhua Zhou, Bin Shen, "Public Trust: a Comprehensive Investigation on Perceived Media Credibility in China", *Asian Journal of Communication*, 2014, 24 (2).

[82] Hwang J. S., "Measures of Perceived Interactivity: An Exploration of the Role of Direction of Communication, User Control, and Time in Shaping Perceptions of Interactivity", *Journal of Advertising*, 2002, 31 (3).

[83] Jianfeng Wang, Sylvain Senecal, "Measuring Perceived Website Usability", *Journal of Internet Commerce*, 2007, 6 (4).

[84] Johnson T. J., Kaye B. K., "Cruising Is Believing?: Comparing Internet and Traditional Sources on Media Credibility Measures", *Journalism & Mass Communication Quarterly*, 1998, 75 (2).

[85] JoonhyungJee, Wei-Na Lee, "Antecedents and Consequences of Perceived Interactivity", *Journal of Interactive Advertising*, 2002, 3 (1).

[86] Kelty Logan, "And Now A Word From Our Sponsor: Do Consumers Perceive Advertising on Traditional Television and Online Streaming Video Differently?", *Journal of Marketing Communications*, 2012, volume 19 (4).

[87] Kline R., "Software Programs for Structural Equation Modeling: AMOS, EQS And LISREL", *Journal of Psychoeducational Assessent*, 1998 (16).

[88] Kuisma J., Simola J., Uusitalo L., et al., "The Effects of Animation and Format on the Perception and Memory of Online Advertising", *Journal of Interactive Marketing*, 2010, 24 (4).

[89] Li H., Lee J. H., "Measuring the Intrusiveness of Advertisements: Scale Development and Validation", *Journal of Advertising*, 2002, 31 (2).

[90] Logan K., Bright L. F., Gangadharbatla H., "Facebook versus Television: Advertising Value Perceptions among Females", *Journal of Research in Interactive Marketing*, 2012, 6 (3).

[91] Mackenzie S. B., Lutz R. J., "An Empirical Examination of the Structural Antecedents of Attitude Toward the Ad in an Advertising Pretesting Context", *Journal of Marketing*, 1989, 53 (2).

[92] Mehrabi D., Ali M. S. S., Hassan M. A., "Components of News Media Credibility Among Professional Administrative Staff in Malaysia", *China Media Research*, 2013, 9 (1).

[93] Pashkevich M., Dorai-Raj S., Kellar M., et al., "Empowering Online Advertisements by Empowering Viewers with the Right to Choose The Relative Effectiveness of Skippable Video Advertisements on YouTube", *Journal of Advertising Research*, 2012, 52 (4).

[94] Robert H. Ducoffe, Eleonora Curlo, "Advertising Value and Advertising Processing", *Journal of Marketing Communications*, 2000, 6 (4).

[95] SallyJ. McMillan, Jang-SunHwang, "Measures of Perceived Interactivity: An Exploration of the Role of Direction of Communication, User Control, and Time in Shaping Perceptions of Interactivity", *Journal of Advertising*, 2002, 31 (3).

[96] Steven M. Edwards, Hairong Li, Joo-Hyun Lee, "Forced Exposure and Psychological Reactance: Antecedents and Consequences of the Perceived Intrusiveness of Pop-Up Ads", *Journal of Advertising*, 2002, 31 (3).

[97] Schweiger W., "Media Credibility-Experience or Image? A Survey on the Credibility of the World Wide Web in Germany in Comparison to Other Media", *European Journal of Communication*, 2000, 15 (1).

[98] Shavitt S., Lowrey P., Haefner J., "Public Attitudes Toward Advertising: More Favorable Than You Might Think", *Journal of Advertising Research*, 1998, 38 (4).

[99] Speck P. S., "Consumer Perceptions of Advertising Clutter and Its Impact Across Various Media", *Journal of Advertising Research*, 1998 (2).

[100] Spiro Kiousis, "Public Trust or Mistrust? Perceptions of Media Credibility in the Information Age", *Mass Communication & Society*, 2009, 4 (4).

[101] Sukki Yoon, Yung Kyun Choi, Sujin Song, "When Intrusive Can Be Likable", *Journal of Advertising*, 2011, 40 (2).

[102] Su S., Huang J., "Brand Extension or Sub-Brand? A Comparison of Brand Attitude, Advertising Attitude and Purchase Intention", *Management Review*, 2013.

[103] Teixeira T., Wedel M., Pieters R., "Emotion-Induced Engagement in Internet Video Advertisements", *Journal of Marketing Research*. 2012, 49 (2).

[104] Varan D., Murphy J., Hofacker C. F., et al., "What Works Best When Combining Television Sets, PCs, Tablets, or Mobile Phones? How Synergies Across Devices Result From Cross-Device Effects and

Cross-Format Synergies", *Journal of Advertising Research*, 2013, 53 (2).

[105] Vizu 2008 Research Report: "Why Consumers Hate Advertising & What They Are Doing About It" (http://brandlift.vizu.com/knowledge-resources/research/pdf/Why_ Consumers_ Hate_ Ads.pdf).

[106] Wenjing Xie, Yunze Zhao, "Is Seeing Believing? Comparing Media Credibility of Traditional and Online Media in China", *China Media Research*, 2014, 10 (3).

[107] Wolfgang Schweiger, "Media Credibility-Experience or Image? A Survey on the Credibility of the World Wide Web in Germany inComparison to Other Media", *European Journal of Communication*, 2000, 15 (1).

[108] Yann Truong, Geoff Simmons, "Perceived Intrusiveness in Digital Advertising: Strategic Marketing Implications", *Journal of Strategic Marketing*, 2010, 18 (3).

后 记

五年的学习时光一晃而过，回首走过的岁月，心中充满感激。在此，我要感谢诸多良师益友的深切鼓励与关怀，正是在你们的诚挚帮助下，我才有勇气面对一切困难，坚持不懈地走完这段艰辛而有意义的旅程。

首先，衷心感谢我的博士生导师丁俊杰老师。丁老师是我最敬重的恩师，他不仅具有渊博的学识、高尚的师德和宽宏的境界，而且他为人宽厚、和善慈祥。多年来，丁老师传道、授业、解惑，在专业学习上给了我耐心的指导和帮助，令我受益匪浅。在生活中，他常常教导我们为人处世的道理，这份真挚的关怀和爱护令我倍感温暖。在即将离开母校，踏上人生新旅程之际，我想由衷地向丁老师道一声感谢，感谢您多年来的关心和帮助，更加感谢您对我的信任和殷切的希望，这些都是我漫漫人生路中的宝贵财富，将激励我不断前进。

其次，我要感谢中国传媒大学文春英老师。从论文的选题到架构，从文献查询到问卷修改，文老师都给予我细致入微的指导。文老师的严格要求使我在困顿和迷茫中不敢松懈，努力求索，克服一切困难完成了毕业论文。

我还要感谢中国传媒大学沈浩老师。沈老师以他丰富的统计学知识和大量的业界经验给予我多次指导，而这些都是他牺牲宝贵的个人休息时间完成的，令我非常感动。同时，沈老师开朗、幽默的人格魅力也给我留下了深刻的印象，感谢沈老师！

再次，我要感谢吉林大学管理学院的古安伟博士和王楠博士。他们为人热情、治学严谨，在统计分析方法上，他们无私地将宝贵的经验传授给我，让我少走了很多弯路，顺利地完成了毕业论文。

我还要感谢中国传媒大学的段晶晶老师和王昕老师，感谢你们在论文框架和写作内容上给予我专业、中肯的建议，这些都是推动我完成论文的重要力量。

感谢中国传媒大学的钟书平博士，你具有丰富的业界经验和宽广的视野，在我博士论文撰写过程中，你给予我很多宝贵的学习资料，十分感谢！

感谢中国传媒大学2011级的10位博士，他们是常宁、李晨宇、刘新鑫、龙思薇、陈党、黄蜜、马韶培、李子、郑苏晖和张雨忻，我们在学习上相互探讨，在生活中相互帮助，能与你们成为同窗是我的荣幸！

最后，我要感谢我的父母，谢谢你们数十年来不辞辛苦，默默地支持我的学业和理想。感谢我的爱人，感谢你的陪伴、爱护和帮助！

感谢所有为本书的创作付出过努力的人，感谢你们的支持！

顾远萍

2016年6月6日于住所